国家级示范性高等职业院校土建类精品规划教材

建筑工程经济

主　编　黄　洋
副主编　王纪平　王小飞
　　　　杜　蓓　高　峰

内容提要

本书针对高职院校对“建筑工程经济”课程的教学以及培养高端技能型应用人才的要求，以任务为导向，比较系统地介绍了建筑工程经济的基本原理、基本知识、经济分析方法及其在工程中的应用。本书主要作为工程造价（经济）专业、工程监理专业、建筑工程技术专业、公路工程专业、市政工程专业、项目管理专业等工程管理类和土木工程类专业的高职高专教材，也可作为工程规划、管理、投资决策咨询、设计、施工等单位和部门的工程技术、工程经济和经营管理的专业技术人员的参考书或培训教材。

图书在版编目（CIP）数据

建筑工程经济／黄洋主编. —天津：天津大学出版社，2012.8

国家级示范性高等职业院校土建类精品规划教材

ISBN 978-7-5618-4418-2

Ⅰ.①建… Ⅱ.①黄… Ⅲ.①建筑经济学—工程经济学—高等职业教育—教材 Ⅳ.①F407.9

中国版本图书馆 CIP 数据核字（2012）第 182550 号

出版发行 天津大学出版社
出 版 人 杨欢
地　　址 天津市卫津路 92 号天津大学内（邮编：300072）
电　　话 发行部：022-27403647
网　　址 publish. tju. edu. cn
印　　刷 河北省昌黎县思锐印刷有限责任公司
经　　销 全国各地新华书店
开　　本 180mm×250mm
印　　张 15.5
字　　数 387 千
版　　次 2012 年 8 月第 1 版
印　　次 2012 年 8 月第 1 次
定　　价 38.00 元

前言

“建筑工程经济”是一门综合性、理论性及实践性较强的建筑工程类专业课程，是技术科学与经济科学交叉的边缘科学，是市场经济条件下提高投资决策水平和经济效益的强有力的工具，其内容是注册造价师、注册建造师、项目管理师等职（执）业资格考试的主要内容之一。

本书针对高职院校工程造价（经济）、建筑工程管理、建筑工程技术、工程监理等专业对“建筑工程经济”课程的教学以及培养高端技能型应用人才的要求，以2006年国家发改委、原建设部发布的《建设项目经济评价方法与参数（第三版）》为指南，以任务为导向，比较系统地介绍了建筑工程经济的基本原理、基本知识、经济分析方法及其在工程中的应用。本书强调理论与实践相结合，倡导学生在学中做、做中学的学做融合的教学方法，突出学生学习的主体地位和实际操作能力的培养，强化建筑工程观念，以利于学生综合素质的形成及科学思想方法与创新能力的培养。

本教材在结构和内容上具有以下特点。

（1）全过程性：以整体培养规格为目标，优化内容体系，贯彻以“必需、够用”为度的原则，将21世纪的建设项目从投资到项目建成后的全过程经济管理提供给学生，为学生提供完整的工程建设知识构架，为后续课程的学习和可持续教育打下坚实的基础。

（2）可操作性：建筑工程经济是一门应用性很强的学科。根据这一特点，本书注意前后知识的连贯性、逻辑性，力求深入浅出，文字描述与案例讲解相结合，在能用案例说明的前提下直接用案例说明教学内容，以有利于学生对相关知识的理解。典型例题和实际建设的案例以及课后的思考题与练习题相结合，做到理论联系实际，体现基本知识、基本方法、基本应用的高职办学培养模式。

本教材建议教学时数为40~72学时，对30左右学时的某些专业可重点讲授前四章的原理部分和相关章节的内容，以便学生快速掌握本学科的基本理论和基本方法。

本书的具体编写分工如下：长江工程职业技术学院黄洋负责第一、五、六、八章，咸宁职业技术学院王纪平负责第二、十一章，襄阳职业技术学院王小飞负责第三、七、十章，长江工程职业技术学院杜蓓负责第四章，咸宁职业技术学院高峰负责第九章。

本书在编写过程中参考了大量文献资料，在此，对这些文献资料的作者表示感谢。虽然我们用心编写此书，但是由于编者水平有限，书中如有疏漏和差错之处，诚望读者提出批评和改进意见。

编者

2012年3月

目 录

第一章 建筑工程经济概述

第二章 资金的时间价值

第三章 建设项目评价指标与方法

第四章 工程项目多方案的比较和选择

第五章 建设项目财务评价

第六章 投资项目不确定性分析

第七章 建设项目国民经济评价

第八章 价值工程

第九章 设备更新方案的比选

第十章 生产成本控制与分析

第十一章 建设项目可行性研究与后评价

第一章　建筑工程经济概述

学习目的和学习要求

通过学习本章，了解基本建设的概念、作用、基本建设项目及分类；掌握建筑业的基本概念、建筑业在国民经济中的地位和作用；熟悉建设项目经济评价的基本要素、建筑工程经济的特点和建筑工程经济分析的基本原则。

第一节　工程建设概述

一、工程建设的概念

工程建设是指固定资产扩大再生产的新建、改建、扩建、恢复工程及与之连带的工作，包括建筑工程、安装工程、设备及工器具购置以及其他建设工作。其实质是形成新的固定资产。

工程建设是形成固定资产的生产活动。固定资产是指在其有效使用期内可重复使用而不改变其实物形态的主要劳动资料，它是人们生产和活动的必要物质条件，是一个物质资料生产的动态过程。这个过程概括起来，就是将一定的物资、材料、机器设备通过购置、建造和安装等活动把它转化为固定资产，形成新的生产能力或使用效益的建设工作。

工程建设的内容主要有以下四方面。

1）建筑工程，包括建筑物、构筑物、给排水、电器照明、暖通、园林和绿化等工程。

2）安装工程，包括机械设备安装和电气设备安装工程。

3）设备及工器具购置。

4）其他工程建设工作，包括获得土地使用权、与项目建设有关的工作、与未来生产经营有关的准备工作等。

二、基本建设的主要类型

（一）按建设的性质分类

按建设的性质不同，基本建设可分为新建项目、扩建项目、改建项目、迁建项目和恢复项目。新建项目是从无到有、平地起家的建设项目；扩建和改建项目是在企业原有的基础上，为扩大产品的生产能力或增加新的产品生产能力，对原有设备和工程进行全面技术改造的项目；迁建项目是原有企业、事业单位，由于各种原因，经有关部门批准搬迁到另地建设的项目；恢复项目是指对由于自然、战争或其他人为灾害等原因而遭到毁坏的固定资产进行重建的项目。

（二）按建设的经济用途分类

按建设的经济用途不同，基本建设可分为生产性基本建设和非生产性基本建设。生产性基本建设是用于物质生产和直接为物质生产服务的项目的建设，包括工业建设、建筑业和地质资源勘探事业建设和农林水利建设；非生产性基本建设是用于人民物质和文化生活项目的建设，包括住宅、学校、医院、托儿所、影剧院以及国家行政机关和金融保险业的建设等。

（三）按投资额构成分类

按投资额构成的不同，基本建设可分为建筑安装工程投资、设备工具投资和其他基本建设投资。

（四）按建设规模分类

按建设规模和总投资的大小，基本建设可分为大型、中型和小型建设项目。

（五）按建设阶段分类

按建设阶段的不同，基本建设可分为预备项目、筹建项目、施工项目、建成投资项目、收尾项目等。

三、基本建设工作程序

根据国民经济长远规划和布局要求，初步提出建设项目；对建设项目进行可行性研究；提出建设项目计划任务书；选定建设地点；待计划任务书批准后，勘察设计、购置设备、组织施工、准备生产直至竣工验收支付使用。

基本建设工作程序如下：

1）提交项目建议书；

2）完成可行性研究报告；

3）编制设计任务书；

4）选择建设地点；

5）编制设计文件；

6）做好施工准备工作；

7）开展全面施工工作；

8）完成竣工验收；

9）做好项目后评价工作。

第二节　建设项目经济评价原理

工程经济分析的实质，就是对可实现的某一预定目标的多种工程技术方案进行比较，从中选出最优方案，要比较就必须建立共同的比较基础和条件。没有比较就无从“优选”，“比较”是工程经济分析的重要环节。但是，相比较的各个工程、项目方案，总是在一系列技术经济因素上存在着差异。所以在方案比较之前，首先应考虑方案之间是否可比，如果不可比，就要做些修正性的计算，只有这样才能得到合理可靠的分析结果。因此，可比关系到结果的正确性，必须给予充分重视。研究建筑工程经济分析的比较原理，就是掌握建筑工程分析的可比条件，把握技术方案之间可比与不可比的内在联系，找出不可比向可比转化的规律，从而保证工程方案经济效益结论正确、可行。

一、建筑工程经济的研究内容

建筑工程经济的研究内容包括以下几个方面：

1）确定方案评价方法；

2）投资方案选择；

3）筹资分析；

4）财务分析；

5）国民经济分析；

6）社会分析；

7）风险和不确定性分析；

8）建设项目后评价；

9）技术选择。

二、建筑工程技术经济评价的基本原则

建筑工程技术经济评价应遵循以下基本原则。

（一）力求做到技术先进性和经济合理性的统一

技术和经济的关系是一种辩证的关系，它们既相互统一，又相互矛盾。我们知道，人们为了达到一定的目的和满足一定的需要，就必须采用一定的技术，而任何技术的社会实践在所有条件下都必须消耗人力、物力和财力。换句话说，不能脱离经济，这就是技术和经济之间互相制约和互相统一的关系。许多先进的技术往往有着很好的经济效益，在生产实践中得到了广泛的采用和推广，促进了国民经济的发展，同时，反过来也推动了这种先进技术的提高和发展。这反映了技术和经济之间相互促进、共同发展的辩证关系。但是，由于各种因素的影响，技术和经济之间也常常有着互相对立、互相矛盾和互相限制的一面。例如，某种技术从其本身来说（不从经济性来说）是比较先进的，但在当时和当地的经济条件和技术条件下，由于其经济效益不及另一种技术经济效益好，因而这种技术就不能在生产实践中被广泛使用。又如，有不少技术，从技术本身讲都是比较先进的，但是，在一定情况下，某一种技术可能最经济，在实践中被采用，而另一种技术可能不是最经济，在实践中不能被采用。当然，随着事物的发展以及条件的改变，这种相互矛盾的关系也会随之发生改变。原来不经济的技术可以转化为经济的，原来经济的技术可以转化为不经济的。上述这种关系，实际上就是技术和经济之间根本的矛盾所在。因此，在进行技术经济评价时，既要求技术上的先进性，又要分析经济上的合理性，力求做到两者的统一。

（二）坚持以全局的观点计算经济效益

我们在进行技术经济评价时，不仅要计算直接的经济效益，还要考虑相关投资的经济效益。国民经济是一个有机的整体，建筑业是国民经济的一个重要组成部分，它和其他各部门紧密联系，互相制约，相互矛盾，互为依存。在评价建筑技术的经济效益时，不但要对给建筑部门带来的经济效益加以详细计算，还要考虑对相邻部门（如建材工业、机械工业部门等）和整个国民经济带来的效益和影响。也就是说，要处理好全局和局部经济效益的关系。局部的经济效益（又称微观经济效益）是基础，全局的经济效益（又称宏观经济效益）是重点、前提。有些方案，从个别地区或局部范围内来看，经济效益是较大的，但从整个国民经济来看却较小，甚至相反，这种方案就不可取。在进行决策时要坚持全局观点，应主要考虑给国民经济带来的经济效益。

（三）既要计算目前的经济效益，又要考虑长远的经济效益

我国实行的社会主义市场经济，从根本上说目前和长远的经济效益应是一致的，但有

时也会出现某些技术方案从当前看较为有利，从长远看不利的情况，或者相反。因此，在评价建筑工程技术经济效益时，既要考虑生产施工过程的经济效益，也要考虑投入使用以后的经济效益，使目前的经济效益与长远的经济效益相统一。

（四）经济效益、社会效益和环境效益的统一

对建筑工程技术方案的评价是以经济效益为主要依据的。但是技术方案的影响，除了经济效益方面以外，还涉及社会、环境等方面。因此，经济效益评价并不是对技术方案进行比较和决策的唯一依据，它需要根据技术方案的具体目标以及涉及的具体情况，把经济效益、社会效益和环境效益结合起来进行综合评价。在特定的情况下，社会效益或环境效益可能成为评价技术方案的主要依据。

三、建筑工程技术经济评价的一般程序

1）根据评价的目的，明确方案评价的任务和范围。

2）探讨和建立可能的技术方案。在评价前，要对技术方案进行审查，只有在技术上过关和产品质量达到基本要求的前提下，才能列为对比方案。

3）确定反映方案特征的技术经济指标体系。

技术经济评价所采用的指标体系，一般可分为技术指标、经济指标及其他因素或指标三类。技术指标是反映技术方案的技术特征和工艺特征的指标，用以说明方案适用的技术条件和范围。经济指标是用以反映方案的经济性和经济效果的指标，如劳动消耗指标、效益指标、经济效果指标等。其他因素或指标是指除了技术指标和经济指标以外，还要考虑的因素或指标，如社会因素、政治因素、国防因素等。

对评价方案的指标体系的要求是：能全面反映方案的主要方面或基本特征；指标的概念确切；指标要容易计算。因此，评价每一个技术方案，都应有一套指标体系。

4）对方案的各种指标进行计算。指标的计算要按规则和要求进行，为了使指标具有可比性，计算时应按照相同的计算规则和计算方法。对不同方案中可计量的数量指标分别进行计算和分析，得出定量的分析结果。对不同方案中不可计量的指标（包括质量）也要通过分析和判断，得出定性分析的结果。对于经济现象比较复杂的技术方案，必须根据经济指标和各参变数之间的函数关系，列出相应的经济数学模型，然后求解。

5）方案的分析和评价。根据评价的目的，将方案的指标分为主要（基本）指标和一般（辅助）指标，评价时，不能等同视之，要突出主要指标，根据方案的特征，确定评价的标准（或基础）。通过对比指标的分析，排出方案的优劣顺序，并提出推荐方案的建议。

6）综合论证、方案抉择。对技术方案进行全面分析、论证和综合评价，选择最经济的方案，然后得出最终结论。

第三节　工程经济分析的基本要素

一、投资

（一）投资的概念与组成

1. 投资的概念

投资一般是指经济主体为获得预期的经济效益而垫付一定数量的货币或其他经济资源

与某些事业的经济活动。

工程项目的总投资是固定资产的投资、固定资产投资方向调节税、建设期借款利息及流动资金之和。固定资产投资是指项目按拟定建设规模、产品方案、工程内容进行建设所需的费用，包括建筑工程费、设备购置费、安装工程费、工程建设其他费用和预备费用。建设项目总投资形成的资产分为固定资产、流动资产、无形资产和递延资产。

2. 投资的构成

投资主要由投资主体、投资目的、投资方式和投资行为构成，它们相互联系，形成了投资资金不断循环周转的运动过程。投资主体，也称投资者或投资方，它是具有投资决策权和资金来源的法人或自然人，如各级政府、企业、事业单位、社会团体、个人或其他经济实体；投资主体的投资目的是为了获得预期的经济效益，取得最大经济效益是投资活动的出发点和归宿。不同投资主体的投资目的也不完全相同，如政府投资除了追求经济效益外，还要兼顾社会效益和生态效益。投资可以运用多种方式：直接投资用于构建固定资产和流动资产，形成实物资产；间接投资用于购买股票、债券，形成金融资产。投资行为不是单一的一次性投入，而是一种连续进行的活动，表现为从资金筹集、分配、使用到回收和增值的全过程的不断循环和周转的过程。

投资是一项复杂的经济活动，具有诸多特点，其中收益性和风险性是其两个基本特征。任何投资项目的组织实施都是以一定的资金投入取得预期收益即尽可能大的增值（利润）为目的，特别是生产经营性投资更是如此。投资常伴随着收益不确定性的投资风险，投资实施的结果并不一定会有较高的收益和保值、增值，也会出现亏本而无法回收。投资的收益性和风险性，是进行投资项目技术经济分析评价，从而优选方案决策的前提条件。

投资的类型，从形成资产的形态划分，可分为直接投资和间接投资；从投资的用途划分，有生产性投资和非生产性投资；从投资的性质划分，可分为固定资产投资和流动资产投资；从工程内容划分，包括主体工程投资和附属工程投资以及相关工程投资、配套工程投资等。

（二）投资的估算与资金筹措

要进行项目的经济评价，首先要进行项目的投资估算，它是工程项目经济分析和评价的基础工作。

投资估算的主要依据包括：项目建议书，建设规模、产品方案，设计方案、图样及设备明细表，设备价格、运杂费费率及当地材料预算价格，同类型建设项目的投资资料及有关标准、定额等。建设项目的投资估算和资金筹措分析，是项目可行性研究内容的重要组成部分，要计算项目所需要的投资总额，分析投资的筹措方式，并制订用款计划。

1. 项目总投资

建设项目总投资包括固定资产投资总额和流动资金。

固定资产投资总额由固定资产投资、固定资产投资方向调节税和建设期利息组成，在可行性研究报告中要分别估算，并汇总为固定资产投资总额。

（1）固定资产投资

根据下述各部分中估算的费用额，估算固定资产投资。

1）工程费用。

工程费用分为建筑工程、设备购置、安装工程、其他四项费用，可按主要生产车间、辅助生产车间、公用工程、服务及生活福利设施、厂外工程等分别计算，以人民币、外币分别表示。

主要生产车间是指生产主要产品的生产车间。辅助生产车间是指与主要生产车间配套的工程项目。公用工程是指为本项目生产服务的工程，如循环水场、给排水管网、给水泵站及水池、消防设施、“三废”处理设备、输变电工程、电信工程、供热电气线路等。服务及生活福利设施包括办公楼、试验楼、职工宿舍、食堂、学校等。厂外工程主要是指本项目外围的输水管线、排水系统、高压输变电、物料管线、通信管线、专用码头、专用公路、铁路专用线、销售仓库和货物转运站等。

2）其他费用。

除了将前面已估算的费用进行汇总分类外，还应对未估算的费用项目作出详细的估算。其主要费用项目有：建设单位管理费、职工培训费、办公和生活家具购置费、土地征用费、外籍技术人员来华费用、出国人员培训考察费、进口设备材料国内检验费、工程保险费、大件运输措施费、大型吊装机具费、项目前期工作费、设计费、其他费等。

另外，费用的估算应说明各种费用的取费标准、定额，一般按国家和地区有关规定执行。估算中有外汇费用时，以外币表示。

3）预备费。

预备费分为基本预备费和涨价预备费两部分。分别计算列出，涨价预备费以年度投资中第一部分费用为基础，按国家计委发布的费率计算，同时需考虑外汇部分的限价因素。

（2）固定资产投资方向调节税

按国务院第82号令的有关规定执行。

（3）建设期利息

建设期利息应根据提供的项目实施进度表、已研究确定的基本建设投资来源及资金筹措方式、各种贷款的利率及分年度用款计划表计算得出。当项目投资来源为多种渠道时，应分别计算各种贷款资金的建设期利息。

在可行性研究中，建设期利息均按年计息。利息的计算，分为单利和复利，计息方法及年利率视项目实际情况而定（将在第二章说明）。利息计算中，假定借款发生当年在年中支用，按半年计息，还款当年也在年中偿还，按半年计息，其余各年按全年计息。按国家规定，建设期利息当年付清。

人民币和外币贷款分别计息，汇总于固定资产投资总额中。

以上各项计算完成后，编制固定资产投资估算表。

2. 项目总投资估算

国外关于投资估算的方法很多，我国较常采用的投资估算法有：单位生产能力估算法、生产能力指数估算法、比例估算法、系数估算法和指标估算法等。这里只介绍常用的投资估算方法，按固定资产和流动资产分别来介绍。

关于固定资产投资的估算，这里我们用一个案例介绍生产能力指数估算法进行建设项目总投资的估算。

【例1】 某拟建年产3 000万吨铸钢厂，根据可行性研究报告提供的已建年产2 500万吨类似工程的主厂房工艺设备投资约2 400万元。与设备有关的其他各专业工程投资系数如表1－1所示，与主厂房投资有关的辅助工程及附属设施投资系数如表1－2所示。

表1－1　与设备投资有关的各专业工程投资系数

加热炉	汽化冷却	余热锅炉	自动化仪表	起重设备	供电与传动	建安工程
0.12	0.01	0.04	0.02	0.09	0.18	0.40

表1－2　与主厂房投资有关的辅助及附属设施投资系数

动力系统	机修系统	总图运输系统	行政及生活福利设施工程	工程建设其他费
0.30	0.12	0.20	0.30	0.20

本项目的资金来源为自有资金和贷款，贷款总额为8 000万元，贷款利率为8%（按年计息）。建设期3年，第1年投入30%，第2年投入50%，第3年投入20%。预计建设期物价年平均上涨率为3%，基本预备费率为5%，投资方向调节税率为0%。

问题

（1）已知拟建项目建设期与类似项目建设期的综合价格差异系数为1.25，试用生产能力指数估算法估算拟建工程的工艺设备投资额；用系数估算法估算该项目主厂房投资和项目建设的工程费与其他费投资。

（2）估算该项目的固定资产投资额，并编制固定资产投资估算表。

（3）若固定资产投资流动资金率为6%，试用扩大指标估算法估算该项目的流动资金，确定该项目的总投资。

分析

本案例所考核的内容涉及建设项目投资估算类问题的主要内容和基本知识点。投资估算的方法有：单位生产能力估算法、生产能力指数估算法、比例估算法、系数估算法、指标估算法等。本案例是在可行性研究深度不够，尚未提出工艺设备清单的情况下，先运用生产能力指数估算法估算出拟建项目主厂房的工艺设备投资，再运用系数估算法估算拟建项目固定资产投资的一种方法。即首先，用设备系数估算法估算该项目与工艺设备有关的主厂房投资额，用主体专业系数估算法估算与主厂房有关的辅助工程、附属工程以及工程建设的其他投资；其次，估算拟建项目的基本预备费、涨价预备费、投资方向调节税和建设期贷款利息等，得到拟建项目的固定资产总投资；最后，用流动资金的扩大指标估算法，估算出项目的流动资金投资额。

问题（1）

1）拟建项目主厂房工艺设备投资 $C_2 = C_1\left(\frac{Q_2}{Q_1}\right)^n f$

式中　C_2——拟建项目主厂房工艺设备投资；

C_1——类似项目主厂房工艺设备投资；

Q_2——拟建项目主厂房生产能力；

Q_1——类似项目主厂房生产能力；

n——生产能力指数，该拟建项目与已建类似项目生产规模相差较小，可取 $n=1$；

f——综合调整系数。

2）拟建项目主厂房投资 = 工艺设备投资 × $(l + \sum K_i)$

式中 K_i——与设备有关的各专业工程的投资系数。

拟建项目工程费与工程建设其他费 = 拟建项目主厂房投资 × $(l + \sum K_j)$

式中 K_j——与主厂房投资有关的各专业工程及工程建设其他费用的投资系数。

问题（2）

1）预备费 = 基本预备费 + 涨价预备费

式中 基本预备费 =（工程费 + 工程建设其他费）× 基本预备费率；

涨价预备费 $P = \sum I_t[(1+f)^t - 1]$；

I_t——建设期第 t 年的静态投资；

f——建设期物价年均上涨率。

2）静态投资 = 工程费与工程建设其他费 + 基本预备费

3）投资方向调节税 =（静态投资 + 涨价预备费）× 投资方向调节税率

4）建设期贷款利息 = $\sum$（年初累计借款 + 本年新增借款 ÷ 2）× 贷款利率

5）固定资产总投资 = 静态投资 + 涨价预备费 + 投资方向调节税 + 建设期贷款利息

问题（3）

1）拟建项目总投资 = 固定资产总投资 + 流动资金

2）项目的流动资金 = 拟建项目固定资产总投资 × 固定资产投资流动资金率

解答

问题（1）

1）估算主厂房工艺设备投资：用生产能力指数估算法。

主厂房工艺设备投资 $= 2\,400 \times \left(\frac{3\,000}{2\,500}\right)^1 \times 1.25 = 3\,600$（万元）

2）估算主厂房投资：用设备系数估算法。

主厂房投资 = 3 600 ×（1 + 12% + 1% + 4% + 2% + 9% + 18% + 40%）

= 3 600 ×（1 + 0.86）= 6 696（万元）

其中，建安工程投资 = 3 600 × 0.4 = 1 440（万元）

设备购置投资 = 3 600 × 1.46 = 5 256（万元）

工程费与工程建设其他费 = 6 696 ×（1 + 30% + 12% + 20% + 30% + 20%）

= 6 696 ×（1 + 1.12）

= 14 195.52（万元）

问题（2）

1）基本预备费计算：

基本预备费 = 14 195.52 × 5% = 709.78（万元）

由此得：静态投资 = 14 195.52 + 709.78 = 14 905.30（万元）

建设期各年的静态投资额如下：

第 1 年静态投资 = 14 905.3 × 30% = 4 471.59（万元）

第 2 年静态投资 = 14 905.3 × 50% = 7 452.65（万元）

第 3 年静态投资 $=14\,905.3\times20\%=2\,981.06$（万元）

2）涨价预备费计算：

涨价预备费 $=4\,471.59\times[(1+3\%)^1-1]+7\,452.65\times[(1+3\%)^2-1]+2\,981.06\times[(1+3\%)^3-1]=134.15+453.87+276.42=864.44$（万元）

由此得

预备费 $=709.78+864.44=1\,574.22$（万元）

3）投资方向调节税计算：

投资方向调节税 $=(14\,905.3+864.44)\times0\%=0$（万元）

4）建设期贷款利息计算：

第 1 年贷款利息 $=(0+8\,000\times30\%\div2)\times8\%=96$（万元）

第 2 年贷款利息 $=[(8\,000\times30\%+96)+(8\,000\times50\%\div2)]\times8\%=359.68$（万元）

第 3 年贷款利息 $=[(2\,400+96+4\,000+359.68)+(8\,000\times20\%\div2)]\times8\%$
$=(6\,855.68+1\,600\div2)\times8\%=612.45$（万元）

建设期贷款利息 $=96+359.68+612.45=1\,068.13$（万元）

由此得

项目固定资产投资额 $=14\,195.52+1\,574.22+0+1\,068.13$
$=16\,837.87$（万元）

拟建项目固定资产投资估算表如表 1－3 所示。

表 1－3　拟建项目固定资产投资估算表　（单位：万元）

序号	工程费用名称	系数	建安工程费	设备购置费	工程建设其他费	合计	占总投资比例（%）
1	工程费		7 600.32	5 256.00		12 856.32	81.53
1.1	主厂房		1 440.00	5 256.00		6 696.00	
1.2	动力系统	0.30	2 008.80			2 008.80	
1.3	机修系统	0.12	803.52			803.52	
1.4	总图运输系统	0.20	1 339.20			1 339.20	
1.5	行政、生活福利设施	0.30	2 008.80			2 008.80	
2	工程建设其他费	0.20			1 339.20	1 339.20	8.49
	合计（1+2）					14 195.52	
3	预备费				1 574.22	1 574.22	9.98
3.1	基本预备费				709.78	709.78	
3.2	涨价预备费				864.44	864.44	
4	投资方向调节税				0.00	0.00	
5	建设期贷款利息				1 068.13	1 068.13	
固定资产总投资（1+2+…+5）			7 600.32	5 256.00	3 981.55	16 837.87	100

注：表中，计算占固定资产投资比例时，其固定资产投资中不含投资方向调节税和建设期贷款利息，即

各项费用占固定资产投资比例＝各项费用÷（工程费＋工程建设其他费＋预备费）。

问题（3）

1）流动资金＝16 837.87×6%＝1 010.27（万元）

2）拟建项目总投资＝16 837.87＋1 010.27＝17 848.14（万元）

二、流动资金的估算

流动资金估算方法可采用扩大指标估算法或分项详细估算法。上面的案例已经介绍了用扩大指标估算法估算项目流动资金的过程，下面重点介绍分项详细估算法，其具体计算公式为：

$$流动资金=流动资产-流动负债$$

$$流动资产=应收账款+预付账款+存货+现金$$

$$流动负债=应付账款+预收账款$$

$$流动资金本年增加额=本年流动资金-上年流动资金$$

（一）周转次数的计算

$$周转次数=\frac{360天}{最低周转天数}$$

各类流动资产和流动负债的最低周转天数参照同类企业的平均周转天数并结合项目特点确定，或按部门（行业）规定，在确定最低周转天数时应考虑储存天数、在途天数，并考虑适当的保险系数。

（二）流动资产的估算

1. 存货的估算

存货是指企业在日常生产经营过程中持有以备出售，或者仍然处在生产过程，或者在生产或提供劳务过程中将消耗的材料或物料等，包括各类材料、商品、在产品、半成品和产成品等。为简化计算，项目评价中仅考虑外购原材料、燃料、其他材料、在产品和产成品，并分项进行计算。计算公式为：

$$存货=外购原材料、燃料+其他材料+在产品+产成品$$

$$外购原材料、燃料=\frac{年外购原材料、燃料费用}{分项周转次数}$$

$$其他材料=\frac{年其他材料费用}{其他材料周转次数}$$

$$在产品=\frac{年外购原材料、燃料动力费用+年工资及福利费+年修理费+年其他制造费用}{在产品周转次数}$$

$$产成品=\frac{年经营成本-年营业费用}{产成品周转次数}$$

其他制造费用是指制造费用中扣除生产单位管理人员工资及福利费、折旧费、修理费后的其余部分。

2. 应收账款估算

应收账款是指企业对外销售商品、提供劳务尚未收回的资金，计算公式为：

$$应收账款=\frac{年经营成本}{应收账款周转次数}$$

3. 预付账款估算

预付账款是指企业为购买各类材料、半成品或服务所预先支付的款项，计算公式为：

$$预付账款=\frac{外购商品或服务年费用金额}{预付账款周转次数}$$

4. 现金需要量估算

项目流动资金中的现金是指为维持正常生产运营必须预留的货币资金，计算公式为：

$$现金=\frac{年工资及福利费+年其他费用}{现金周转次数}$$

年其他费用=制造费用+管理费用+营业费用-以上三项费用中所含的工资及福利费、折旧费、摊销费、修理费

（三）流动负债估算

流动负债是指将在1年（含1年）或者超过1年的一个营业周期内偿还的债务，包括短期借款、应付票据、应付账款、预收账款、应付工资、应付福利费、应付股利、应交税金、其他暂收应付款项、预提费用和1年内到期的长期借款等。在项目评价中，流动负债的估算可以只考虑应付账款和预收账款两项。计算公式为：

$$应付账款=\frac{外购原材料、燃料动力及其他材料年费用}{应付账款周转次数}$$

$$预收账款=\frac{预收的营业收入年金额}{预收账款周转次数}$$

下面用案例举例说明。

【例2】 某建设项目的工程费与工程建设其他费的估算额为52 180万元，预备费为5 000万元，项目的投资方向调节税率为5%，建设期3年。3年的投资比例是：第1年20%，第2年55%，第3年25%，第4年投产。

该项目固定资产投资来源为自有资金和贷款。贷款的总额为40 000万元，其中外汇贷款为2 300万美元。外汇牌价为1美元兑换6.5元人民币。贷款的人民币部分从中国建设银行获得，年利率为12.48%（按季计息）。贷款的外汇部分从中国银行获得，年利率为8%（按年计息）。

建设项目达到设计生产能力后，全厂定员为1 100人，工资和福利费按照每人每年7 200元估算。每年其他费用为860万元（其中其他制造费用为660万元），年外购原材料、燃料、动力费估算为19 200万元，年经营成本为21 000万元，年销售收入33 000万元，年修理费占年经营成本的10%。各项流动资金最低周转天数分别为：应收账款30天，现金40天，应付账款为30天，存货为40天。

问题

（1）估算建设期贷款利息；

（2）用分项详细估算法估算拟建项目的流动资金；

(3) 估算拟建项目的总投资。

分析

本案例所考核的内容涉及建设期贷款利息计算中名义利率和实际利率的概念以及流动资金的分项详细估算法。

问题(1)

由于本案例人民币贷款按季计息，计息期与利率和支付期的时间单位不一致，故所给年利率为名义利率。计算建设期贷款利息前，应先将名义利率换算为实际利率。将名义利率换算为实际利率的公式如下：

$$实际利率=\left(1+\frac{名义利率}{年计息次数}\right)^{年计息次数}-1$$

问题(2)

流动资金的估算采用分项详细估算法估算。

问题(3)

要求根据建设项目总投资的构成内容，计算建设项目总投资。

解答

问题(1)

1) 人民币贷款实际利率计算：

$$人民币实际利率=(1+12.48\%\div4)^4-1=13.08\%$$

2) 每年投资的贷款部分本金数额计算：

人民币部分：贷款总额为：40 000 − 2 300 × 8.3 = 20 910（万元）

第 1 年为：20 910 × 20% = 4 182（万元）

第 2 年为：20 910 × 55% = 11 500.50（万元）

第 3 年为：20 910 × 25% = 5 227.50（万元）

美元部分：贷款总额为：2 300 万元

第 1 年为：2 300 × 20% = 460（万美元）

第 2 年为：2 300 × 55% = 1 265（万美元）

第 3 年为：2 300 × 25% = 575（万美元）

3) 每年应计利息计算：

人民币建设期贷款利息计算：

第 1 年贷款利息 = (0 + 4 182 ÷ 2) × 13.08% = 273.50(万元)

第 2 年贷款利息 = [(4 182 + 273.50) + 11 500.50 ÷ 2] × 13.08% = 1 334.91(万元)

第 3 年贷款利息 = [(4 182 + 273.5 + 11 500.5 + 1 334.9) + 5 227.5 ÷ 2] × 13.08%
= 2 603.53(万元)

人民币贷款利息合计 = 273.50 + 1 334.91 + 2 603.53 = 4 211.94（万元）

外币贷款利息计算：

第 1 年外币贷款利息 = (0 + 460 ÷ 2) × 8% = 18.40(万美元)

第 2 年外币贷款利息 = [(460 + 18.40) + 1 265 ÷ 2] × 8% = 88.87(万美元)

第 3 年外币贷款利息 = [(460 + 18.48 + 1 265 + 88.87) + 575 ÷ 2] × 8% = 169.58(万美元)

外币贷款利息合计 = 18.40 + 88.87 + 169.58 = 276.85(万美元)

问题(2)

流动资金 = 流动资产 − 流动负债

式中 流动资产 = 应收(或预付)账款 + 现金 + 存货;

流动负债 = 应付(或预收)账款。

1)应收账款 = 年销售收入 ÷ 年周转次数 = 33 000 ÷ (360 ÷ 30) = 2 750(万元)

2)现金 = (年工资福利费 + 年其他费) ÷ 年周转次数

= (1 100 × 0.72 + 860) ÷ (360 ÷ 40) = 183.56(万元)

3)存货:

外购原材料、燃料 = 年外购原材料、燃料动力费 ÷ 年周转次数

= 19 200 ÷ (360 ÷ 40) = 2 133.33(万元)

在产品 = (年工资福利费 + 年其他制造费 + 年外购原料燃料费 + 年修理费) ÷ 年周转次数

= (1 100 × 0.72 + 660 + 19 200 + 21 000 × 10%) ÷ (360 ÷ 40) = 2 528.00(万元)

产成品 = 年经营成本 ÷ 年周转次数 = 21 000 ÷ (360 ÷ 40) = 2 333.33(万元)

存货 = 2 133.33 + 2 528.00 + 2 333.33 = 6 994.66(万元)

由此求得:流动资产 = 应收账款 + 现金 + 存货 = 2 750 + 183.56 + 6 994.66 = 9 928.22(万元)

流动负债 = 应付账款 = 年外购原材料、燃料、动力费 ÷ 年周转次数

= 19 200 ÷ (360 ÷ 30) = 1 600(万元)

流动资金 = 流动资产 − 流动负债 = 9 928.22 − 1 600 = 8 328.22(万元)

问题(3)

总投资 = [(52 180 + 5 000) × (1 + 5%) + 276.85 × 8.3 + 4 211.94] + 8 328.22

= 66 548.80 + 8 328.22 = 74 877.02(万元)

三、成本和销售收入的估算

(一)成本的估算

1. 总成本费用及估算

为了确定项目未来的生产经营和赢利情况,对项目的生产成本作出接近实际的预测是可行性研究的重要内容。生产成本是指生产一定种类和数量的产品所发生的经常性费用,它包括耗用的原料及主要材料、燃料、动力、工资、固定资产折旧费用及大修理费、低值易耗品、摊销费用等。在成本估算时,其精确度要与投资估算的精确度相当。

总成本费用是指项目在一定时期内(一般为 1 年),为生产和销售产品而花费的全部成本和费用。生产总成本由生产成本、管理费用、财务费用和销售费用组成,后三者形成期间费用。

1)生产成本。生产成本包括各项直接支出(直接材料、直接工资和其他直接支出)

及制造费用。制造费用是指为组织和管理生产所发生的各项费用。

2）管理费用。管理费用是指在企业行政管理部门为管理和组织经营活动而发生的各项费用。它包括由企业统一负担的管理人员工资和福利费、折旧费、修理费、无形与递延资产摊销费以及其他管理费用（如办公费、差旅费、劳动保护费、技术转让费、土地使用费、房产税等）。

3）财务费用。财务费用是指企业为筹集资金而发生的各项费用。它包括企业在生产经营期间发生的利息净支出及其他财务费（如外币汇兑损益、外汇调剂手续费、支付给金融机构的手续费等）。

4）销售费用。销售费用是指企业销售产品和提供劳务而发生的各项费用（广告费、展览费、差旅费、运输费等）。

总的来说，生产总成本就是指项目建成后在一定时期内为生产和销售所有产品而花费的全部费用。生产总成本主要由以下内容构成。

1）外购原材料及辅助材料。根据外购燃料动力的数量和单价计算。

2）外购燃料动力。根据外购燃料动力的数量和单价计算。

3）工资及福利基金。工资根据工资总额计算，福利基金按工资总额的一定比例提取。

4）折旧及摊销费。

5）大修理基金。

6）其他费用。包括成本中列支的税金以及不属于以上项目的支出等。

7）流动资金利息。按流动资金贷款额和贷款利率计算。

8）销售及其他费用。包括教育费附加，计入成本的技术转让费等。

以上各项费用总额构成项目生产总成本。总成本扣除折旧及大修理基金和流动资金利息为经营成本。

2. 经营成本

经营成本是指项目总成本费用扣除固定资产折旧费、维简费、无形及递延资产摊销费和利息支出以后的全部费用，即

经营成本 = 总成本费用 − 折旧费 − 维简费 − 摊销费 − 利息支出

式中　总成本费用 = 生产成本 + 管理费用 + 财务费用 + 销售费用。

或

经营成本 = 外购原材料、燃料及动力费 + 工资及福利费 + 修理费 + 其他费用

在经营成本中不包括折旧费、维简费、摊销费、利息支出的原因如下。

1）现金流量图（表）反映计算期内逐年发生的现金流入和流出。由于投资已在其发生的时间作为一次性支出被计入现金流出，所以不能再以折旧和摊销的方式计为现金流出，否则会发生重复计算，因此作为经常性支出的经营成本中不包括折旧费和摊销费。同理，也不包括维简费。

2）因为全部投资现金流量图（表）是以全部投资作为计算基础，利息支出不作为现金流出，而自有资金现金流量表已将利息支出单列，因此，经营成本中也不包括利息支出。

3. 固定成本和可变成本

产品成本按与其产量变化的关系可分为固定成本、可变成本和半可变（或半固定）成本。

(1) 固定成本

固定成本是指在一定期间和一定生产规模限度内，不随产品产量而变化的费用，它一般包括在制造费用成本中，如固定资产折旧费、维修费、管理人员工资及职工福利费、办公费和差旅费等。这些费用的特点是：产品产量增加时，费用总额保持不变，而反映在单位产品成本上，则这些费用减少；同样，当产品产量减少时，费用总额并不减少，而反映在单位产品成本上却有所增加。

(2) 可变成本

可变成本是指产品成本中随产量的增减而成比例地增减的费用。

4. 单位成本

单位成本是将总成本按不同消耗水平摊给单位产品的费用，它反映了同类产品的费用水平。

生产单一产品的项目以总成本除以设计生产能力即是单位产品成本，生产多种产品的项目，也可按项目成本计算单位成本。

（二）销售收入的估算

根据预测的产品价格及设计生产能力，逐年计算产品销售收入，当有多种产品时，可分别计算多种产品的年销售收入并汇总计算年总销售收入。

本章小结

本章主要介绍工程建设的概念、内容。基本建设工作程序主要包括：建筑工程经济的研究内容、建筑工程技术经济评价的基本原则、建筑工程技术经济评价的一般程序、建设工程基本要素的估算。重点介绍了用以估算建设项目总投资的生产能力指数估算法、流动资金估算法以及总成本费用包含的内容及其含义。

思考与练习

1. 工程建设的内容主要有哪些？
2. 基本建设工作程序主要包括哪些内容？
3. 简述建筑工程经济的研究内容及建筑工程技术经济评价的基本原则。
4. 简述建筑工程技术经济评价的一般程序。
5. 简述用生产能力指数估算法进行建设项目总投资的估算步骤。
6. 总成本费用包含哪几项？其含义是什么？

第二章　资金的时间价值

学习目的和学习要求

通过学习本章，了解资金时间价值的概念、意义，熟悉现金流量图的绘制，掌握时间价值计算的公式及其在工程经济分析中的应用，掌握名义利率和实际利率的换算，为后续章节的学习打下坚实的基础。

案例导引

20世纪80年代万元户是真正的有钱人，人人羡慕，可到了现在，月薪1万的人比比皆是，这是为什么呢？这说明1元=1元有问题；如果现在到银行贷款1万元，2年后还给银行1万元，行吗？这就是本章要解决的问题。现在大家天天研究房价的问题，如果买房子要贷款，那么也要用到这些知识来解决问题。如果某人按揭贷款购买住房，贷款金额为5万元，贷款利率为6%，按月还贷，2年还清，那么他每月应还多少款呢？这些问题都需要通过资金的时间价值来一一解答。

第一节　资金（货币）时间价值概述

一、资金（货币）的时间价值概念

1元钱等于1元钱吗？这个答案是不确定的，因为钱所在的时间是未知的。从一定意义上讲，时间是一种宝贵的资源，有效地使用资源可以产生价值。

在商品经济中，货币的时间价值是客观存在的。如将资金存入银行可以获得利息，将资金运用于公司的经营活动可以获得利润，将资金用于对外投资可以获得投资收益，这种由于资金运用实现的利息、利润或投资收益即表现为货币的时间价值。由此可见，所谓资金的时间价值是指同样数额的资金在不同的时间点上具有不同的价值，即资金在使用过程中随着时间的推移发生的价值的变化。由于货币的时间价值，今天的100元和1年后的100元是不等值的。今天将100元存入银行，在银行利息率为10%的情况下，1年以后会得到110元，多出的10元利息就是100元经过1年时间的投资所增加了的价值，即货币的时间价值。显然，今天的100元与1年后的110元价值相等。由于不同时间的资金价值不同，所以，在进行价值大小对比时，必须将不同时间的资金折算为同一时间的资金后才能进行大小的比较。

在公司的生产经营中，公司投入生产活动的资金，经过一定时间的运转，其数额会随着时间的持续而不断增长。公司将筹集的资金用于购建劳动资料和劳动对象，劳动者借以进行生产经营活动，从而实现价值转移和价值创造，带来货币的增值。资金的这种循环与周转以及因此实现的货币增值，需要一定的时间。随着时间的推移，资金不断周转使用，时间价值不断增加。

在公司财务活动中，公司经营者会充分利用闲置资金，购买股票、债券等投资活动以获得投资收益。通常情况下，只有当所获得的投资收益大于或等于利息收入时（即投资利润率等于同期银行利息率时），公司才进行投资活动，否则宁愿把资金存放在银行里，也不愿进行有一定风险的投资活动。由此可见，货币的时间价值从价值量上看，是在没有风险和没有通货膨胀条件下的社会平均资金利润率，货币的时间价值是公司资金利润率的最低限度。

资金的时间价值随着时间的推移而发生变化，影响资金时间价值的因素有很多，主要有以下几点。

1）资金的使用时间。在单位时间的资金增值率一定的条件下，资金使用时间越长，时间价值越大；使用时间越短，则资金的时间价值越小。

2）资金数量的大小。在其他条件不变的情况下，资金数量越大，资金时间价值就越大；反之，资金时间价值就越小。

3）资金投入和回收的特点。

4）在总资金一定的情况下，前期投入的资金越多，资金的负效益越大；反之，后期投入的资金越多，资金的负效益越小。在资金回收额一定的情况下，离投资初始期越近的时间回收的资金越多，资金的时间价值就越大；反之，离投资初始期越远的时间回收的资金越多，资金的时间价值就越小。

资金时间价值原理，正确揭示了不同时点上资金之间的换算关系。例如，某企业拟购买一台运输设备，采用现付方式，其价款为 10 万元，如延期至 5 年后付款，则价款为 15 万元。如果不考虑资金的时间价值，因 10 万元小于 15 万元，可以认为现在付款更有利。如果考虑资金的时间价值，假设该企业已经筹集到 10 万元，暂不付款，而存到银行，假设年利率为 10%，则 5 年后将得到资金 16.1 万元 $[10\times(1+10\%)^5\approx16.1]$，支付 15 万元后，企业尚可得到 1.1 万元（16.1 − 15）的利益。因此，可以认为延期付款 15 万元比现付 10 万元更为有利。这就说明，今年年初的 10 万元在 5 年之后价值就提高到了 16.1 万元。这是由于随着时间的推移，资金在周转使用中发生了增值。

资金的时间价值存在的条件有两个：一是将货币投入生产或流通领域，使货币转化为资金，从而产生增值（称为利润或收益）；二是货币借贷关系存在，货币的所有权和使用权分离。比如把资金存入银行或向银行借贷所得到或付出的增值额（称为利息）。

在方案经济评价中考虑时间价值因素的意义有以下几点。

1）一项工程若能早一天建成投产，就能多创造一天的价值，延误一天竣工就会延误一天生产，造成一笔损失；另一种情况是，当我们积累了一笔资金时，若把它投入生产或存入银行，就可带来一定的利润或利息收入，不及时利用就会失去一笔相应的收入。

2）考虑资金使用的时间价值可以促使资金使用者加强经济管理，更充分地利用资金以促进生产的发展。

3）在利用外资的情况下，不计算资金的时间价值，就无法还本付息。因此，在经济活动中，应千方百计地缩短投资项目的建设周期，加快资金周转，尽量减少资金的占用数量和时间。

总之，资金的时间价值是客观存在的，投资经营的一项基本原则就是充分利用资金的时间价值并最大限度地获得其时间价值，这就要加速资金周转，在较短时间内回收资金，并不断从事利润较高的投资活动。任何资金的闲置，都会损失资金的时间价值。

资金时间价值可以用相对数表示，也可以用绝对数表示。相对数即时间价值率，是指扣除风险报酬率和通货膨胀率后的平均利润率或平均报酬率；绝对数时间价值是资金周转使用后的增值额，即在没有风险和没有通货膨胀条件下的社会平均利润率，其数值是一定数额的资金与时间价值率的乘积。在通货膨胀率很低的情况下，政府债券利率可以视作资金的时间价值。

二、资金等值的概念

所谓“等值”是指在不同的时间点上，两笔不同数额的资金具有相同的经济价值。由于资金时间价值的特性，使用不同时点的资金具有不同的价值，不能直接进行计算，不同时点上的资金在价值上不具有可比性。

（一）等值的特点

1. 以一定的利率为前提

不同时点的资金，如果不规定利率则它们不具备等值性，更不具备可比性；而规定的利率如果不同，则它们所具备的“价值”是不相等的。

2. 资金支付形式可以不同

不同资金支付形式，在相同利率条件下，在相同时刻具有“等值”效果，具有可比性。

等值的概念是进行技术经济分析以及比较和评价不同时期资金使用效果的重要依据。

（二）资金等值的换算方法

进行等值换算是进行经济分析的基础，要进行等值换算，首先确定不同时点上资金数额的大小，其次要确定利率的大小，最后根据要求选择合适的换算方法。具体的换算方法在后续的内容中重点讲解。

第二节　资金时间价值的计算

一、相关计算要素的概念

资金时间价值的计算需涉及下列相关要素。

（一）终值

终值也称将来值，是指现在一定量货币相当于未来某一时点的价值，即一笔或多笔资金一定时期后的本利和。比如现在存入一笔现金1 000元，年利率为10%（复利），经过3

年后一次性取出本利合计1 331 元，这1 331 元即为1 000 元资金3 年后的终值。

（二）现值

现值也称本金，是指未来某一时点的一定量货币折合为现在的价值。比如上述3 年后的1 331 元折合到现在的价值为1 000 元，这1 000 元即为3 年后1 331 元货币的现值。计算现值也称折现。

（三）利率

无论求终值还是求现值，都会涉及利率问题。利率代表每一期间的资金时间价值大小，一定量的货币乘以利率就是每期货币的增值量，可称为利息。计算利息有两种方式，即单利和复利。单利方式下，每期都按初始本金计算利息，当期利息既不取出也不计入下期本金，计息基础不变。复利方式下，以当期期末本利和为计息基础计算下期利息，即利上加利。等量货币相同期间（大于一期）按单利和复利计算的终值或现值是不同的。比如上述1 000 元在复利计算方式下3 年后的终值为1 331 元，若按单利方式计算，其终值就是1 300 元。本书若没有特别说明均按复利方式计算终值和现值。

（四）期数

期数是指一定量货币现值与终值之间的时间间隔，相当于计息的期数。比如上述1 000 元现值与1 331 元终值之间的计息期数为3 年。

二、现金流量图

（一）现金流量的概念

工程经济分析的主要目的就是对各种方案的投资支出和投资收益进行比较分析，以选择投资效果最佳的方案。

在工程经济分析中，通常总是将工程项目或技术方案作为一个独立的经济系统，这个系统可以是一个建设项目、一个企业，也可以是一个地区、一个国家。通过考察该系统的经济效果，进而判断其可行性。在对项目进行技术经济分析时，一般不用会计利润的概念，而要计算现金流量。对一个系统而言，凡在某一时点上流出系统的货币被称为现金流出或负现金流量；流入系统的货币被称为现金流入或正现金流量；同一时点上的现金流入和现金流出的代数和称为净现金流量。现金流入、现金流出及净现金流量统称为现金流量，见表2－1。

表2－1 现金流量表 （单位：元）

现金流量 \ 时点	0	1	2	3	4	5	6
现金流入			100	200	200	200	300
现金流出	200	200	0	0	0	0	0
净现金流量	－200	－200	100	200	200	200	300

（二）现金流量图

一个项目或方案的实施，往往要延续一段时间。在项目或方案的寿命期内，各种现金流量的数额和发生的时间都不尽相同。为了便于分析不同时点上的现金流入和现金流出，计算其净现金流量，通常采用净现金流量表或现金流量图的形式来表示特定系统在一段时间内发生的现金流量。这里着重介绍现金流量图（见图2－1）。

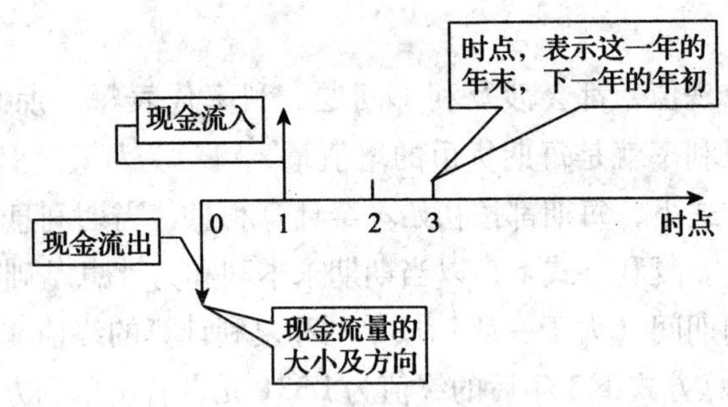

图2－1　现金流量图

为了全面地考察新建工业项目的经济性，必须对项目在整个寿命周期内的支出和收入进行研究。根据各阶段现金流动的特点，可以把一个项目分为四个周期：建设期、投产期、稳定期和回收处理期，如图2－2所示。建设期是指项目开始投资至项目开始投产获得收益之间的一段时间；投产期是指项目投产开始至项目到达预定的生产能力的阶段；稳定期是指项目达到生产能力后持续发挥生产能力的阶段；回收处理期是指项目完成预计的寿命周期后停产并进行善后处理的时期。

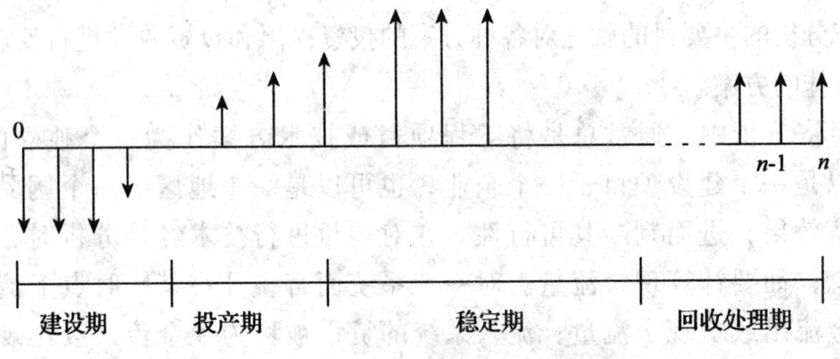

图2－2　新建工业项目的现金流量

从图2－2可以看出，除了建设期主要表现为现金流出外，其他三个时期大多表现为现金的流入。

（三）现金流量图的绘制

在图2－3中，横轴是时间轴，向右表示时间的延续。横轴等分成若干间隔，每一间隔代表一个时间单位（通常是年，特殊情况下也可以是季或半年等）。时间轴上的点称为时点。标注时间序号的时点通常是该时间序号所表示的年份的年末，同时也是下一年的年初。如：0时点即为第一年开始的时点，1代表第一年年末和第二年年初，依次类推。整条横轴就可以看做所考察的经济系统的寿命周期。表2－1中的现金流量如图 2-3 所示。

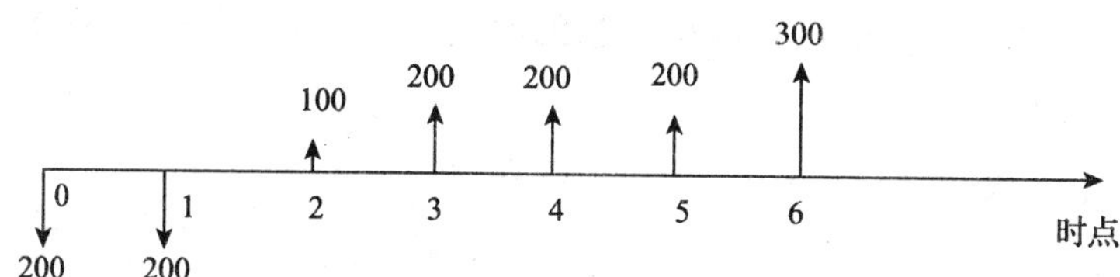

图 2-3 现金流量图

与横轴相连的垂直线，代表流入或流出系统的现金流量。垂直线的长短与现金流量的绝对值的大小成比例。垂直线上标注箭头，箭头向上表示现金流入，箭头向下表示现金流出。现金流量图上还要注明每一笔现金流量的金额。

三、单利终值和现值的计算

单利是一种不论时间长短，只按本金计息，其所生利息不加入本金重复计算利息的方法。为方便计算，特设定如下符号标志：P——现值，即本金或期初金额；F——终值，即本利和；i——每一计息期的利率；I——利息；n——计算利息的期数。

（一）单利终值

单利终值是指现在收入或支出的一笔资金按单利计算的未来价值。单利终值的计算公式为：

$$F=P+I=P+P\cdot i\cdot n=P(1+i\cdot n)$$

【例1】 某人将 1 000 元存入银行，期限为 4 年，银行存款利率为 6%，如按单利计息，则到期时的本利和为多少？

解答

$$F=1\,000\times(1+6\%\times4)=1\,240\text{（元）}$$

（二）单利现值

单利现值是指未来收入或支出的一笔资金按单利折算到现在的价值。单利现值与终值的计算是互逆的，其计算公式为

$$P=\frac{F}{1+i\cdot n}$$

【例2】 某人打算在 5 年后用 10 000 元来支付一笔款项，目前银行存款利率为 5%，则在单利计息条件下，此人现在需存入银行的款额为多少？

解答

$$P=\frac{10\,000}{1+5\%\times5}=8\,000\text{（元）}$$

单利虽然考虑了资金的时间价值，但对以前已经产生的利息并没有转入计息基数而累计利息。因此，单利计算资金的时间价值是不完善的。

除非特别说明，在计算利息时，给出的利率均为年利率，对不足 1 年的利息，以 1 年等于 360 天来折算。

四、复利终值和现值的计算

复利是计算利息的另一种方法，资金时间价值通常都按照复利的方式进行计算。按照

这种方法，每经过一个计息期，要将所生利息加入本金再计算利息，逐期滚算，利上加利。这里所说的计息期，是指相邻两次计息的时间间隔，如年、月、日等。除非特别指明，每一计息期为1年。

（一）复利终值（已知现值 P，求终值 F）

复利终值是指现在的一定量资金按复利计算的未来价值。例如，将一笔资金 P 存入银行，年利率为 i，如果每年按复利方式计息一次，则 n 年后的本利和就是复利终值。具体示意图如图2-4所示。

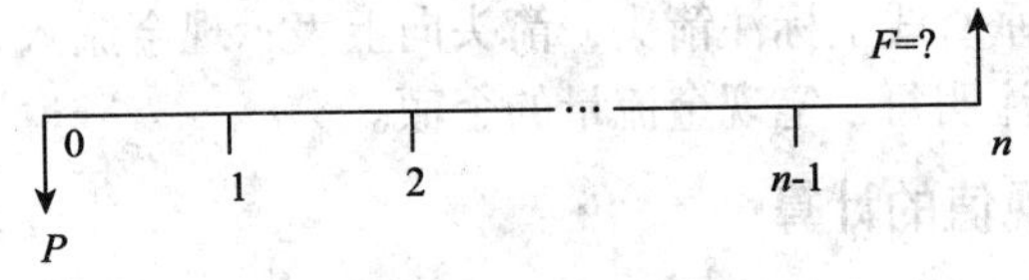

图2-4　复利终值示意图

如图2-4所示，1年后的复利终值为

$$F_1 = P + P \cdot i = P(1+i)$$

2年后的复利终值为

$$F_2 = F_1 + F_1 \cdot i = F_1(1+i) = P(1+i)(1+i) = P(1+i)^2$$

由此可以推出 n 年后复利终值的计算公式为

$$F = P(1+i)^n$$

式中　$(1+i)^n$——复利终值系数或1元的复利终值，用符号 $\left(\frac{F}{P}, i, n\right)$ 表示。

因此，计算公式也可写为

$$F = P\left(\frac{F}{P}, i, n\right)$$

复利终值系数可以通过专门编制的“间断复利系数表”（本书附录）中直接获得。该表第一行是利率 i，第一列是计息期数 n，相应的 $(1+i)^n$ 的值在其纵横相交处。例如，$\left(\frac{F}{P}, 8\%, 5\right)$ 表示利率为8%、5年期复利终值的系数，通过该表可以查出 $\left(\frac{F}{P}, 8\%, 5\right) = 1.496$，说明在利率为8%的情况下，现在的1元和5年后的1.496元在经济上是等值的，根据这一系数可以将现值换算成终值。

仍依【例1】资料，如按复利计算，则到期时的本利和为

$$F = 1\,000 \times (1+6\%)^4$$

$$= 1\,000 \times \left(\frac{F}{P}, 6\%, 4\right) = 1\,000 \times 1.262 = 1\,262 \text{（元）}$$

（二）复利现值（已知终值 F，求现值 P）

复利现值相当于原始本金，它是指今后某一特定时间收到或付出一笔款项，按折现率 i 所计算的现在时点价值。例如，将 n 年后的一笔资金 F，按年利率 i 折算为现在的价值，

这就是复利现值。具体示意图如图 2－5 所示。

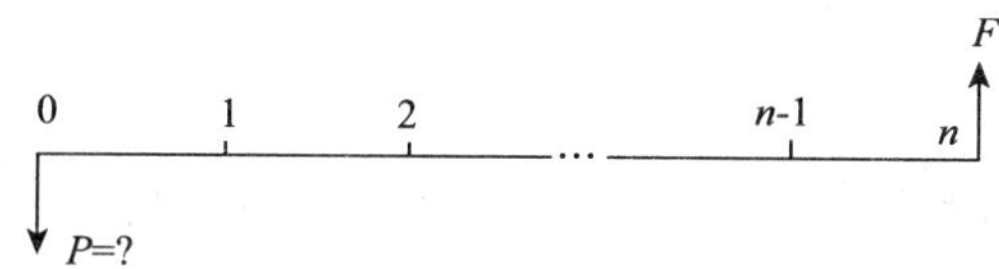

图 2－5　复利现值示意图

由终值求现值，称为折现，折算时使用的利率称为折现率。

复利现值的计算公式为

$$P=F(1+i)^{-n}$$

式中　$(1+i)^{-n}$——复利现值系数，用符号$\left(\frac{P}{F}, i, n\right)$表示。

因此，复利现值的计算公式也可写为

$$P=F\left(\frac{P}{F}, i, n\right)$$

例如，$\left(\frac{P}{F}, 5\%, 4\right)$表示利率为 5%、4 年期的复利现值系数。

与复利终值系数表相似，通过现值系数表在已知 i、n 的情况下查出 P。

仍依【例 2】资料，如按复利计算，则现在应存入银行的金额为

$$P=10\,000\times\left(\frac{P}{F}, 5\%, 5\right)$$
$$=10\,000\times 0.783\,5=7\,835\text{（元）}$$

多笔不等额的款项按复利方式计算终值或现值，可以依据上述原理来进行。

【例 3】　A 房地产公司预计未来 4 年可获收益分别为：第 1 年 10 万元、第 2 年 15 万元、第 3 年 20 万元、第 4 年 10 万元，按年利率（折现率）8% 计算，则该公司所获收益的现值是多少？

解答

$$P=10\times(1+8\%)^{-1}+15\times(1+8\%)^{-2}+20\times(1+8\%)^{-3}+10\times(1+8\%)^{-4}$$
$$=10\times\left(\frac{P}{F}, 8\%, 1\right)+15\times\left(\frac{P}{F}, 8\%, 2\right)+20\times\left(\frac{P}{F}, 8\%, 3\right)+10\times\left(\frac{P}{F}, 8\%, 4\right)$$
$$=10\times 0.925\,9+15\times 0.857\,3+20\times 0.793\,8+10\times 0.735\,0$$
$$=45.35\text{（万元）}$$

五、年金终值和现值的计算

在现实经济生活中，会经常发生一定时期内多次收付的款项，即系列收付款项。如果每次收付的金额相等，则这样的系列收付款项便称为年金。简言之，年金是指在一定时期内每隔相同的时点等额收付的系列款项，通常记作 A。

年金的形式多种多样，如分期付款赊购，分期偿还贷款、发放养老金、支付租金、计提折旧、零存整取或整取零存储蓄等。

年金按其每次发生的时点不同，可以分为普通年金、先付年金、递延年金和永续年金四种。

在年金的计算中，设定以下符号：A——每年收付的金额；i——利率；F——年金终值；P——年金现值；n——期数。

（一）普通年金

普通年金是指每期期末有等额收付款项的年金，又称后付年金，如图2－6所示。

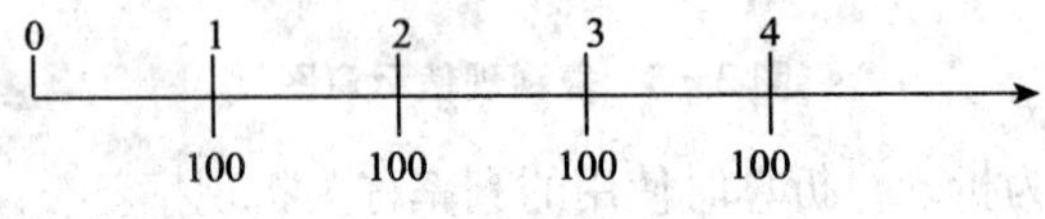

图2－6　普通年金示意图

在图2－6中，横轴代表时间，用数字标出各期的顺序号，竖线的位置表示支付的时刻，竖线下端数字表示支付的金额。图2－6表示4期内每年100元的普通年金。

1. 普通年金终值（已知年金A，求年金终值F）

普通年金终值是指一定时期内每期期末等额收付款项的复利终值之和。例如，按图2－6的数据，假如$i=6\%$，第4期期末的普通年金终值的计算如图2－7所示。

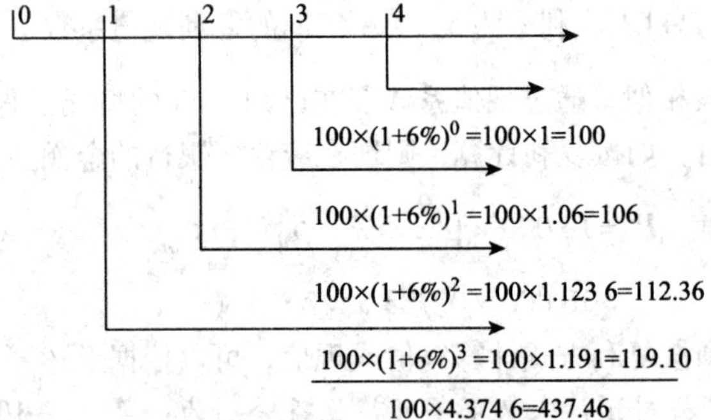

图2－7　普通年金终值计算示意图

从图2－7可知，第1期期末的100元，有3个计息期，其复利终值为119.1元；第2期期末的100元，有2个计息期，其复利终值为112.36元；第3期期末的100元，有1个计息期，其复利终值为106元；而第4期期末的100元，没有利息，其终值仍为100元。将以上四项加总得437.46元，即为整个的年金终值。

从以上的计算可以看出，通过复利终值计算年金终值比较复杂，但存在一定的规律，由此可以推导出普通年金终值的计算公式。

根据复利终值的方法计算年金终值F的公式为

$$F=A\frac{(1+i)^n-1}{i}$$

式中　$\frac{(1+i)^n-1}{i}$——“年金终值系数”，记为$\left(\frac{F}{A},\ i,\ n\right)$，可以通过查“年金终值系数表”获得。

【例4】　某公司每年末在银行存入4 000元，计划在10年后更新设备，银行存款利率为5%，那么到第10年末公司能筹集的资金总额是多少？

解答

$$F=A\frac{(1+i)^n-1}{i}$$
$$=4\,000\times\frac{(1+5\%)^{10}-1}{5\%}$$
$$=4\,000\times\left(\frac{F}{A},5\%,10\right)$$
$$=4\,000\times12.578$$
$$=50\,312\ (元)$$

2. 偿债基金（已知年金终值 F，求年金 A）

偿债基金是指为了在约定的未来某一时点清偿某笔债务或积聚一定数额的资金而必须分次等额形成的存款准备金。由于每次形成的等额准备金类似年金存款，因而同样可以按复利计算利息，所以债务实际上等于年金终值，每年提取的偿债基金等于年金 A。也就是说，偿债基金的计算实际上是年金终值的逆运算。其计算公式为

$$A=F\frac{i}{(1+i)^n-1}$$

式中 $\frac{i}{(1+i)^n-1}$ ——“偿债基金系数”，记为$\left(\frac{A}{F},i,n\right)$，可通过查“偿债基金系数表”或通过年金终值系数的倒数推算出来。

因此，上式也可写做

$$A=F\left(\frac{A}{F},i,n\right)$$

或

$$A=F\left[\frac{1}{\left(\frac{F}{A},i,n\right)}\right]$$

【例5】 某公司计划在8年后改造厂房，预计需要400万元，假设银行存款利率为4%，该公司在这8年中每年年末要存入多少万元才能满足改造厂房的资金需要？

解答

$$F=A\frac{(1+i)^n-1}{i}$$
$$400=A\frac{(1+4\%)^8-1}{4\%}$$
$$400=A\left(\frac{F}{A},4\%,8\right)$$
$$400=A\times9.214$$
$$A=43.41\ (万元)$$

也就是说，该公司在银行存款利率为4%时，每年年末存入43.41万元，8年后可以获得400万元用于改造厂房。

3. 普通年金现值（已知年金 A，求年金现值 P）

普通年金现值是指一定时期内每期期末收付款项的复利现值之和。例如，按图2－6的数据，假如 $i=6\%$，其普通年金现值的计算如图2－8所示。

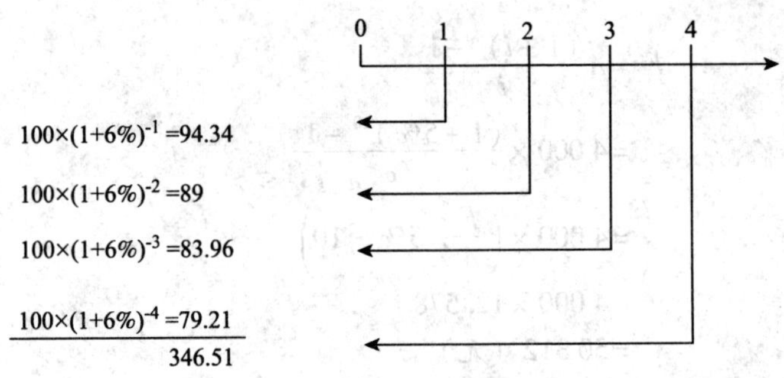

图2－8　普通年金现值计算示意图

从图2－8可知，第1期期末的100元到第1期初，经历了1个计息期，其复利现值为94.34元；第2期期末的100元到第1期初，经历了2个计息期，其复利现值为89元；第3期期末的100元到第1期初，经历了3个计息期，其复利现值为83.96元；第4期期末的100元到第1期初，经历了4个计息期，其复利现值为79.21元。将以上四项加总得346.51元，即为4期的年金现值。

从以上计算可以看出，通过复利现值计算年金现值比较复杂，但存在一定的规律性，由此可以推导出普通年金现值的计算公式。

根据复利现值的方法计算年金现值P的计算公式为

$$P=A\frac{1-(1+i)^{-n}}{i}$$

式中　$\frac{1-(1+i)^{-n}}{i}$——“年金现值系数”，记为$\left(\frac{P}{A},i,n\right)$，可通过查“年金现值系数表”获得。

【例6】 某公司预计在8年中，从一名顾客处每年末收取6 000元的房屋贷款还款，贷款利率为6%，那么该顾客借了多少资金？即这笔贷款8年后的现值是多少？

解答

$$\begin{aligned}P&=A\frac{1-(1+i)^{-n}}{i}\\&=6\,000\times\frac{1-(1+6\%)^{-8}}{6\%}\\&=6\,000\times6.209\,8\\&=37\,258.8\text{（元）}\end{aligned}$$

4．年资本回收额（已知年金现值P，求年金A）

年资本回收额是指在约定年限内等额回收初始投入资本或清偿所欠债务的金额。年资本回收额的计算是年金现值计算的逆运算。其计算公式为

$$A=P\frac{i}{1-(1+i)^{-n}}$$

式中　$\frac{i}{1-(1+i)^{-n}}$——“资本回收系数”，记为$\left(\frac{A}{P},i,n\right)$，可通过查“资本回收系数表”或利用年金现值系数的倒数求得。

因此，上式也可以写做

$$A=P\left(\frac{A}{P},\ i,\ n\right)$$

【例7】 某建筑企业现在借得1 000万元贷款，在10年内以年利率12%等额偿还，则每年应付的金额是多少？

解答

$$A=1\,000\times\left[\frac{1}{\left(\frac{P}{A},\ 12\%,\ 10\right)}\right]=1\,000\times\left(\frac{A}{P},12\%,\ 10\right)=1\,000\times\frac{1}{5.650\,2}$$

$$=1\,000\times0.177\,0=177\ (\text{万元})$$

（二）先付年金

先付年金是指从第1期起，在一定时期内每期期初等额收付系列款项的年金，又称预付年金、即付年金。

1. 先付年金终值（已知年金A，求年金终值F）

先付年金终值F的计算公式为

$$F=A\frac{(1+i)^n-1}{i}(1+i)$$

$$=A\left[\frac{(1+i)^{n+1}-1}{i}-1\right]$$

式中 $\left[\frac{(1+i)^{n+1}-1}{i}-1\right]$——“先付年金终值系数”，它是在普通年金终值系数的基础上，期数加1，系数减1求得的，可表示为$\left[\left(\frac{F}{A},i,\ n+1\right)-1\right]$，可通过查“普通年金终值系数表”，得（$n+1$）期的值，然后减去1可得对应的先付年金终值系数的值。例如，$\left[\left(\frac{F}{A},6\%,\ 4+1\right)-1\right]$，$\left(\frac{F}{A},\ 6\%,\ 4+1\right)$的值为5.637 1，再减去1，得先付年金终值系数为4.637 1。

【例8】 某公司租赁写字楼，每年年初支付租金5 000元，年利率为8%，该公司计划租赁12年，需支付的租金为多少？

解答

$$F=A\left[\frac{(1+i)^{n+1}-1}{i}-1\right]$$

$$=5\,000\times\left[\frac{(1+8\%)^{12+1}-1}{8\%}-1\right]$$

$$=5\,000\times20.495$$

$$=102\,475\ (\text{元})$$

或

$$F=A\times\left[\left(\frac{F}{A},i,\ n+1\right)-1\right]$$

$$=5\,000\times\left[\left(\frac{F}{A},8\%,\ 12+1\right)-1\right]$$

查“年金终值系数表”得

$$\left(\frac{F}{A}, 8\%, 12+1\right)=21.495$$

$$F=5\,000\times(21.495-1)=102\,475\text{（元）}$$

2. 先付年金现值（已知年金 A，求年金现值 P）

先付年金现值 P 的计算公式为

$$\begin{aligned}P&=A\frac{1-(1+i)^{-n}}{i}(1+i)\\&=A\left[\frac{1-(1+i)^{-(n-1)}}{i}+1\right]\end{aligned}$$

式中 $\left[\frac{1-(1+i)^{-(n-1)}}{i}+1\right]$——“先付年金现值系数”，先付年金现值系数是在普通年金现值系数的基础上，期数减1，系数加1求得的，可表示为 $\left[\left(\frac{P}{A}, i, n-1\right)+1\right]$，可通过查“普通年金现值系数表”，得（$n-1$）期的值，然后加上1可得对应的先付年金现值系数的值。例如，$\left[\left(\frac{P}{A}, 6\%, 4-1\right)+1\right]$，$\left(\frac{P}{A}, 6\%, 4-1\right)$ 的值为2.673，再加上1，得先付年金现值系数为3.673。

【例9】 某人分期付款购买住宅，每年年初支付6 000元，20年还款期。假设银行借款利率为5%，该项分期付款如果现在一次性支付，需支付的现金是多少？

解答

$$\begin{aligned}P&=A\left[\frac{1-(1+i)^{-(n-1)}}{i}+1\right]\\&=6\,000\times\left[\frac{1-(1+5\%)^{-(20-1)}}{5\%}+1\right]\\&=6\,000\times13.085\,3\\&=78\,511.8\text{（元）}\end{aligned}$$

或

$$\begin{aligned}P&=A\times\left[\left(\frac{P}{A}, i, n-1\right)+1\right]\\&=6\,000\times\left[\left(\frac{P}{A}, 5\%, 20-1\right)+1\right]\end{aligned}$$

查“年金现值系数表”得

$$\left(\frac{P}{A}, 5\%, 20-1\right)=12.085\,3$$

$$P=6\,000\times(12.0853+1)=78\,511.8\text{（元）}$$

（三）递延年金

递延年金是指第一次收付款发生时间是在第2期或者第2期以后的年金。它是普通年金的特殊形式，凡不是从第1期开始的年金就是递延年金。

1. 递延年金终值

递延年金终值的计算方法与普通年金终值的计算方法相似，其终值的大小与递延期限无关。

2. 递延年金现值

递延年金现值是自若干时期后开始每期款项的现值之和。其现值计算方法有两种：

(1) 方法一

第一步，把递延年金看做 n 期普通年金，计算出递延期末的现值。

第二步，将已计算出的现值折现到第1期期初。

【例10】 若前两年没有年金发生，从第3年起连续4年每年末有年金100元。假设银行利率为6%，其递延年金现值为多少？

解答

第一步，计算4期的普通年金现值。

$$P_2 = A\left(\frac{P}{A},\ i,\ n\right) = 100 \times \left(\frac{P}{A},\ 6\%,\ 4\right)$$

$$= 100 \times 3.4651 = 346.51\ (\text{元})$$

第二步，将已计算的普通年金现值折现到第1期期初。

$$P_0 = P_2\left(\frac{P}{F},\ i,\ m\right) = 346.51 \times \left(\frac{P}{F}, 6\%,\ 2\right)$$

$$= 346.51 \times 0.89 = 308.39\ (\text{元})$$

(2) 方法二

第一步，计算出 $(m+n)$ 期的年金现值。

$$P_{m+n} = A\left(\frac{P}{A},\ i,\ m+n\right) = 100 \times \left(\frac{P}{A}, 6\%,\ 2+4\right)$$

$$= 100 \times 4.9173 = 491.73\ (\text{元})$$

第二步，将计算出的 $(m+n)$ 期扣除递延期 m 的年金现值，得出 n 期年金现值。

$$P_n = A\left[\left(\frac{P}{A},\ i,\ m+n\right) - \left(\frac{P}{A}, i,\ m\right)\right]$$

$$= 100 \times \left[\left(\frac{P}{A},\ 6\%,\ 6\right) - \left(\frac{P}{A}, 6\%,\ 2\right)\right]$$

$$= 308.39\ (\text{元})$$

(四) 永续年金

永续年金是指无限期支付的年金，如优先股股利。由于永续年金持续期无限，没有终止时间，因此没有终值，只有现值。永续年金可视为普通年金的特殊形式，即期限趋于无穷的普通年金。其现值的计算公式可由普通年金现值公式推出：

$$P = A\frac{1-(1+i)^{-n}}{i}$$

$$=A\frac{1-\frac{1}{(1+i)^n}}{i}$$

当 $n\to\infty$ 时，$\frac{1}{(1+i)^n}\to 0$

故：

$$P=\frac{A}{i}$$

【例 11】 某企业要设立一项永久性帮困基金，计划每年拿出 5 万元帮助失学儿童，若年利率为 5%，要求计算现在要筹集多少资金？

解答

$$P=\frac{A}{i}=\frac{5}{5\%}=100\text{（万元）}$$

表 2－2　时间价值计算公式汇总表

收付类别	公式名称	已知	求	公式
一次性支付	终值公式	P	F	$F=P\ (1+i)^n$ $F=P\left(\frac{F}{P},\ i,\ n\right)$
	现值公式	F	P	$P=F(1+i)^{-n}$ $P=F\left(\frac{P}{F},\ i,\ n\right)$
等额系列支付	普通年金终值	A	F	$F=A\left(\frac{F}{A},\ i,\ n\right)$
	偿债基金	F	A	$A=F\left(\frac{A}{F},\ i,\ n\right)$
	普通年金现值	A	P	$P=A\left(\frac{P}{A},\ i,\ n\right)$
	年资本回收额	P	A	$A=P\left(\frac{A}{P},\ i,\ n\right)$
	先付年金终值	A	F	$F=A\left[\left(\frac{F}{A},\ i,\ n+1\right)-1\right]$
	先付年金现值	A	P	$P=A\left[\left(\frac{P}{A},\ i,\ n-1\right)+1\right]$
	递延年金现值	A、F	P	$P=A\left[\left(\frac{P}{A},\ i,\ m+n\right)-\left(\frac{P}{A},i,\ m\right)\right]$ $P=A\left(\frac{P}{A},\ i,\ n\right)\left(\frac{P}{F},i,\ m\right)$
	永续年金现值	A	P	$P=\frac{A}{i}$

第三节 利息与利率

一、利息

在借贷过程中债务人支付给债权人超过原借贷金额的部分就是利息，即：

$$I = F - P$$

式中 I——利息；

F——目前债务人应付（或债权人应收）总金额，即还本付息总额；

P——原借贷金额，常称为本金。

从本质上看利息是由贷款发生利润的一种再分配。在工程经济研究中，利息常常被看做是资金的一种机会成本。这是因为如果放弃资金的使用权利，相当于失去收益的机会，也就相当于付出了一定的代价。事实上，投资就是为了在未来获得更大的回报而对目前的资金进行某种安排。很显然，未来的回报应当超过现在的投资。正是这种预期的价值增长才能刺激人们进行投资。因此，在工程经济分析中，利息常常是指占用资金所付出的代价或者是放弃资金所得到的补偿。

二、利率

在经济学中，利率的定义是从利息的定义中延伸出来的。也就是说，在理论上先承认了利息，再以利息来解释利率。在实际计算中正好相反，常根据利率计算利息。

利率就是在单位时间内所得利息额与原借贷之比，通常用百分数表示，即

$$i = \frac{I_t}{P} \times 100\%$$

式中 i——利率；

I_t——单位时间内所得的利息额。

用于表示计算利息的时间单位称为计息周期，计息周期 t 通常为年、半年、季、月、周或天。

【例 12】 某人现借得本金 1 000 元，一年后付息 35 元，则年利率为多少？

解答

$$\frac{35}{1\ 000} \times 100\% = 3.5\%$$

利率是各国发展国民经济的重要杠杆之一。

上面讨论的有关计算均假定利率为年利率，每年复利一次。实际运用中，复利的计息期不一定是 1 年，也可以是半年、1 个季度、1 个月、1 旬或 1 周，比如有些债券半年计息一次；有些抵押贷款每月计息一次；银行之间拆借资金均为每天计息一次。当计息周期小于 1 年时，就出现了名义利率和实际利率的概念。

（一）名义利率

所谓名义利率（用 r 表示）就是非实际利率，指当每年复利次数不只一次时的年利率。

（二）实际利率

实际利率（用 i 表示），指每年复利次数只有一次时的年利率。

（三）利率的计算

【例13】 将1 000元存入银行，设年利率为6%，可选一年计息一次或半年计息一次，试问哪种方式合算？

解答

一年计息一次，则一年后的终值

$$F=P\ (1+i\cdot n)=1\,000\times(1+6\%)=1\,060\ (元)$$

半年计息一次，则：

半年后 $F_1=1\,000\times(1+\frac{6\%}{2})=1\,030$（元）

一年后 $F_2=1\,030\times(1+\frac{6\%}{2})=1\,060.9$（元）

故其实际利率为 $\frac{(1\,060.9-1\,000)}{1\,000}=6.09\%$

所以，若有两个银行，一个宣布年利率为6%，半年计息一次，另一个宣布年利率为6.09%，一年计息一次，则两者的实际利率是相同的。

对于一年内多次复利的情况，可采用两种方法计算时间价值。

1. 第一种方法

按如下公式将名义利率调整为实际利率，然后按实际利率计算时间价值。

$$i=\left(1+\frac{r}{m}\right)^m-1$$

式中 i——实际利率；

r——名义利率；

m——每年复利的次数。

【例14】 某企业于年初存入银行10万元，在年利率为10%、半年复利一次的情况下，到第10年末，该企业能得到本利和是多少？

解答

依题意，$P=10$，$r=10\%$，$m=2$，$n=10$，则：

$$i=(1+\frac{r}{m})^m-1=(1+\frac{10\%}{2})^2-1=10.25\%$$

$$F=P\ (1+i)^n=10\times(1+10.25\%)^{10}=26.53\ (万元)$$

这种方法的缺点是调整后的实际利率往往带有小数，不利于查表。

2. 第二种方法

不计算实际利率，而是相应调整有关指标，即利率变为 $\frac{r}{m}$，期数相应变为 mn。其计算公式为：

$$F=P\ (1+\frac{r}{m})^{mn}$$

利用上例中数据，用第二种方法计算本利和。

$$F=P(1+\frac{r}{m})^{mn}=10\ (1+\frac{10\%}{2})^{2\times10}=10\times\left(\frac{F}{P},5\%,\ 20\right)=26.53\ (万元)$$

第四节 资金时间价值的其他问题

一、资金等值

资金有时间价值，即使金额相同，因其发生在不同时间，其价值就不相同。反之，不同时点绝对数额不等的资金在时间价值的作用下却可能具有相同的价值。利用等值的概念，可以把在一个时点发生的资金金额换算成另一时点的等值金额，这一过程叫做资金的等值计算。常用的等值复利计算公式有一次支付的终值和现值计算公式，等额支付系列的终值、现值、资金回收和偿债基金计算公式。

二、折现率、期间的推算

（一）折现率（利息率）的推算

对于一次性收付款项，根据其复利终值（或现值）的计算公式可得折现率的计算公式为

$$i=\left(\frac{F}{P}\right)^{-n}-1$$

因此，若已知 F、P、n，不用查表便可直接计算出一次性收付款项的折现率（利息率）i。

永续年金折现率（利息率）i 的计算也很方便。若 P、A 已知，则根据公式 $P=\frac{A}{i}$，变形即得 i 的计算公式为

$$i=\frac{A}{P}$$

普通年金折现率（利息率）的推算比较复杂，无法直接套用公式，而必须利用有关的系数表，有时还会涉及内插法的应用。下面着重对此加以介绍。

根据普通年金终值 F 和现值 P 的计算公式可推算出年金终值系数$\left(\frac{F}{A},\ i,\ n\right)$和年金现值系数$\left(\frac{P}{A},\ i,\ n\right)$的算式。

$$\left(\frac{F}{A},\ i,\ n\right)=\frac{F}{A} \qquad \left(\frac{P}{A},i,\ n\right)=\frac{P}{A}$$

根据已知的 F、A 和 n，可求出$\frac{F}{A}$的值。通过查“普通年金终值系数表”，有可能在表中找到等于$\frac{F}{A}$的系数值，只要找出该系数所在列的 i 值，即为所求的 i。

同理，根据已知的 P、A 和 n，可求出$\frac{P}{A}$的值。通过查“普通年金现值系数表”，可求出 i 的值。必要时可采用内插法。

下面详细介绍利用年金现值系数表计算 i 的步骤。

1）计算出$\frac{P}{A}$的值，设其为 α。

2）查“普通年金现值系数表”。沿着已知 n 所在的行横向查找，若恰好能找到某一

系数值等于α，则该系数值所在的列相对应的利率即为所求的i值。

3）若无法找到恰好等于α的系数值，就应在表中n行上找出与α最接近的两个左右临界系数值，设为β_1、β_2（$\beta_1>\alpha>\beta_2$，或$\beta_1<\alpha<\beta_2$），读出β_1、β_2所对应的临界利率，然后进一步运用内插法。

4）在内插法下，假定利率i同相关的系数在较小范围内线性相关，因而可根据临界系数β_1、β_2和临界利率i_1、i_2计算出i，其计算公式为：

$$i=i_1+\frac{\beta_1-\alpha}{\beta_1-\beta_2}(i_1-i_2)$$

式中　i——所求利率；

α——对应的年金现值系数；

i_1、i_2——分别与i相邻的两个利率，且$i_1<\alpha<i_2$；

β_1、β_2——分别与i_1、i_2对应的年金现值系数。

【例15】　某公司于第一年初借款20 000元，每年末还本付息额均为4 000元，连续9年还清。问借款利率为多少？

解答

根据题意，已知$P=20\,000$元，$A=4\,000$元，$n=9$，则

$$\frac{P}{A}=\frac{20\,000}{4\,000}=5$$

查$n=9$的"普通年金现值系数表"。在"$n=9$"一行上无法找到恰好为α（$\alpha=5$）的系数值，于是在该行上找到大于和小于5的临界系数值，分别为：$\beta_1=5.328\,2>5$，$\beta_2=4.916\,4<5$。同时读出该临界利率为：$i_1=12\%$，$i_2=14\%$，则

$$i=12\%+\frac{5.328\,2-5}{5.328\,2-4.916\,4}\times(14\%-12\%)\approx13.6\%$$

对于一次性收付款项，若应用查表法求i，可先计算出$\frac{F}{P}$的值，设其为α，然后查复利终值系数表；或先计算出$\frac{P}{F}$的值，设其为α，然后查"复利现值系数表"。

（二）期间的推算

期间n的推算，其原理和步骤同利率i的推算类似。

下面以普通年金为例，说明在P、A和i已知情况下，推算期间n的基本步骤。

1）计算$\frac{P}{A}$的值，设其为α'。

2）查"普通年金现值系数表"。沿着已知i所在的列纵向查找，若能找到恰好等于α'的系数值，则该系数所在的行的n值即为所求的期间值。

3）若找不到恰好等于α'的系数值，则在该列查找最为接近α'值的上下临界系数β'_1、β'_2及其对应的临界期间n_1、n_2，然后应用内插法求n，公式为

$$n=n_1+\frac{\beta'_1-\alpha'}{\beta'_1-\beta'_2}(n_1-n_2)$$

【例16】　某企业拟购买一台柴油机，更新目前的汽油机。柴油机价格较汽油机高出2 000元，但每年可节约燃料费500元。若利率为10%，求柴油机至少使用多少年对企业而言才有利？

解答

依题意，已知 $P=2\,000$，$A=500$，$i=10\%$，则

$$\alpha'=\frac{2\,000}{500}=4$$

查“普通年金现值系数表”，在 $i=10\%$ 的列上纵向查找，无法找到恰好为 α'（$\alpha'=4$）的系数值，于是查找大于和小于4 的临界系数值，分别为：$\beta'_1=4.355\,3>4$，$\beta'_2=3.790\,8<4$，对应的临界期间为：$n_1=6$，$n_2=5$，则

$$n=6+\frac{4.355\,3-4}{4.355\,3-3.790\,8}\times(6-5)\approx6.6\ (\text{年})$$

本章小结

本章对资金的时间价值进行了详细的阐述，资金的时间价值是工程经济分析的理论基础和有效的经济分析工具。本章主要介绍了资金时间价值的概念、资金等值的计算公式、名义利率和实际利率的概念和换算等内容。

思考与练习

1. 什么是资金的时间价值？影响资金时间价值的因素有哪些？
2. 利率在工程经济活动中有哪些作用？利率是由哪些因素决定的？
3. 单利和复利的区别是什么？试举例说明。
4. 名义利率、实际利率的相互关系是怎样的？
5. 某公司需用一设备，该设备现价 60 000 元，可用 10 年，如果租用，则需在每年初付租金 9 000 元。当利率为 10% 时，该公司是选择租用还是购买？若租金改为每年末支付，情况又是怎样？
6. 有甲、乙两方案可用于付款，期限为 3 年。甲方案每年年初付款 100 万元，乙方案每年年末付款 100 万元，若利率为 8%，那么两者在第三年年末的金额相差多少万元？
7. 某材料供应商 2004 年初从银行借得 5 000 万元，年利率为 8%，10 年内每年末等额偿还。由于考虑到国家连续降息，在 2006 年初，该供应商通过与银行谈判，重新确定了还款计划。新协议规定，从 2006 年起，在原贷款期限内，按照年利率 6% 年末等额还本付息。此供应商从 2006 年度起每年应偿还银行多少资金？
8. 某项目设备购置及安装费共 6 000 元，估计可用 10 年，残值为 0。使用该设备时，第一年维修操作费为 1 500 元，以后每年递增 200 元，年利率为 12%。则该设备总费用现值为多少？相当于每年多少等额费用？
9. 某人将 10 000 元存入银行，年利率为 6%。若一年计息一次，5 年后本利和为多少？若半年计息一次，5 年后本利和又为多少？此时的实际利率为多少？
10. 某企业购买了一台设备，购置费为 20 000 元，估计能使用 20 年，20 年末的残值为 500 元，年运行费用为 800 元，此外，每 4 年大修一次，其大修费为每次 2 500 元。试按要求计算该设备等值年费用（年金）：

（1）年利率为 10%，每年计息一次；

（2）年利率为 10%，每半年计息一次。

第三章 建设项目评价指标与方法

学习目的和学习要求

通过学习本章，掌握经济评价指标体系内容；掌握建设项目经济效益评价的静态投资回收期和投资收益率指标的概念和计算，并能灵活用于项目的评判；掌握建设项目经济效益评价的动态投资回收期、净现值、净现值率、净将来值、净年值、费用现值、费用年值、内部收益率等评价指标的概念及计算，并能灵活用于项目的评判；掌握各种评价指标之间的关系，能根据不同评价目标、评价深度、方案的特点和可获得的数据资料等情况，合理地选用经济效益评价指标。

第一节 经济评价指标体系

一、经济评价指标及指标体系

在工程经济研究中，经济评价是在拟定的建设项目方案、投资估算和融资方案的基础上，对工程项目方案计算期内各种相关的技术经济因素以及方案投入与产出的相关财务、经济资料数据进行调查、分析和预测，对建设项目方案的经济效果进行计算、评价。建设项目经济效果评价是工程经济分析的核心内容，其目的在于确保投资决策的正确性和科学性，避免或最大限度地减小建设项目投资的风险，明了建设项目投资方案的经济效果水平，最大限度地提高建设项目投资的综合经济效益。因此，建设项目方案经济评价效果的好坏，一方面取决于基础数据的完整性和可靠性，另一方面则取决于选取的评价指标的合理性。只有选取正确的评价指标，经济评价的结果才能与实际情况相吻合，才具有实际意义。

一般来讲，建设项目的经济评价指标不是唯一的，根据不同的评价深度要求、可获得资料的多少及项目本身所处的条件不同，可选用不同的指标，这些指标有主次之分，可以从不同侧面反映建设项目的经济效果，共同构成建设项目经济评价指标体系。建设项目的经济评价可以根据不同评价目标、评价深度、方案的特点和可获得的数据资料等情况，从这些经济评价指标体系中选用合适的评价指标。

二、经济评价指标的分类

根据不同的划分标准，对建设项目经济评价指标体系可以进行不同的分类。

（一）按是否考虑资金时间价值分类

根据建设项目评价指标体系是否考虑资金时间价值，可分为静态评价指标和动态评价指标。不考虑资金时间价值的评价指标为静态评价指标；考虑资金时间价值的评价指标为动态评价指标，如图 3－1 所示。

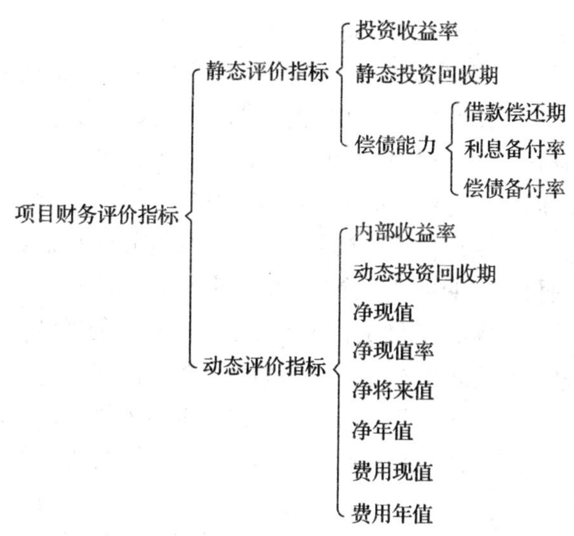

图 3－1　按是否考虑资金时间价值分类

（二）按建设项目经济评价指标的性质分类

根据项目对资金的回收速度、获利能力和资金的使用效率分类，这些指标又可分为时间性指标、价值性指标和效率性指标，如图 3－2 所示。

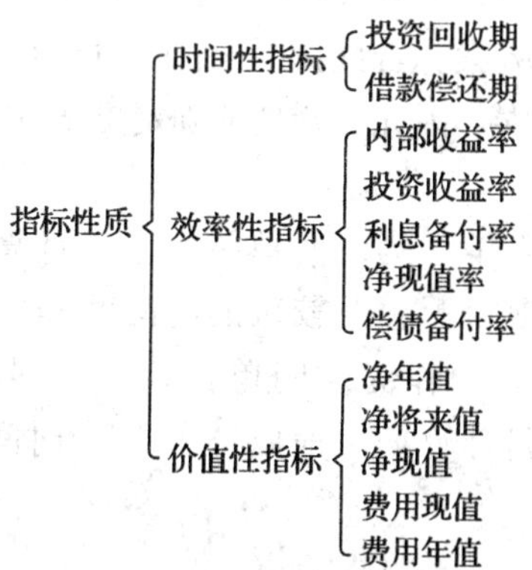

图 3－2　按建设项目经济评价指标的性质分类

第二节　指标评价中参数的选取

一、项目（或方案）计算期

方案计算期也称方案的经济寿命期，它是指对拟建方案进行现金流量分析时应确定的项目服务年限。对于建设项目来说，项目计算期分为建设期和生产期两个阶段。

1）项目建设期是指从项目资金正式投入至全部建成投产所需要的时间，其长短与投资规模、行业性质及建设方式有关，因此项目建设期应参照项目建设的合理工期或建设进度计划合理确定。项目建设期内只有投资，很少有产出，从投资成本及获利机会的角度来看，项目建设期应在保证工程质量的前提下，尽可能地缩短。

2）项目生产期是指项目从建成到固定资产报废为止所经历的时间，包括投产期（即项目投入生产，但尚未达到设计生产能力的过渡期）和达产期。项目生产期不能等同于项目投资后的服务期（物理寿命期），而应根据项目的性质、技术水平、技术进步及实际服务期的长短合理确定。因此，行业一般不对项目计算期作统一规定，若行业有规定时，应遵从行业规定。工业项目的生产期主要根据固定资产综合分析寿命期来定，一般不超过20年，而水利、交通等项目生产期可延长至25年，甚至30年以上。

对于项目（或方案）计算期的确定，主要考虑主体结构的经济性、维护的可行性、关联设施的实用性、经济计划管理的适应性及预测精度等方面综合确定。例如，美国亚拉巴马州库萨河开发项目寿命定为100年，马伦比亚河帮维尔工程、格林河建设工程的可行性研究取50年，美国、日本等建设公路项目均取30年，我国交通工程运输项目一般取15～30年。

在计算经济评价指标，如计算 *IRR* 时，一般取项目主体工程的寿命期，当配套工程和辅助设施项目的经济寿命期大于项目经济寿命期时，可在计算期末计入残值，当配套项目经济寿命期结束时，分别计入残值和更新费用。如果建设项目的主体工程经济寿命期很长，计算项目可按建设项目预估的内部收益率高低而适当缩短，当 *IRR* 较高时，计算期可适当缩短，反之则可延长。

项目计算期确定得是否合理，对方案经济分析有较大影响。若计算期太短，就有可能错过一些具有更大赢利机会的方案，若计算期太长，由于对未来预测精度降低，使计算误差变大，将导致决策者判断失误。因此，合理地确定方案计算期，将为方案经济分析的正确性奠定基础。

计算期较长的项目多以“年”为时间单位。对于计算期较短的行业项目，如石油钻井开发项目、高科技产业项目等，在较短的时间间隔内，其现金流量会发生较大变化，因此这类项目不宜用“年”作为时间单位，可根据具体情况选择合适的时间单位。本书若无特别说明，项目计算期一般以“年”为时间单位。项目的计算如图3－3所示。

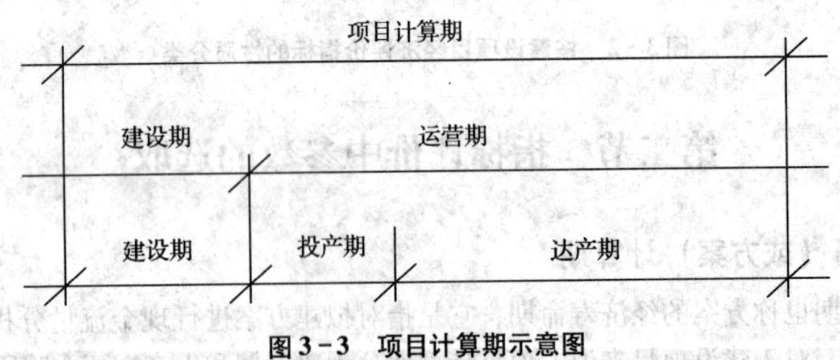

图3－3　项目计算期示意图

二、基准收益率（i_c）

在工程经济学中，“利率”更广泛的含义是指投资收益率。通常，在选择投资机会或决定工程方案取舍之前，投资者首先要确定一个最低赢利目标，即选择特定的投资机会或投资方案必须达到的预期收益率，称为基准投资收益率（简称基准收益率，通常用 i_c 表示）。

对于投资者来说，基准投资收益率是能够吸引其投资特定投资机会或方案的可接受的最小投资收益率。由于基准收益率是计算净现值等经济评价指标的重要参数，因此又常被称为基准折现率或基准贴现率。

基准收益率是投资方案和工程方案的经济评价和比较的前提条件，是计算经济评价指标和评价方案优劣的基础，它的高低会直接影响经济评价的结果，改变方案比较的优劣顺序。如果它定得太高，可能会使许多经济效益好的方案不被采纳；如果它定得太低，则可能接受一些经济效益并不好的方案。因此，基准收益率在工程经济分析评价中有着极其重要的作用，正确地确定基准收益率是十分重要的。

（一）基准收益率的确定要考虑的因素

影响基准收益率的主要因素有资金成本、机会成本、投资风险和通货膨胀等。

1. 资金成本

资金成本是为取得资金使用权所支付的费用，主要包括筹资费和资金的使用费。筹资费是指在筹集资金过程中发生的各种费用，如委托金融机构代理发行股票、债券而支付的注册费和代理费、担保费、承诺费等，向银行贷款而支付的手续费、资信评估费等。资金的使用费是指因使用资金而向资金提供者支付的报酬，如使用发行股票筹集的资金，要向股东支付红利；使用发行债券和银行贷款借入的资金，要向债权人支付利息等。

2. 机会成本

机会成本是指投资者将有限的资金用于拟建项目而放弃的其他投资机会所能获得的最好收益。凡是技术经济活动都含有机会成本，如建厂占用耕地的代价是减少农业收入。机会成本是在方案外部形成的，指把已放弃的方案可能获取的最好收益作为评价优选方案即被选取方案所付出的代价，因此它不可能反映在该方案财务上，必须通过工程经济分析人员的分析比较，才能确定项目的机会成本。机会成本虽不是实际支出，但在工程经济分析时，应作为一个因素加以认真考虑，有助于选择最优方案。

显然，基准收益率应不低于单位资金成本和单位投资的机会成本，这样才能使资金得到最有效的利用。

在项目完全由企业自有资金投资时，可参考行业的平均收益水平，理解为一种资金的机会成本；假如投资项目资金来源于自有资金和贷款，最低收益率不应低于行业平均收益水平（或新筹集权益投资的资金成本）与贷款利率的加权平均值。

3. 投资风险

在整个项目计算期内，存在着发生不利于项目的环境变化的可能性，这种变化难以预料，即投资者要冒着一定的风险作决策。所以在确定基准收益率时，常以一个适当的风险贴补率来提高 i_c 值，也就是说，以一个较高的收益水平补偿投资者所承担的风险，风险越大，贴补率越高。

4. 通货膨胀

通货膨胀是指由于货币（这里指纸币）的发行量超过商品流通所需要的货币量而引起的货币贬值和物价上涨的现象。在通货膨胀影响下，各种材料、设备、房屋、土地的价格以及人工费用都会上升。在确定基准收益率时，应考虑这种影响，结合投入产出价格的选用决定对通货膨胀因素的处理。

基准收益率是方案经济评价中的主要经济参数，合理确定基准收益率，对于最终的投资决策极为重要。确定基准收益率的基础是确定资金成本和机会成本，而投资风险和通货膨胀则是必须考虑的影响因素。

（二）基准收益率的确定

尽管基准收益率是极其重要的评价参数，但其确定是比较困难的。不同的行业有不同的基准收益率，同一行业内的不同企业的收益率也有很大差别，甚至在一个企业内部不同的部门和不同的经营活动所确定的收益率也不相同。也许正是其重要性，人们在确定基准收益率时才会比较慎重且显得困难。

国家有关部门按照企业和行业的平均投资收益率，并考虑产业政策、资源劣化程度、技术进步和价格变动等因素，分行业确定并颁布基准收益率。同时，国家正是通过制定并颁布各行业的基准收益率，来进行投资调控。

第三节　静态评价指标

一、静态投资回收期（P_t）

（一）概念

投资回收期又叫返本期，或投资偿还年限，是从项目投建之日起，用项目的净收益回收项目全部投资所需的时间，一般以年为单位。这里所说的净收益包括利润和折旧，全部投资包括固定资产投资和流动资金。

根据是否考虑资金的时间价值，投资回收期可分为静态投资回收期和动态投资回收期。静态投资回收期是指在不考虑资金时间价值的条件下，从项目投建之日起，用项目每年的净收益（年收入减年支出）回收其全部投资所需的时间。

（二）计算

根据静态投资回收期的定义，可知其计算公式为：

$$\sum_{t=1}^{P_t}(CI-CO)_t=0$$

式中　CI——现金流入量；

CO——现金流出量；

$(CI-CO)_t$——第 t 年的净现金流量；

P_t——静态投资回收期。

通常，投资回收期宜从项目建设开始年算起。当然，也可以计算自项目建成投产年算起的静态投资回收期，但对于这种情况，需要予以说明，以防止两种情况的混淆。

静态投资回收期可借助现金流量表，根据净现金流量来计算。其具体计算又分以下两种情况：

1．公式计算法

如果投资项目每年的净收益（即净现金流量）均相同，静态投资回收期可以用下式计算：

$$P_t = \frac{K}{NB} + T_K$$

式中 K——投资额；

NB——每年的净收益；

T_K——项目建设期。

【例1】 某工程项目期初投资2 800万元，2年建成投产。投产后每年的净收益为320万元，则该项目的投资回收期多长？

解答

该投资项目每年的净收益相等，可以直接用公式计算其投资回收期。

$$\begin{aligned} P_t &= \frac{K}{NB} + T_K \\ &= \frac{2\,800}{320} + 2 \\ &= 10.75(\text{年}) \end{aligned}$$

2．列表计算法

当项目建成投产后各年的净收益不相同时，一般用现金流量表计算。但列表计算有时不能得到精确答案。因此，为了精确计算投资回收期，还必须使用如下公式：

$$P_t = (T-1) + \frac{\text{第}(T-1)\text{年累计净现金流量值的绝对值}}{\text{第}T\text{年净现金流量}}$$

式中 T——项目各年累计净现金流量首次出现正值或零的年份。

（三）判别准则

用静态投资回收期评价投资项目时，需要与基准投资回收期P_c相比较。基准投资回收期P_c是国家根据国民经济各部门、各地区的具体经济条件，按照行业和部门的特点，结合财务会计上的有关制度及规定而颁布，同时进行不定期修订的建设项目经济评价参数，是对投资方案进行经济评价的重要标准。

设基准投资回收期为P_c，判别准则为：

若$P_t \leqslant P_c$，则项目可以考虑接受；

若$P_t > P_c$，则项目应予以拒绝。

当多个方案进行比较，在每个方案自身满足$P_t \leqslant P_c$时，静态投资回收期越短的方案越好。

【例2】 某工程项目期初投资和年净收益如表3－1所示，该项目寿命期为7年。若基准投资回收期为6年，试计算该项目的静态投资回收期，并判断项目是否可行。

表3－1 项目投资与年净收益表 （单位：万元）

序号	项目 \ 计算期	第0年	第1年	第2年	第3年	第4年	第5年	第6年	第7年	第8年
1	总投资	1 000								
2	收入	－	－	300	500	600	700	700	700	700
3	支出（不包括投资）			200	300	350	400	400	400	400
4	净现金流量（2－3）	－1 000		100	200	250	300	300	300	300
5	累计净现金流量值	－1 000	－1 000	－900	－700	－450	－150	150	450	750

解答

从表3－1中可见，该项目的静态投资回收期为5~6年，代入公式计算得

$$P_t = (6-1) + \frac{|-150|}{350}$$

$$= 5.43(\text{年}) < 6(\text{年})$$

根据静态投资回收期的判别准则，该项目应予以接受。

（四）静态投资回收期的优点与不足

静态投资回收期作为广泛使用的辅助评价指标，其主要优点为：

1）概念清楚，计算简便；

2）在一定程度上反映了建设项目的经济性，即投资回收期越短越好；

3）在一定程度上反映出建设项目风险的大小，投资回收期在一定程度上显示了资本的周转速度。资本周转速度越快，回收期越短，风险越小，赢利越多。

静态投资回收期的缺点为：

1）未反映资金的时间价值；

2）投资回收期没有全面地考虑投资方案在整个计算期内的现金流量，即只考虑回收之前的效果，不能反映投资回收之后的情况，故无法准确衡量方案在整个计算期内的经济效果。

二、静态投资效果系数（*R*）

（一）概念

静态投资效果系数简称投资收益率，是指项目达到设计生产能力后在正常生产年份的年净收益与项目期初的投资总额的比值。

（二）计算

根据投资收益率的定义，可知其计算公式为

$$R = \frac{NB}{K} \times 100\%$$

式中 K——投资总额、全部投资额（即固定资产、建设期借款利息和流动资金之和）或投资者的权益投资额；

NB——正常年份的年净收益额或年平均净收益额。根据不同的分析目的，NB 可以是纯利润，可以是利润税金总额，也可以是年净现金流入等；

R——静态投资效果系数，根据 K 和 NB 的具体含义，它可以表现为各种不同的具体形态。

静态投资收益率常见的具体形态有以下几种：

$$全部投资收益率=\frac{年利润+折旧与摊销+利息支出}{全部投资额}\times 100\%$$

$$投资利税率=\frac{年利润+税金}{全部投资额}\times 100\%$$

$$权益投资收益率=\frac{年利润+折旧与摊销}{投资权益额}\times 100\%$$

$$权益投资利润率=\frac{年利润}{投资权益额}\times 100\%$$

（三）判别准则

将计算出的投资收益率 R 与所确定的基准投资收益率 R_c 进行比较。

若 $R \geqslant R_c$，则方案可以考虑接受；

若 $R < R_c$，则方案是不可行的。

【例 3】 根据【例 2】的数据，假定基准投资收益率 $R_c=10\%$，试以静态投资效果系数判断项目的可行性。

解答

由表 3－1 的数据可得

$$\begin{aligned} R &= \frac{NB}{K}\times 100\% \\ &= \frac{300}{1\ 000}\times 100\% \\ &= 30\% \end{aligned}$$

由于 $R=30\%>10\%$，故项目可以考虑接受。

静态投资效果系数反映了项目在正常生产年份的单位投资所带来的年利润，如【例 3】中的项目，其投资利润率为 30%，说明该项目在建成投产后，其每百元投资每年所产生的利润为 30 元。

（四）静态投资效果系数的优点与不足

静态投资效果系数的经济意义明确、直观，计算简便，在一定程度上反映了投资效果的优劣，适用于各种投资规模的方案。

静态投资效果系数的不足是没有考虑资金的时间价值，而且正常生产年份的选择比较困难。

因此，静态投资效果系数主要用于计算期较短、不具备综合分析所需详细资料的方案，尤其适用于工程项目方案制定的早期阶段或工艺简单且生产情况变化不大的工程项目建设方案的选择和投资经济效果的评价。

第四节　动态评价指标

所谓动态评价指标是指考虑了资金的时间价值，并从项目或方案的整个寿命期来考察项目经济效益的指标。与静态评价指标相比，动态评价指标考虑了在方案整个寿命期内投资、成本和收益随时间而发展变化的真实情况，能够体现真实可靠的技术经济评价。其应用较静态评价指标更广泛。因此，它们比静态评价指标的评价效果更准确、更科学。在项目的可行性研究阶段，进行项目经济评价时一般是以动态评价指标作为主要指标，以静态评价指标作为辅助指标。

常见的动态经济评价指标有动态投资回收期、净现值、净现值率、净将来值、净年值、费用现值、费用年值和内部收益率等。

一、动态投资回收期

（一）概念

所谓动态投资回收期是指在考虑资金时间价值的情况下，按照给定的基准收益率 i_c，用项目或方案每年的净收益的现值将全部投资额现值回收所需的时间。

动态投资回收期克服了静态投资回收期没有考虑资金时间价值的缺点，因此在投资项目评价中经常采用动态投资回收期指标。

（二）计算

动态投资回收期的计算公式为

$$\sum_{t=0}^{m} K_t(1+i_c)^{-t} = \sum_{t=0}^{p_t^*} NB_t(1+i_c)^{-t}$$

式中　p_t^*——动态投资回收期；

m——投资期数；

K_t——第 t 年的投资额；

NB_t——第 t 年的净收益。

实际计算时，往往是根据方案的现金流量表，并用下列公式计算：

$$P_t^* = (T^*-1) + \frac{\text{第}(T^*-1)\text{年累计净现金流量现值的绝对值}}{\text{第}T^*\text{年净现金流量现值}}$$

式中　T^*——项目各年累计净现金流量现值首次出现正值或零的年份。

（三）判别准则

用动态投资回收期 P_t^* 评价投资项目的可行性时，需要与根据同类项目的历史数据和投资者意愿确定的基准动态投资回收期相比较。设基准动态投资回收期为 P_b^*，判别准则为：

若 $P_t^* \leq P_b^*$，则项目可以考虑接受；

若 $P_t^* > P_b^*$，则项目应予以拒绝。

当多个方案进行比较，在每个方案自身满足 $P_t^* \leq P_b^*$ 时，动态投资回收期越短的方案越好。

【例4】 计算【例1】中项目的动态投资回收期，数据如表3－2所示。基准折现率为10%，基准动态投资回收期 $P_b^*=5$ 年，试判断该项目是否可行。

表3－2 某项目的现金流量现值表 （单位：万元）

序号	项目＼计算期	第0年	第1年	第2年	第3年	第4年	第5年	第6年	第7年	第8年
1	总投资	1 000								
2	收入	—	—	300	500	600	700	700	700	700
3	支出(不包括投资)			200	300	350	400	400	400	400
4	净现金流量	－1 000		100	200	250	300	300	300	300
5	净现金流量现值	－1 000		82.64	150.26	170.75	186.27	169.35	153.96	139.95
6	累计净现金流量现值	－1 000	－1 000	－917.36	－767.1	－596.35	－410.08	－240.7	－86.74	53.21

解答

根据表3－2数据，该项目的动态投资回收期为

$$P_t^* = (8-1) + \frac{|-86.74|}{139.95}$$

$$= 7.62(\text{年}) > 5\text{ 年}$$

根据动态投资回收期的判别准则，该项目应予以拒绝。

从计算看，动态投资回收期长于静态投资回收期。这是因为，计算动态投资回收期考虑了资金的时间价值，先投资的资金比未来的资金价值更大。

动态投资回收期具有静态投资回收期的优点和缺点。但由于资金具有时间价值的事实，因此，动态投资回收期比静态投资回收期应用更广，在经济效益评价中应用非常普遍。

二、净现值

（一）概念

净现值（Net Present Value，*NPV*）是对投资项目进行动态经济评价的最常用的指标。它是指项目（或方案）在寿命期内各年的净现金流量，按照一定的折现率（一般采用基准收益率 i_c）折现到同一时点（通常是期初）的现值累加值。

（二）计算

净现值的计算公式为：

$$NPV = \sum_{t=0}^{n}(CI-CO)_t(1+i_c)^{-t}$$

式中 *NPV*——净现值；

$(CI-CO)_t$——第 t 年的净现金流量；

i_c——基准收益率；

n——项目寿命年限。

（三）判别准则

对于单一方案而言，其结论有三种：

$NPV>0$，说明项目方案的收益率能达到并超过基准收益率水平；

$NPV<0$，说明项目方案的收益率达不到基准收益率水平；

$NPV=0$，说明项目方案的收益率正好达到基准收益率水平，即刚好达到基本的要求。

故 $NPV \geqslant 0$，应接受方案；$NPV<0$，应拒绝方案。

但净现值小于零，并不代表方案是亏损的，而是表示方案没有达到规定的基准收益率水平；如果方案的净现值等于零，表示方案正好达到了规定的基准收益率水平；如果方案的净现值大于零，则表示方案除了能达到规定的基准收益率水平之外，还能得到超额收益。

多方案比选时，若各备选方案的寿命期相同，则净现值越大的方案相对越优，即净现值最大准则。

（四）净现值的经济含义

净现值的经济含义可以直观地解释为：假如有一个小型投资项目，初始投资为10 000元，项目寿命期为1年，到期可获得净收益12 000元。如果设定基准收益率为8%，根据净现值的计算公式，可以求出该项目的净现值为1 111元（$12\,000\times0.925\,9-10\,000$），这就是说，只要投资者能在资本市场或从银行以8%的利率筹措到资金，那么该项目即使再增加1 111元的投资，在经济上还是可以做到不盈不亏。换一个角度讲，如果投资者能够以8%的利率筹借到10 000元的资金，1年后投资者将会获得1 200元［$12\,000-10\,000\times(1+8\%)$］的利润。这1 200元的利润的现值恰好是1 111元（$1\,200\times0.925\,9$），即净现值刚好等于项目在生产经营期内所获得的净收益的现值。

【例5】 某项目的期初投资1 000万元，投资后1年建成并获益。每年的销售收入为500万元，经营成本为200万元，该项目的寿命期为8年。若基准折现率为10%，试计算该项目的净现值，并判断该项目是否可行。

解答

根据题意，可以计算项目的净现值为

$$NPV(10\%)=-1\,000+(500-200)\times\left(\frac{P}{A},10\%,8\right)=600.47\ （万元）$$

由于该项目的 $NPV>0$，所以项目可行。

【例6】 某工程项目总投资4 500万元，1年建成并投产，投产后每年的收入为1 300万元，每年的运营成本为400万元，该工程项目的寿命期为10年，10年末回收固定资产残值为300万元。若基准折现率为15%，试计算该项目的净现值，并判断方案是否可行。

解答

该项目的净现值为

$$\begin{aligned}NPV(15\%)&=-4\,500+(1\,300-400)\times\left(\frac{P}{A},15\%,10\right)+300\times\left(\frac{P}{F},15\%,10\right)\\&=-4\,500+900\times5.019+300\times0.247\,2\end{aligned}$$

$=91.26$(万元)

由于该项目的 $NPV>0$，所以该项目可行，值得投资。

【例7】 若将【例6】中的基准折现率改为20%，该工程项目是否值得投资？

解答

计算此时的净现值：

$$NPV(20\%)=-4\,500+(1\,300-400)\times\left(\frac{P}{A},20\%,10\right)+300\times\left(\frac{P}{F},20\%,10\right)$$
$$=-4\,500+900\times4.192+300\times0.161\,5$$
$$=-678.75\text{(万元)}$$

由于该项目的 $NPV<0$，所以该项目不可行，不能接受。

【例6】和【例7】的结果表明，净现值是按照一个给定的折现率来计算项目的现值之和的，净现值的大小与折现率 i 有很大的关系，当 i 变化时，NPV 也随之变化。对于具有常规现金流量（即在计算期内，开始时有支出而后才有收益，且方案的净现金流量序列的符号只改变一次的现金流量）的投资方案，其净现值随着折现率的变动而反向变动，两者的关系如图3－4所示。

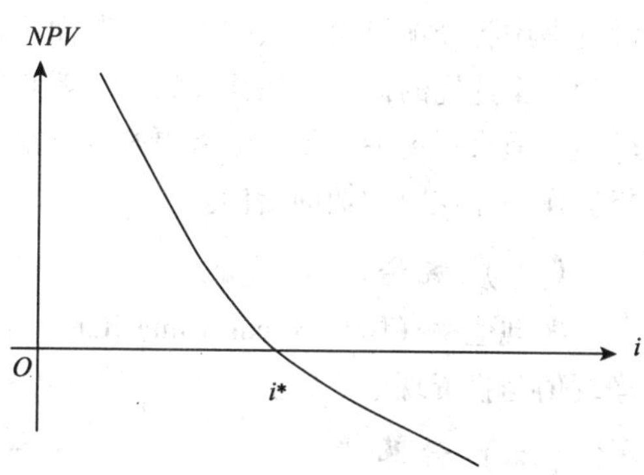

图3－4 NPV与i函数关系

按照净现值的评价准则，只要 $NPV(i)\geq0$，方案就可以被接受，但由于 $NPV(i)$ 是 i 的递减函数，故基准收益率定得越高，方案被接受的可能性也就越小。【例6】和【例7】可以清楚地表明这一点。在图3－4中，在某一个 i^* 值上，净现值曲线和横坐标相交，表示该折现率下的净现值 $NPV(i^*)=0$，且当 $i<i^*$ 时，$NPV(i)>0$；当 $i>i^*$ 时，$NPV(i)<0$。i^* 是一个具有重要经济意义的折现率临界值，被称为内部收益率，具体含义将在下文进行介绍。

（五）净现值的优点与不足

净现值指标可以反映项目投资的盈亏情况，可以衡量出投资者对项目在经济上的满意程度。净现值指标的优点是经济意义明确直观，能够直接以货币额表示项目的赢利水平；在给定现金流量、寿命期（或计算期）和折现率的情况下，都能算出一个唯一的净现值。它从项目的整个寿命期来考察，并考虑了资金的时间价值，克服了投资回收期的缺点，在理论上比投资回收期更完善，在实践中被广泛采用。但是，利用净现值指标进行投资方案的经济效果分析，也存在两个缺点。

第一，折现率和各年的收益都是事先确定的。由于项目的资金来源渠道很多，各种资金来源渠道有其不同的资金成本，折现率和资金成本很难准确确定，这使得资金成本仅具有理论上的意义，而在实际应用上受到很大的限制。

第二，在方案的比较上，当不同方案的投资额不同时，由于比较的基数不同，单纯看净现值的绝对值大小，不能直接反映资金的利用率，难以进行比选，必须使用净现值衍生出的另一种评价指标——净现值率。

三、净现值率

下面先来看一个例子。某工程项目有两个投资方案 A 和 B。方案 A 的年初投资额为 1 000万元，计算出的净现值为 500 万元；方案 B 的年初投资额为 1 200 万元，计算出的净现值也为 500 万元。如果仅从净现值来看，两个方案优劣程度相同。但实际上，它们的优劣程度是有差别的，因为它们的净现值率不同，所以方案 A 的净现值率大于方案 B 的净现值率。

净现值指标多在多个方案进行比选时使用，当对比的多方案投资额不同，如果仅以各方案的 *NPV* 大小来选择方案，可能导致不正确的结论，因为净现值大小只表明赢利总额，没有考虑各个项目投资额的大小，因而不能直接反映资金的利用效率。单纯以净现值最大作为方案选优的标准，往往导致评价者趋向于选择投资大、赢利多的方案，而忽视赢利额较多，但投资更少、经济效果更好的方案。为了考虑资金的利用效率，通常采用净现值率指标作为净现值的辅助指标。

（一）概念

净现值率（Net Present Value Rate，*NPVR*）又称净现值指数，是指项目（或方案）的净现值与投资现值之比。

（二）计算

净现值率的计算公式为

$$NPVR = \frac{NPV}{PVI}$$

$$= \frac{NPV}{\sum_{t=0}^{n} K_t\left(\frac{P}{F}, i_c, t\right)}$$

式中 *NPVR*——净现值率；

NPV——净现值；

PVI——投资现值；

$\left(\frac{P}{F}, i_c, t\right)$——第 t 年投资额的现值。

（三）判别准则

对于单一方案而言，若 $NPVR \geqslant 0$，可以考虑接受方案；若 $NPVR < 0$，方案应予以拒绝。

【例 8】 某工程项目第 1 年投资 1 000 万元，第 2 年投资 500 万元，2 年建成投产并获得收益。每年的收益和经营成本如表 3－3 所示。该项目寿命期为 8 年。若基准折现率为 5%，试计算该项目的净现值率，并判断方案是否可行。

表 3-3 某工程项目的现金流量表 （单位：万元）

项目＼计算期	第0年	第1年	第2年	第3年	第4年	第5年	第6年	第7年	第8年
投资	1 000	500							
年收入			300	350	400	400	400	400	500
年经营成本			200	200	150	150	150	150	150
净现金流量	-1 000	-500	100	150	250	250	250	250	350

解答

根据表 3-3 数据，该项目的净现值为

$$NPV(5\%) = -1\ 000 - 500 \times \left(\frac{P}{F},5\%,1\right) + 100 \times \left(\frac{P}{F},5\%,2\right) + 150 \times \left(\frac{P}{F},5\%,3\right) + 250 \times \left(\frac{P}{A},5\%,4\right) \times \left(\frac{P}{F},5\%,3\right) + 350 \times \left(\frac{P}{F},5\%,8\right)$$

$$= -127.59(\text{万元})$$

$$NPVR = \frac{NPV}{PVI} = \frac{-127.59}{1\ 000 + 500 \times \left(\frac{P}{F},5\%,1\right)} = -0.09 < 0$$

由于该项目的 $NPVR<0$，所以该项目不可行，不能接受。

净现值率衡量的是单位投资的赢利能力或资金的使用效率，净现值大的方案，其净现值率不一定大。因此，在多方案的评价与优选中，净现值率是一个重要的评价指标，常与净现值配合使用。

四、净将来值

（一）概念

净将来值（Net Future Value，*NFV*）是指项目或方案在寿命期内各年的净现金流量，按照一定的折现率（一般采用基准收益率 i_c）计算到项目计算期末的将来值累加值。

（二）计算

净将来值的计算公式为

$$NFV = \sum_{t=0}^{n}(CI - CO)_t(1 + i_c)^t$$

式中　所有符号与净现值公式中的含义相同。

显然，*NFV* 的公式与 *NPV* 的公式是等价的，并且它们之间存在如下关系：

$$NFV = NPV\left(\frac{F}{P},\ i_c,\ n\right)$$

即净将来值等于净现值乘以一个常数$\left(\frac{F}{P}, i_c, n\right)$。由此可见，用两个指标来评价项目或方案的结论是一致的，只是两者计算的时间点不同而已。

（三）判别准则

对于单一方案而言，若 $NFV \geq 0$，可以考虑接受方案；若 $NFV < 0$，方案应予以拒绝。对于多方案而言，NFV 最大的方案最优。

【例9】 试计算【例6】中方案的净将来值，并判断方案是否可行。

解答

该项目的净现值为

$$NFV(15\%) = -4\,500 \times \left(\frac{F}{P}, 15\%, 10\right) + (1\,300 - 400) \times \left(\frac{F}{A}, 15\%, 10\right) + 300$$
$$= -4\,500 \times 4.046 + 900 \times 20.304 + 300$$
$$= 366.6(\text{万元})$$

由于该项目的 $NFV > 0$，所以该项目可行，值得投资。

五、净年值

（一）概念

净年值（Net Annual Value，NAV）是指按照给定的基准收益率，通过等值换算将项目（或方案）计算期内各个不同时点的净现金流量分摊到计算期内各年的等额年值。

（二）计算

净年值的计算公式为

$$NAV = NPV\left(\frac{A}{P}, i_c, n\right)$$

（三）判别准则

对于单一方案而言，若 $NAV \geq 0$，可以考虑接受方案；若 $NAV < 0$，方案应予以拒绝。对多方案进行评价时，净年值最大的方案为最优方案。

将净年值的计算公式及判别准则与净现值作比较可知，由于$\left(\frac{A}{P}, i_c, n\right) > 0$，故净年值与净现值在项目评价的结论上是一致的。因此，净年值与净现值是等效评价指标。

【例10】 某项目初期投资为10 000元，在5年中每年平均收入6 000元，残值为2 000元，每年支出的经营费用和维修费为3 000元，按基准折现率为10%计算，试用 NAV 指标判断它是否为一个理想方案。

解答

按 NAV 指标进行评价。

方法一：

$$NAV = NPV\left(\frac{A}{P}, i_c, n\right)$$
$$= \left[-10\,000 + (6\,000 - 3\,000) \times \left(\frac{P}{A}, 10\%, 5\right) + 2\,000 \times \left(\frac{P}{F}, 10\%, 5\right)\right] \times \left(\frac{A}{P}, 10\%, 5\right)$$

$=689.63$(万元)

方法二：

$$NAV=-10\,000\times\left(\frac{A}{P},10\%,5\right)+(6\,000-3\,000)+2\,000\times\left(\frac{A}{F},10\%,5\right)$$

$=689.63$(万元)

由于该项目 $NAV>0$,所以该项目应是理想方案,可行。

六、费用现值

在对多方案进行比较和优选时，有时方案的产出会难以计量或预测，如企业的一些后方生产用设备、环保项目、教育项目、社会公益项目等的产出是难以计量和预测的，对这些项目的方案进行比较时，往往只考虑费用。也有一些产出相同的方案，在比较时为了简便起见，不考虑产出。仅用费用来比较方案，常见的指标有两种，即费用现值和费用年值。

（一）概念

所谓费用现值（Present Cost，*PC*），就是指按照给定的折现率，在不考虑项目（或方案）收益时，将项目（或方案）从投资开始到项目总结的整个寿命期内发生的全部费用折现到同一时点（通常是期初）的现值累加值。

（二）计算

费用现值的计算公式为

$$PC=\sum_{t=0}^{n}CO_t\left(\frac{P}{F},i_c,t\right)$$

式中 PC——费用现值；

CO_t——第 t 年的现金流出；

$\left(\frac{P}{F},\ i_c,\ t\right)$——复利现值系数。

（三）判别准则

用费用现值判断方案时，必须满足相同的需要，如果不同的项目满足不同的需要，就无法进行比较。因此，费用现值的判断准则是：在满足相同需要的条件下，费用现值最小的方案最优。

【例11】 某项目有三个供选方案 A、B、C，均能满足同样的需要。各方案的费用数据如表 3－4 所示。若基准折现率 i_c 为 5%，试用费用现值比较方案的优劣。

表 3－4 三个方案的费用数据表 （单位：万元）

方案	初始投资	年运营费用（第 1－4 年）	年运营费用（第 5－10 年）
A	100	15	15
B	120	18	18
C	150	20	25

解答

各方案的费用现值计算如下：

$$PC_A = 100 + 15 \times \left(\frac{P}{A}, 5\%, 10\right) = 100 + 15 \times 7.7217 = 215.83 \text{（万元）}$$

$$PC_B = 120 + 18 \times \left(\frac{P}{A}, 5\%, 10\right) = 120 + 18 \times 7.7217 = 258.99 \text{（万元）}$$

$$PC_C = 150 + 20 \times \left(\frac{P}{A}, 5\%, 4\right) + 25 \times \left(\frac{P}{A}, 5\%, 6\right) \times \left(\frac{P}{F}, 5\%, 4\right) = 325.31 \text{（万元）}$$

根据费用最小的选优原则，方案A最优，方案B次之，方案C最差。

七、费用年值

（一）概念

费用年值（Annual Cost，AC）是指通过资金等值换算，将项目的费用现值分摊到计算期内各年的等额年值。

（二）计算

费用年值的计算公式为

$$AC = \sum_{t=0}^{n} CO_t (1 + i_c)^{-t} \left(\frac{A}{P}, i_c, t\right) = PC\left(\frac{A}{P}, i_c, n\right)$$

式中 AC——项目（或方案）的费用年值；

$\left(\frac{A}{P}, i_c, t\right)$——等额支付资本回收系数；

式中其他符号与费用现值公式中的含义相同。

（三）判别准则

由于费用现值和费用年值成系数关系，因此，这两个指标是等价的。费用年值指标评价的准则也是费用年值最小的方案最优。同样，用费用年值指标进行方案比较时，也应满足相同的条件。但是，费用年值相当于一个年平均值，比费用现值更具有可比性，尤其当方案或项目的寿命不同时，采用费用年值更简便，更具有可比性。

【例12】 试用费用年值指标比较【例11】中三个方案的优劣。

解答

各方案的费用年值计算如下。

方法一：

$$AC_A = PC_A\left(\frac{A}{P}, 5\%, 10\right) = 215.83 \times 0.1295 = 27.95 \text{（万元）}$$

$$AC_B = PC_B\left(\frac{A}{P}, 5\%, 10\right) = 212.66 \times 0.1295 = 27.54 \text{（万元）}$$

$$AC_C = PC_C\left(\frac{A}{P}, 5\%, 10\right) = 220.13 \times 0.1295 = 28.51 \text{（万元）}$$

方法二：

$$AC_A = 100 \times \left(\frac{A}{P},5\%,10\right) + 15 = 27.95\ (万元)$$

$$AC_B = 120 \times \left(\frac{A}{P},5\%,10\right) + 18 = 27.54\ (万元)$$

$$AC_C = \left[150 + 20 \times \left(\frac{P}{A},5\%,4\right) + 25 \times \left(\frac{P}{A},5\%,6\right) \times \left(\frac{P}{F},5\%,4\right)\right] \times \left(\frac{A}{P},5\%,10\right)$$

$$= 28.51\ (万元)$$

根据费用最小的选优原则，方案B最优，方案A次之，方案C最差。

八、内部收益率（*IRR*）

前述评价指标的应用都必须事先给定一个折现率，评价结论只能说明该项目是否达到或超过基本要求的效率，并不反映项目实际达到的投资效率。而内部收益率指标则反映了项目实际能达到的投资效率，不需要事先给定折现率。因此，内部收益率是最重要的评价指标之一。

（一）概念

内部收益率（Internal Rate of Return，*IRR*）又称内部报酬率，是投资方案在计算期内各年净现金流量的现值累计等于零时的折现率。也就是说，在这个折现率下，项目的现金流入的现值和等于其现金流出的现值之和。

一般情况下，同一净现金流量的净现值随着折现率的增大而减小。其原因是一般投资项目正的现金流入总是发生在负的现金流出之后，由于正的现金流入折现到期初的时间长，而负的现金流出折现到期初的时间短，使得随着折现率的增加，正的现金流入的现值减小得多，负的现金流出的现值减小得少，这样现值的代数和就减小。*NPV* 函数曲线与横坐标的交点，即当 $NPV=0$ 时的收益率就为内部收益率。因此可以明确，用净现值为零作为条件，反求出净现值为零时的 i 值，就可得出项目的内部收益率。

（二）计算

内部收益率可以通过下述公式求得：

$$NPV(IRR) = \sum_{t=0}^{n}(CI-CO)_t(1+IRR)^{-t} = 0$$

式中　*IRR*——内部收益率。

式中其他符号与净将来值公式中的含义相同。

内部收益率的计算公式是一个高次方程，不容易直接求解，通常采用“线性内插法”求 *IRR* 的近似解。线性内插法求解 *IRR* 的原理如图3-5所示，其求解步骤如下。

1）计算各年的净现金流量。

2）在满足下列两个条件的基础上预先估计两个适当的折现率 i_1 和 i_2。

$$i_1 < i_2 且 (i_2 - i_1) \leqslant 5\%$$

$$NPV(i_1) > 0 和 NPV(i_2) < 0$$

如果预估的 i_1、i_2 不满足这两个条件要重新预估，直至满足条件。

3）用线性内插法近似求得内部收益率 *IRR*。

$$IRR = i_1 + \frac{|NPV(i_1)|}{|NPV(i_1)| + |NPV(i_2)|}(i_2 - i_1)$$

式中 i_1——插值用的低折现率，使净现值为正值，但其接近于零；

i_2——插值用的高折现率，使净现值为负值，但其接近于零；

NPV（i_1）——用 i_1 计算的净现值（正值）；

NPV（i_2）——用 i_2 计算的净现值（负值）。

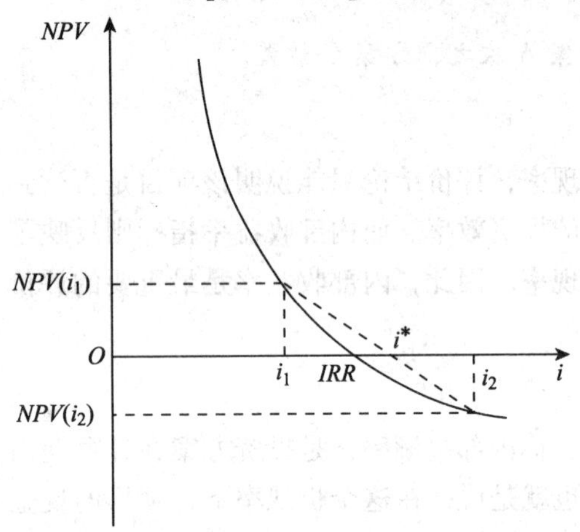

图3－5　线性内插法求 *IRR* 图解

如图3－5所示，*IRR* 和 i_1 与 i_2 之间，用 i^* 近似代替 *IRR*，当 i_1 与 i_2 的距离控制在一定范围内时，可以达到要求的精度。

（三）判别准则

$IRR \geqslant i_c$，表明项目的收益率已达到或超过基准收益率水平，项目可行；

$IRR < i_c$，表明项目的收益率达不到基准收益率水平，项目不可行。

（四）内部收益率的经济含义

在项目的整个寿命期内按利率 $i = IRR$ 计算，始终存在未能收回的投资，而在寿命期结束时，投资恰好被完全收回。也就是说，在项目寿命期内，项目始终处于“偿付”未被收回的投资的状况。可见，项目的“偿付”能力完全取决于项目内部，故有“内部收益率”之称谓。

【例13】 某项目现金流量如表3－5所示，当基准收益率 $i_c = 10\%$ 时，试用内部收益率指标判断该项目的可行性。

表3－5　某项目的现金流量表　　（单位：万元）

计算期 项目	第0年	第1年	第2年	第3年	第4年
投资	1 000				
收益		400	500	600	600
成本		200	200	200	200
净现金流量	－1 000	200	300	400	400

解答

用线性内插法求算 *IRR*。

列出 *NPV* 方程：

$$NPV(i) = -1\,000 + 200 \times \left(\frac{P}{F}, i, 1\right) + 300 \times \left(\frac{P}{F}, i, 2\right) + 400 \times \left(\frac{P}{A}, i, 2\right) \times \left(\frac{P}{F}, i, 2\right)$$

第一次试算，依经验先取一个收益率，取 $i_1=10\%$，代入方程，求得：

$$NPV(i_1)=-1\,000+200\times\left(\frac{P}{F},10\%,1\right)+300\times\left(\frac{P}{F},10\%,2\right)+400\times\left(\frac{P}{A},10\%,2\right)\times\left(\frac{P}{F},10\%,2\right)$$

$$=-1\,000+200\times0.909\,1+300\times0.826\,5+400\times1.735\,5\times0.826\,5$$

$$=3.53(\text{万元})>0$$

第二次试算，取 $i_2=11\%$，代入方程求得：

$$NPV(i_2)=-20.39\ (\text{万元})\ <0$$

可见，内部收益率必然在10%～11%之间，代入内插法计算公式可求得：

$$IRR=10\%+3.53\times(11\%-10\%)\div(3.53+20.39)=10.15\%$$

因为，$IRR=10.15\%>i_c=10\%$，所以，该方案是可行的。

（五）内部收益率的优点与不足

内部收益率被普遍认为是项目投资的赢利率，反映了投资的使用效率，概念清晰明确。与净现值和净年值相比，各行各业的经济工作者更喜欢采用内部收益率。内部收益率指标的另一个优点是考虑了资金的时间价值及项目在整个计算期内的经济状况，而且避免了像净现值之类的指标那样须事先确定基准收益率这个难题，而只需知道基准收益率的大致范围即可。

但是内部收益率计算需要大量的与投资项目有关的数据，计算比较麻烦；对于具有非常规现金流量的项目来讲，其内部收益率往往不是唯一的，在某些情况下甚至不存在。

第五节　工程项目方案经济指标比较与选择

一、经济评价指标间的关系

建设项目经济评价的基本常用指标之间既有区别又有联系，这些指标均能反映技术方案投资的直接经济效益的大小，区别则在于它们反映建设项目投资直接经济效益的角度和程度不同。

静态评价指标与动态评价指标的区别主要是按计算中是否考虑资金时间价值来划分的。动态评价指标反映评价方案投资效益大小的“真实”程度要比静态指标更合理。在项目技术方案的初选过程中往往采用静态评价指标，在更进一步判断项目可行性时，则需要采用动态评价指标。由于考虑了资金的时间价值，动态评价指标在计算上往往较为复杂和烦琐。

二、经济评价指标的选择

经济评价指标，一是用于单一方案投资经济效益的大小与好坏的衡量，以决定取舍；二是用于多方案经济性优劣的比较，以决定方案选优。

技术方案投资经济评价指标的选择，应根据技术方案的具体情况、评价的主要目标、指标的用途和决策者最为关心的问题进行。由于技术方案投资的经济效益是一个综合概念，必须从不同的角度去衡量才能清晰、全面。因此，工程项目经济评价应尽量考虑一个适当的评价指标体系，避免用某一两个指标来判断工程项目或方案的经济性。

由于净现值指标反映了工程项目或方案所获得净收益的现值价值大小，它的最大化与企业经济评价目标是一致的，因此净现值是工程项目或方案经济评价时最常用的首选评价指标，并且常用来检验其他评价指标。但该指标的使用也有局限性，使用时应满足使用条件。

本章小结

建设项目经济评价指标是为了对建设项目的经济效益进行评价，以选择可行或最优方案。任何一个具体指标，都只能从某个方面或某些方面反映项目的经济性，为了使评价工作系统全面，就需要采用一系列指标，从多方面对项目进行分析和考察。这些既相互联系又相互独立的评价指标，就构成了建设项目经济评价的指标体系。

根据建设项目评价时是否考虑资金的时间价值，评价指标可分为静态评价指标和动态评价指标两大类。其中，静态评价指标包括静态投资回收期、投资收益率等；动态评价指标包括动态投资回收期、净现值、净现值率、净将来值、净年值、费用现值、费用年值、内部收益率和外部收益率等。利用这些常用的经济评价指标，便可以对项目和方案进行筛选和择优。

思考与练习

1. 为什么要用多个指标来评价项目方案？
2. 什么是投资回收期？静态投资回收期和动态投资回收期有什么区别？
3. 什么是净现值？其计算公式是什么？净现值与净现值率的经济含义有何区别？
4. 在什么情况下适合用费用现值与费用年值进行项目经济效益评价？
5. 什么是内部收益率？其经济含义是什么？
6. 某工程项目的现金流量如表3－6所示，基准收益率 $i_c=5\%$，试求该项目的静态和动态投资回收期。

表3－6　某工程项目的现金流量表　（单位：万元）

项目＼计算期	第0年	第1年	第2年	第3年	第4年	第5年
投资	15 000					
收入		5 000	6 000	6 500	7 000	9 000
支出		1 500	2 000	2 500	2 500	2 500
净现金流量	－15 000	3 500	4 000	4 000	4 500	4 500

7. 方案A、B、C计算期内各年净现金流量如表3－7所示，基准收益率为10%。试根据所给数据，计算三个方案的净现值、净年值及内部收益率，并判断该项目经济上的可行性。

表3－7　A、B、C方案的现金流量　（单位：万元）

方案＼计算期	第0年	第1年	第2年	第3年	第4年	第5年
A	－100	50	50	50	50	50
B	－100	30	40	50	60	70
C	－100	70	60	50	40	30

8. 某项目有两种投资方案：方案A初始投资1 600万元，在5年寿命期内每年经营费用500万元；方案B初始投资1 200万元，在5年寿命期内每年经营费用650万元。若基准收益率为10%，应选择哪种投资方案？

9. 某项目总投资为4 500万元，投产1年后每年的运营收入为1 500万元，年运营支出为500万元，该项目寿命期为10年，10年末能回收净残值400万元。若基准收益率为10%，问此项目是否值得投资？

10. 若项目开始（年初）获得资金，以后偿还。第1年获得6 000元，第2年获得8 000元，从第3年开始偿还，第3年还5 000元，第4年还7 000元，第5年还9 000元。问：该项目的内部收益率为多少？若基准收益率为10%，那么此项目是否可行？

11. 互斥方案A、B具有相同的产出、相同的寿命，但两方案的费用不同，具体投资和经营费用见表3－8。当折现率为10%时，方案的费用现值和费用年值是多少？哪个方案最优？

表3－8　A、B方案的投资和年经营费用　（单位：万元）

方案＼计算期	第0年	第1年	第2－6年	第7－9年
A	100	120	60	40
B	150	180	40	30

第四章　工程项目多方案的比较和选择

学习目的和学习要求

通过学习本章，了解多方案之间的关系类型，了解混合方案和相关方案的比选，熟悉和掌握互斥方案和独立方案的比选方法。

第一节　多方案之间的关系类型

在经济评价之前明确投资方案之间的相互关系是非常重要的。投资方案之间的关系不同，所采用的评价方法及评价指标也会有所不同。一般来说，投资方案之间存在着四种关系，即互斥关系、独立关系、混合关系及相关关系。

一、互斥关系

互斥关系是指采纳一组方案中的某一方案，必须放弃其他方案，即方案之间相互具有排他性。例如，在某一个确定的地点有建游乐场、酒店、商场等方案，此时选择其中任何一个方案其他方案就无法实施，备选方案之间互不相容。这种处于互斥关系中的方案称为互斥方案。

二、独立关系

独立关系是指各投资方案的现金流量是独立的，不具有相关性，采纳任一方案不会影响对其他方案的选择，即某一方案的采用与否只同方案本身的可行性有关，而与其他方案是否被采纳没有关系。例如，某公司打算购买一台起重机、一台搅拌机和一辆运输汽车，购买其中一台设备并不影响其他两台的购买，这三种方案之间就是独立关系。处于独立关系中的方案称为独立方案，其效果具有可加性。

独立方案的选择一般可能出现两种情况：一种是企业资金足够多，即无资金限制，此时只需检验投资方案本身的经济性即可；另一种是企业可利用的资金有限，需在不超过资金限制的前提下，选择最佳的方案组合。在这种情况下，独立关系就转为一定程度上的互斥关系，可参照互斥方案的比选方法进行选择。

三、混合关系

在一组方案中，方案之间有些具有互斥关系，有些具有独立关系，则这一组方案称为混合方案。

四、相关关系

在多个投资方案的比较中，如果接受（或拒绝）某一方案，会显著改变其他方案的现金流量，或者接受（或拒绝）某一方案会影响对其他方案的接受（或拒绝），我们就称这些方案是相关的。

第二节 互斥方案的比选

互斥型方案按服务寿命不同可分为两大类：一是寿命期相同的互斥型方案的比选；二是寿命期不同的互斥型方案的比选。

一、寿命期相同的互斥型方案的比选

评价指标：净现值、差额内部收益率、费用现值、费用年值等指标。

（一）净现值法

对互斥方案的净现值进行比较，就是通过计算各个投资方案的净现值并比较其大小而判断方案优劣的方法。以净现值最大的方案为经济上的最优方案。该法要求每个方案的净现值必须大于或等于零。

净现值的计算步骤：

1）分别计算各个方案的净现值，排除 $NPV<0$ 的方案；

2）根据净现值最大准则，在各方案中选择净现值最大的方案为最优方案。

【例1】 现有A、B、C三个互斥方案，寿命期均为10年，基准收益率均为15%，试用净现值法选择出最佳方案（见表4-1）。

表4-1 互斥方案现金流量表

方案	初始投资/万元	年现金流入/万元	寿命/年
A	10 000	2 500	10
B	13 000	3 000	10
C	18 000	3 500	10

解答

计算各投资方案的净现值：

$$NPV_A=-10\,000+2\,500\times\left(\frac{P}{A},15\%,10\right)=2\,547\text{（万元）}$$

$$NPV_B=-13\,000+3\,000\times\left(\frac{P}{A},15\%,10\right)=2\,056.40\text{（万元）}$$

$$NPV_C=-18\,000+3\,500\times\left(\frac{P}{A},15\%,10\right)=-432.20\text{（万元）}$$

计算结果表明，$NPV_C<0$，方案不可行；而 $NPV_A>NPV_B$，因此A方案为最优方案。

如果备选方案各年的净现金流量无法估量，但可以估算出两个对比方案之间的差额指标值，此时用增量分析法来比选。该方法的比较原则是通过对现金流量差额的评价来比选方案。

【例2】 利用【例1】的数据，运用增量分析方法选择最优方案。增加一基础方案M，如表4-2所示。

表4-2 互斥方案现金流量表

方案	初始投资/万元	年现金流入/万元	寿命/年
M	0	0	0
A	10 000	2 500	10
B	13 000	3 000	10
C	18 000	3 500	10

解答

$NPV_{A-M}=-10\ 000+2\ 500\times\left(\frac{P}{A},15\%,10\right)=2\ 547$（万元）$>0$

说明A方案优于M方案，淘汰M，以A为暂时最优方案继续比较。

$$NPV_{B-A}=-3\ 000+500\times\left(\frac{P}{A},15\%,10\right)=490.6\text{（万元）}>0$$

说明B方案优于A方案，淘汰A，以B为暂时最优方案继续比较。

$$NPV_{C-B}=-5\ 000+500\times\left(\frac{P}{A},15\%,10\right)=-2\ 490.60\text{（万元）}<0$$

因此，B方案为最优方案。

（二）差额内部收益率法

用内部收益率指标进行方案比较，有时会出现与净现值指标比较不同的结论。

【例3】 某项目有A、B两个方案，基准收益率为10%，具体数据如表4-3所示，试选择最优方案。

表4-3 互斥方案现金流量表

方案	初始投资/万元	年净收益/万元	寿命/年
A	165	42	10
B	255	57	10
C	295	66	10

解答

先用净现值法对方案进行比选，即

$$NPV_A=-165+42\times\left(\frac{P}{A},10\%,10\right)=93.07\text{（万元）}$$

$$NPV_B=-255+57\times\left(\frac{P}{A},10\%,10\right)=95.24\text{（万元）}$$

$$NPV_C = -295 + 66 \times \left(\frac{P}{A}, 10\%, 10\right) = 110.54 \text{（万元）}$$

因此，C 方案为最优方案。

再用内部收益率对方案进行比选，即

$$-165 + 42 \times \left(\frac{P}{A}, IRR_A, 10\right) = 0$$

$$-255 + 57 \times \left(\frac{P}{A}, IRR_B, 10\right) = 0$$

$$-295 + 66 \times \left(\frac{P}{A}, IRR_C, 10\right) = 0$$

经计算，求得 $IRR_A = 20.76\%$，$IRR_B = 18.30\%$，$IRR_C = 18.32\%$，A 方案为最优方案。

由结果可知，采用净现值指标计算的结果同采用内部收益率指标计算的结果是矛盾的。这是因为净现值与内部收益率这两个指标的经济含义不同，所以在计算时，一般不直接采用内部收益率指标，而采用差额投资内部收益率指标。因为差额投资内部收益率指标的比选结论在任何情况下都与净现值法所得出的结论一致。

差额内部收益率的表达式为

$$\sum_{t=1}^{n} (\Delta CI - \Delta CO)_t (1 + \Delta IRR)^{-t} = 0$$

计算差额内部收益率的比选步骤如下：

第一步，计算各方案的 IRR；

第二步，将 $IRR \geqslant i_c$ 的方案按投资额由小至大排列；

第三步，计算排在最前面的两个方案的 ΔIRR，若 $\Delta IRR \geqslant IRR \geqslant i_c$，则说明投资大的方案优于投资小的方案，保留投资大的方案；反之，保留投资小的方案。

第四步，将保留的方案依次与相邻方案两两逐对比较，直至全部方案比较完毕，则最后保留的方案就是最优方案。

【例4】 现根据【例3】的资料，试用差额内部收益率法对方案进行比选。

解答

两个方案的 IRR 均大于 i_c 按投资额由小到大排列为 A、B。对 A、B 进行比选。根据差额内部收益率计算公式得：

$$-(255-165) + (57-42) \times \left(\frac{P}{A}, \Delta IRR_{B-A}, 10\right) = 0$$

得

$$\Delta IRR_{B-A} = 10.58\% > i_c > 10\%$$

这表明 B 方案优于 A 方案，保留 B 方案继续比较，即

$$-(295-255) + (66-57) \times \left(\frac{P}{A}, \Delta IRR_{C-B}, 10\right) = 0$$

得

$$\Delta IRR_{C-B} = 18.48\% > i_c > 10\%$$

这表明 C 方案优于 B 方案，故 C 方案为最优方案。

（三）最小费用法

多方案比较时，经常会遇到这种情况：参选的各比较方案效益相同或相近且难以具体计算，如教育、服务等项目，这时可以采用最小费用法进行比选。由于这些项目无法估算现金流量情况，只能假设各方案产出的收益是相等的，对方案的费用进行比较，以费用最小的方案为最优方案。

应该注意，最小费用法应用的前提条件是：各比较方案间的收益相同。

最小费用法包括费用现值法和费用年值法。通过将各方案的总费用折算成现值，即费用现值，或折算成年值即费用年值来对方案的经济性进行比较和评价。

1. 费用现值法

费用现值法实际上是净现值法的一个特例，费用现值法所计算出来的净现值只包括费用部分。费用现值 PC 较小的方案为经济上较优的方案。

其计算公式为

$$PC = \sum_{t=0}^{n} CO_t(1+i_c)^{-t} = \sum_{t=0}^{n} CO_t\left(\frac{P}{F},i_c,t\right)$$

【例5】 某项目有A、B两个方案，其有关费用如表4-4所示，基准收益率为15%。试用费用现值法求最优方案。

表4-4 互斥方案现金流量表

方案	初始投资/万元	年经营成本/万元	寿命/年
A	3 000	950	10
B	3 500	1 100	10

解答

计算两方案的费用现值。

$$PC_A = 3\,000 + 950 \times \left(\frac{P}{A},\ 10\%,\ 10\right) = 8\,837.37\ (万元)$$

$$PC_B = 3\,500 + 1\,100 \times \left(\frac{P}{A},\ 10\%,\ 10\right) = 10\,259.06\ (万元)$$

因为 $PC_A < PC_B$，所以A方案为最优方案。

2. 费用年值法

费用年值法是指通过计算各方案的等额年费用（AC）并进行比较，以年费用较低的方案为最优方案的一种方法。

其计算公式为

$$AC = \sum_{t=0}^{n} CO_t\left(\frac{P}{F},i_c,t\right)\left(\frac{A}{P},i_c,n\right)$$

【例6】 两种设备A、B使用情况数据如表4-5所示，基准收益率为10%，试用费用年值法求最优方案。

表 4-5 各种设备的现金流量表

设备	初始投资/万元	年经营成本/万元	残值/万元	寿命/年
A	8 000	650	120	7
B	5 600	400	75	7

解答

各方案的费用年值为：

$$AC_A = 8\,000 \times \left(\frac{A}{P}, 10\%, 7\right) + 650 - 120 \times \left(\frac{A}{F}, 10\%, 7\right) = 2\,280.55\ (\text{万元})$$

$$AC_B = 5\,600 \times \left(\frac{A}{P}, 10\%, 7\right) + 400 - 75 \times \left(\frac{A}{F}, 10\%, 7\right) = 1\,542.33\ (\text{万元})$$

因为 $AC_B < AC_A$，所以 B 方案为最优方案。

二、寿命期不同的互斥型方案的比选

当备选方案具有不同的经济寿命时，不能直接采用净现值、差额内部收益率等评价方法对方案进行比选，而需采取一些方法，使备选方案比较的基础相一致，使各方案在相同的条件下进行比较。通常选择方案最小公倍数法、研究期法和净年值法进行适当处理，以保证时间的可比性。

（一）最小公倍数法

最小公倍数法，也称方案重复法，是以各备选方案的服务寿命的最小公倍数作为方案进行比选的共同期限，并假定各个方案均在这样一个共同的期限内反复实施，对各个方案分析期内各年的净现金流量进行重复计算，直到分析期结束。然后，计算出各方案的经济指标（一般是净现值）进行比较选优。

例如，有 A、B 两个互斥方案，A 方案的寿命期有 6 年，B 方案的寿命期有 9 年，则共同的计算期为 18 年（6 与 9 的最小公倍数）。在这个计算期内 A 方案重复实施 3 次，B 方案重复实施 2 次，分别对其净现金流量进行重复计算，得出在共同计算期内各方案的净现值，以净现值最大的方案为最优方案。

【例 7】 现有 A、B 两个互斥方案，各年的现金流量如表 4-6 所示，设 $i_c = 10\%$，试用最小公倍数法对方案进行比选。

表 4-6 互斥方案现金流量表

方案	初始投资/万元	年净收益/万元	寿命/年
A	350	125	4
B	500	117	6

解答

A 方案寿命期 4 年，B 方案寿命期 6 年，则其最小公倍数为 12 年。在这期间内，A 方案重复实施 3 次，B 方案重复实施 2 次。试计算 A、B 两方案的净现值。

$$NPV_A = -350 - 350 \times \left(\frac{P}{F}, 10\%, 4\right) - 350 \times \left(\frac{P}{F}, 10\%, 8\right) + 125 \times \left(\frac{P}{A}, 10\%, 12\right)$$

$$= 97.64\ (万元)$$

$$NPV_B = -500 - 500 \times \left(\frac{P}{F}, 10\%, 6\right) + 117 \times \left(\frac{P}{A}, 10\%, 12\right) = 14.95\ (万元)$$

因为 $NPV_A > NPV_B$，所以 A 方案为最优方案。

（二）研究期法

在用最小公倍数法对互斥方案进行比选时，如果各方案的最小公倍数较大，例如，4 个方案的寿命期分别为 15 年、25 年、30 年、50 年，它们的最小公倍数为 150 年，则需对各方案进行多次重复计算，这显然不符合实际。在重复更新理论不太适用的情况下，原方案的重复更新是不经济的，甚至有时是不可能实现的。处理这一问题的方法是研究期法，研究期的选择视具体情况而定。

研究期法，是针对寿命期不同的互斥方案，直接选取一个适当的分析期作为各个方案共同的计算期，通过比较各个方案在该计算期内的净现值来对方案进行比选。以净现值最大的方案为最佳方案。

【例 8】 某项目有 A、B 两个互斥方案，其净现金流量如表 4－7 所示。若知 i_c = 10%，试用研究期法进行比选。

表 4－7　互斥方案现金流量表　　（单位：万元）

方案＼计算期	第 1 年	第 2 年	第 3 年	第 4 年	第 5 年	第 6 年
A	－100	50	45	50		
B	－200	80	70	70	70	70

解答

以 A、B 两方案中较短的寿命期为研究期，即 4 年，分别计算年期为 4 年时 A、B 两方案的净现值。

$$NPV_A = -100 \times \left(\frac{P}{F}, 10\%, 1\right) + 50 \times \left(\frac{P}{F}, 10\%, 2\right) + 45 \times \left(\frac{P}{F}, 10\%, 3\right) + 50 \times \left(\frac{P}{F}, 10\%, 4\right)$$

$$= 18.37\ (万元)$$

$$NPV_B = -200 \times \left(\frac{P}{F}, 10\%, 1\right) + 80 \times \left(\frac{P}{F}, 10\%, 2\right) + 70 \times \left(\frac{P}{A}, 10\%, 4\right) \times \left(\frac{P}{F}, 10\%, 2\right)$$

$$= \left(\frac{A}{P}, 10\%, 6\right) \times \left(\frac{P}{A}, 10\%, 4\right)$$

$$= 49.70\ (万元)$$

由于 $NPV_B > NPV_A$，因此 B 方案为最优方案。

（三）净年值法

净年值法是对寿命期不同的互斥方案进行比选时的最简便的一种方法。通过计算各个互斥方案的年值进行比较，以年值最大的方案为最优方案。每个方案的年值必须大于或等于零。

净年值 NAV 与净现值 NPV 在项目评价的结论上是一致的，$NPV \geqslant 0$ 即 $NAV \geqslant 0$。所不同的是，在对寿命期不同的方案进行比选时，净年值可以使方案之间具有时间上的可比性，而不必强求各方案的计算期相同。

【例9】 现有A、B两个互斥方案，其寿命期分别为6年、7年和8年，各自现金流量如表4－8所示。试用净年值法进行比选（$i_c = 10\%$）。

表4－8 互斥方案现金流量表

方案	初始投资/万元	年净收益/万元	残值/万元	寿命/年
A	1 200	600	300	6
B	1 500	700	450	7
C	1 750	800	600	8

解答

先计算A、B、C三个方案的净现值

$$NPV_A = -1\,200 + 600 \times \left(\frac{P}{A},\ 10\%,\ 6\right) + 300 \times \left(\frac{P}{F},\ 10\%,\ 6\right) = 1\,582.52\ (\text{万元})$$

$$NPV_B = -1\,500 + 700 \times \left(\frac{P}{A},\ 10\%,\ 7\right) + 450 \times \left(\frac{P}{F},\ 10\%,\ 7\right) = 2\,138.82\ (\text{万元})$$

$$NPV_C = -1\,750 + 800 \times \left(\frac{P}{A},\ 10\%,\ 8\right) + 600 \times \left(\frac{P}{F},\ 10\%,\ 8\right) = 2\,797.82\ (\text{万元})$$

再计算A、B、C三个方案的净年值

$$NAV_A = NPV_A\left(\frac{A}{P},10\%,6\right) = 1\,582.52 \times \left(\frac{A}{P},10\%,6\right) = 363.35\ (\text{万元})$$

$$NAV_B = NPV_B\left(\frac{A}{P},10\%,7\right) = 2\,138.82 \times \left(\frac{A}{P},10\%,7\right) = 439.31\ (\text{万元})$$

$$NAV_C = NPV_C\left(\frac{A}{P},10\%,8\right) = 2\,797.82 \times \left(\frac{A}{P},10\%,8\right) = 524.31\ (\text{万元})$$

因为 $NPV_C > NPV_B > NPV_A$，所以C方案是最优的。

第三节 有资源限制的独立方案的比选

在一组方案中，选择其中一个方案并不影响其他方案的选择，方案之间的关系为独立关系，处在独立关系中的方案叫做独立方案。独立型备选方案的特点是诸方案之间没有排他性。

如果独立型方案所需的资源是有限的，不能满足所有方案的需要，则要在资源约束的条件下选择项目组合，以达到收益最大化。由于资金有限，不可能把通过绝对效果检验的方案都选上，只能选其中一些可行方案，从而使这些独立方案之间具有了相关性。独立方案的选择有以下两种方法：方案组合法和净现值率排序法。

一、方案组合法

方案组合法是指在有资源限制的条件下，列出独立方案所有可能的组合，每种组合形成一个组合方案，通过排列组合，列出相互排斥的全部组合方案，淘汰投资额超过资金限额或者净现值小于零的组合方案，并选择剩余组合中净现值最大者为最优可行方案。

方案组合法的步骤如下：

1）列出独立方案的所有可能组合；

2）对每个组合方案内的各独立方案的现金流量进行叠加，并按投资额从小到大排列；

3）计算各组合方案的净现值；

4）净现值最大的方案为最优组合方案。

【例10】 有A、B、C三个独立方案，寿命期均为5年，现金流量如表4-9所示。基准收益率为10%，投资资金限额为1 000万元，试作出最佳投资决策。

表4-9　独立方案现金流量表

方案	初始投资/万元	年净效益/万元	寿命/年	净现值/万元
A	300	120	5	154.92
B	450	150	5	118.65
C	500	160	5	106.56

解答

A、B、C三个方案的净现值都大于零，可见各方案在绝对经济效益上都是可行的。因三方案的投资总额超过资金限额，所以不能同时实施，只能选择其中一个或两个方案。

计算结果如表4-10所示。

表4-10　组合方案的现金流量及净现值

序号	组合方案	初始投资/万元	年净收益/万元	寿命/年	净现值/万元	结论
1	A	300	120	5	154.92	
2	B	450	150	5	118.65	
3	C	500	160	5	106.56	
4	A+B	750	270	5	273.57	最佳
5	A+C	800	280	5	261.48	
6	B+C	950	310	5	225.21	

经计算，A+B为最佳组合方案，因此投资决策应为投资方案A与方案B。

二、净现值率排序法

净现值率排序法是指按净现值率的大小顺序依次选取方案，直至所选取方案的投资额之和达到或最大限度地接近投资限额。简单地概括，就是在资金限制下寻求总体净现值率最大的项目组合的方法。

【例11】 根据【例10】的资料，运用净现值率排序法作出最佳决策。

解答

计算各方案的净现值率并排序，见表4－11。

表4－11 A、B、C净现值率排序

方案	净现值/万元	净现值率	初始投资/万元	累计投资/万元
A	154.92	0.52	300	300
B	118.65	0.26	450	750
C	106.56	0.21	500	1 250

根据净现值率排序法，投资顺序为A、B、C。因为资金限额是1 000万元，所以投资决策应是A、B方案的组合。

第四节 混合方案的比选

当方案组合中既有独立方案、又有互斥方案时，就构成了混合型方案。混合型方案也分为无资金约束和有资金约束两种。如果无资金约束，只要从各独立型方案中选择互斥型方案中净现值（或净年值）最大的方案加以组合即可。当资金有约束时，选择方法比较复杂。

如图4－1所示，A、B、C三方案是相互独立的，各方案下又有3个互斥方案，如何选择最佳方案呢?

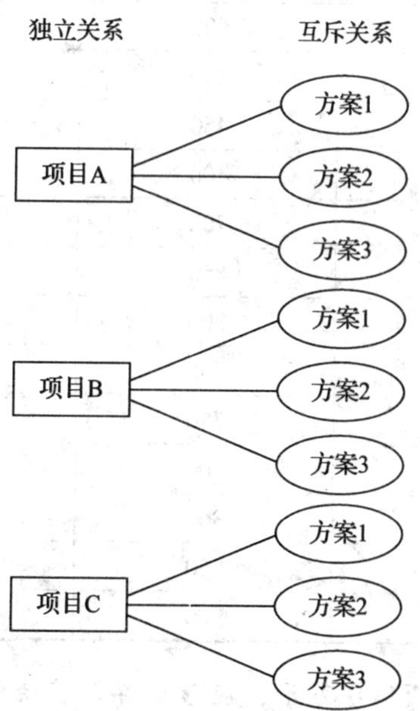

图4－1 混合方案比选示意图

这里采用混合型项目互斥法，其步骤如下：

1）在总的投资限额下，以独立型方案比选原则筛选组内方案；

2）以互斥型方案比选原则选择最优的方案组合。

【例12】 某公司有两个相互独立的项目A、B，其中每个项目中有3个互斥方案可供选择，其投资额与年净收益如表4－12所示。基准收益率为8%，寿命期均为8年，投资限额900万元，试进行决策。

表4－12 混合方案数据 （单位：万元）

项目	方案	投资额	年净收益
A	A_1	400	100
	A_2	300	80
	A_3	500	120
B	B_1	300	70
	B_2	450	110
	B_3	400	95

解答

按方案组合方法，对方案进行互斥组合，并求其净现值。具体过程如表5－14所示。

表4－13 方案组合净现值计算 （单位：万元）

方案	组合方案	累计投资额	累计净现值	结论
1	0	0	0	
2	A_1	400	174.66	
3	A_2	300	159.73	
4	A_3	500	189.59	
5	B_1	300	102.26	
6	B_2	450	182.13	
7	B_3	400	145.93	
8	A_1B_1	700	276.92	
9	A_1B_2	850	356.79	最优
10	A_1B_3	800	320.59	
11	A_2B_1	600	261.99	
12	A_2B_2	750	341.86	
13	A_2B_3	700	305.66	
14	A_3B_1	800	291.85	
15	A_3B_2	950	371.72	
16	A_3B_3	900	335.52	

其中方案15超过投资限额900万元，应该放弃。其余组合中，以方案9的净现值最大，因此方案9为最优决策，净现值为356.79万元。

第五节 相关方案的比选

相关方案是指在多个方案之间虽不存在互斥关系，但某一方案的接受或拒绝会对其他方案的现金流量产生显著影响的方案。

本节主要讨论相互依存型和现金流相关型方案的比选。

一、相互依存型方案的比选

在多方案的比选中，当某一方案的实施要求以另一方案（或另几个方案）的实施为条件时，则这两个（或若干个）方案具有相互依存性。在比选中，通常将相互依存的两个（或若干个）方案合成新的方案组，再与其他方案进行比选，确定最优决策。

【例13】 现有A、B、C、D、E五个方案，寿命期均为10年，各方案的投资及现金流量如表4－14所示，其中A、B、D、E方案互斥，C方案采用与否取决于是否采用A方案，基准收益率为10%，试作出最优决策。

表4－14 方案的投资及现金流量 （单位：万元）

方案	初始投资	年现金流入	年现金流出
A	400	130	35
B	600	180	50
C	500	160	40
D	700	200	60
E	550	170	60

解答

由于A与C是相互依存型方案，可以将两者合并为一个新的方案AC，投资为900万元，年现金流入为290万元，年现金流出75。这样就在方案A、B、D、E和AC中优选。

求出各方案的净现值，即

$$NPV_A = -400 + (130-35) \times \left(\frac{P}{A}, 10\%, 10\right) = 183.74 \text{（万元）}$$

$$NPV_B = -600 + (180-50) \times \left(\frac{P}{A}, 10\%, 10\right) = 198.80 \text{（万元）}$$

$$NPV_D = -700 + (200-60) \times \left(\frac{P}{A}, 10\%, 10\right) = 160.24 \text{（万元）}$$

$$NPV_E = -550 + (170-60) \times \left(\frac{P}{A}, 10\%, 10\right) = 125.91 \text{（万元）}$$

$$NPV_{AC} = -900 + (290-75) \times \left(\frac{P}{A}, 10\%, 10\right) = 421.09 \text{（万元）}$$

据净现值最大原则，最优决策应选择方案AC。

二、现金流相关型方案的比选

方案间的现金流既具有相关性又不完全互斥时，无论采取独立方案的评价方法，还是互斥方案的评价方法，都是不恰当的。我们采用组合互斥方案法进行比选，令各组合方案间形成互斥关系，再利用互斥方案的比选方法进行决策。

【例 14】 交通部门拟在某两地间投资兴建铁路运输线及公路运输线，由于受货运分流的影响，两个项目都会降低收益，上一个项目与上两个项目的净现金流分别如表 4－15 和表 4－16 所示。若基准折现率为 10%，问应如何决策？

表 4－15　上一个项目的现金流量表　（单位：万元）

方案＼计算期	第 0 年	第 1 年	第 2－30 年
铁路	－500	－500	280
公路	－450	－450	220

表 4－16　上两个项目的现金流量表　（单位：万元）

方案＼计算期	第 0 年	第 1 年	第 2－30 年
铁路	－500	－500	220
公路	－450	－450	160
合计	－950	－950	380

解答

先将两个相关方案组合成三个互斥方案，再分别计算净现值，如表 5－17 所示。

表 4－17　组合方案及净现值　（单位：万元）

方案＼计算期	第 0 年	第 1 年	第 2－30 年	*NPV*
铁路	－500	－500	280	1 430. 46
公路	－450	－450	220	1 014. 84
两项目合计	－950	－950	500	3868. 46

根据净现值最大准则，修铁路为最优方案。

本章小结

在实践中，一个工程项目往往有多种方案可以选择。在方案的比选过程中，方案之间的关系可以分为互斥关系、独立关系、混合关系及相关关系。

互斥关系是指采纳一组方案中的某一方案，必须放弃其他方案，即方案之间相互具有排他性。互斥方案有寿命期相同的互斥型方案的比选和寿命期不同的互斥型方案的比选。寿命期相同的互斥型方案的选择分为净现值、差额内部收益率、费用现值、费用年值等指标。对于寿命期不同的互斥型方案的比较又分为最小公倍数法、研究期法和净年值法。

独立型方案是指在一组方案中，选择其中一个方案并不影响其他方案的选择，方案之间的关系为独立关系。如果独立型方案所需的资源是有限的，这时就不能满足所有方案的需要，所以只能选其中一些可行方案，从而使这些独立方案之间具有了相关性。常用的方法有方案组合法和净现值率排序法。混合方案是指方案组合中既有独立方案，又有互斥方案。常用的方法是从各独立型方案中选择互斥型方案中净现值最大的方案加以组合，从中选出最优的方案。相关型方案是指某一方案的接受（拒绝）会对其他方案的选择产生影响。本章主要讲的是相互依存型方案的比选和现金流相关型方案的比选。

思考与练习

1. 什么是互斥方案？互斥型方案的比选包括哪几部分？

2. 简述研究期确定的三种情况。

3. 简述方案组合法的步骤。

4. 现有A、B两个互斥方案，其现金流量如表4-18所示，基准收益率为10%。试选择最优方案。

表4-18　A、B两方案的现金流量表

方案	初始投资/万元	年净收益/万元	寿命/年
A	80	35	4
B	95	45	6

5. 已知A、B、C三个互斥方案的资料如表4-19所示，基准收益率为15%，用净现值法对这三个方案进行比选。

表4-19　A、B、C三方案的现金流量表

方案	初始投资/万元	年净收益/万元	年运行费/万元	寿命/年
A	10 000	5 000	2 200	10
B	15 000	7 000	4 300	10
C	13 000	6 000	3 500	10

6. 三个互斥方案A、B、C寿命期不等，各自的现金流量如表4-20所示，基准收益率为15%，试进行比选。

表4-20　A、B、C三方案现金流量表　　（单位：万元）

方案	第0年	第1年	第2年	第3年	第4年	第5年	第6年
A	-1 000	300	300	300	300		
B	-1 500	450	450	450			
C	-1 800	550	550	550	550	550	550

7. 某企业现有三个独立的投资方案 A、B、C，期初投资及年净收益如表 4－21 所示，基准收益率为 12%。现企业可用于投资的金额为 700 万元，应怎样选取方案？

表 4－21　A、B、C 三方案现金流量表

方案	初始投资/万元	年净收益/万元	寿命/年
A	250	50	10
B	400	80	10
C	300	60	10

8. 某厂决定生产两种独立产品 A、B，每种产品分别有三个互斥方案，其投资收益情况如表 4－22 所示。假定各方案寿命期均为 10 年，基准收益率为 10%，投资限额为 700 万元，试进行决策。

表 4－22　混合方案数据　（单位：万元）

项目	方案	投资额	年净收益
A	A_1	100	35
	A_2	200	55
	A_3	300	85
B	B_1	200	60
	B_2	300	83
	B_3	400	100

第五章　建设项目财务评价

学习目的和学习要求

通过学习本章，了解财务评价的目的、内容和评价步骤；熟悉财务评价指标和财务评价报表，掌握各种报表的编制方法；掌握项目财务评价指标的计算。

案例导引

拟建某工业生产项目，这一建设项目的基础资料如下。

1）固定资产投资估算总额为5 263.90万元（其中包括无形资产600万元），建设期2年，运营期8年。

2）本项目固定资产投资来源为自有资金和贷款，自有资金在建设期内均衡投入，贷款总额为2 000万元，在建设期内每年贷入1 000万元，贷款年利率10%（按年计息）。贷款合同规定的还款方式为：投产后的前4年等额还本付息，无形资产在运营期8年中均匀摊入成本，固定资产残值300万元，按直线法折旧，折旧年限12年。所得税税率33%。

3）本项目第3年投产，当年生产负荷达设计生产能力的70%；第4年达设计生产能力的90%，以后各年均达设计生产能力。流动资金全部为自有资金。

4）股东会约定正常年份按可供投资者分配利润50%比例，提取应付投资者各方面的股利。运营期的头两年，根据达产比例按正常年份70%和90%比例提取。

由以上资料我们在本章要解决以下问题：

1）计算建设期贷款利息和运营期固定资产折旧费、无形资产摊销费；

2）编制项目的借款还本付息计划表，总成本费用表、利润分配表；

3）编制项目的财务计划现金流量表；

4）编制项目的资产负债表。

根据以上计算从清偿能力的角度，分析项目的可行性。

第一节　财务评价概述

一、财务评价的目的和主要内容

企业是独立的经营单位，是投资结果的直接承担者。财务评价是在确定的建设方案、投资估算和融资方案的基础上，从项目的投资者、经营者或企业的角度进行财务的可行性研究，是企业投资的基础。财务评价是在国家现行的财税制度和价格体系的前提下，从项目的角度出发，计算项目范围内的财务效益和费用，分析项目的赢利能力、偿债能力、财务生存能力等财务状况，据以评价项目在财务上的可行性。

（一）财务评价的主要目的

1）从企业或项目角度出发，分析投资效果，判明企业投资所获得的实际利益。

2）为企业制定资金规划提供依据。

3）估算项目贷款偿还能力。

4）为协调企业利益和国家利益提供依据。

（二）财务评价的主要内容

财务评价也称财务分析。财务评价应在项目财务效益与费用估算的基础上进行。财务评价的内容应根据项目的性质和目标来确定。

1）对于经营性项目财务评价应通过编制财务分析报表，计算财务指标，分析项目的赢利能力、偿债能力，判断项目在财务上的可接受性，明确项目对财务主体及投资者的价值贡献，为项目决策提供依据。对于非经营性项目，财务分析主要分析项目的财务生存能力。

2）财务分析可分为融资前分析和融资后分析，一般宜先进行融资前分析。在融资前分析结论满足要求的情况下，初步设定融资方案，再进行融资后分析。在项目建议书阶段，可只进行融资前分析。

3）融资前分析应以动态分析为主，静态分析为辅。

融资前动态分析应以营业收入、建设投资、经营成本和流动资金的估算方法为基础，考察整个计算期内的现金流入和现金流出，编制项目投资现金流量表，利用资金时间价值的原理进行折现，计算项目投资期内收益率和净现值等指标。

融资前分析排除了融资方案变化的影响，从项目投资总获利能力的角度，考察项目方案设计的合理性。融资前分析的相关指标，应作为初步投资决策与融资方案研究的依据和基础。

4）融资后分析应以融资前分析和初步的融资方案为基础，考察项目在拟定融资条件下的赢利能力、偿债能力和财务生存能力，判断项目方案在融资条件下的可行性。融资后分析可用于比选融资方案，帮助投资者做出融资决策。

5）融资后的赢利能力分析应包括动态分析和静态分析两种。

动态分析包括下列两个层次。① 项目资本金现金流量分析，应在拟定的融资方案下，从投资者的角度，确定其现金流入和现金流出，编制项目资本金现金流量表，利用资金时间价值的原理进行折现，计算项目资本金财务内部收益率指标，考察项目资本金可获得的收益水平。② 投资各方现金流量分析，应从投资各方的实际收入和实际支出的角度，确定其现金流入和现金流出，分别编制投资各方现金流量表，计算投资各方的财务内部收益率指标，考察投资各方可获得的收益水平。当投资各方不按股本比例分配或有其他不对等收益时，可选择进行投资各方现金流量分析。

静态分析则指不考虑资金的时间价值，依据利润与利润分配表计算项目资本金利润率（*ROE*）和总投资收益率（*ROI*）指标。

二、财务评价的作用和财务评价的步骤

（一）财务评价的作用

建设项目的财务评价无论是对项目投资主体，还是对为项目建设和生产经营提供资金

的其他机构或个人，均具有十分重要的作用。

1. 考察项目的财务赢利能力

项目的财务赢利水平如何，能否达到国家规定的基准收益率，项目投资主体能否取得预期的投资效益，项目的清偿能力如何，是否低于国家规定的投资回收期，项目债权人的权益是否有保障，等等，是项目投资主体、债权人，以及国家、地方各级决策部门、财政部门共同关心的问题。因此，一个项目是否值得兴建，首先要考察项目的财务赢利能力等各项经济指标，进行财务评价。

2. 可用于制订适宜的资金计划

确定项目实施所需资金数额，根据资金的可能来源及资金的使用效益，安排恰当的用款计划，选择适宜的筹资方案，都是财务评价要解决的问题。项目资金的提供者们据此安排各自的出资计划，以保证项目所需资金能及时到位。

3. 为协调国家利益和企业利益提供依据

对某些国民经济评价不宜兴建，但又为国计民生所急需的项目，必要时可向国家提出采取经济优惠措施的建议，使项目具有财务上的生存能力。此时，财务评价可以为优惠方式及幅度的确定提供依据。

4. 为中外合资项目提供双方合作的基础

对中外合资项目的外方合营者而言，财务评价是进行项目决策的唯一依据。项目的财务可行性是中外双方合作的基础。

（二）财务分析的步骤

1）选取财务评价基础数据与参数，包括主要投入品和产出品的价格、税率、利率、汇率、计算期、固定资产折旧率、无形资产和其他资产摊销年限、生产负荷及基准收益率等基础数据和参数。

2）计算营业收入，估算成本费用。

3）编制财务评价报表（财务分析报表）和财务评价辅助报表。财务评价报表主要有：借款还本付息计划表、利润和利润分配表、财务计划现金流量表、资产负债表等。财务评价辅助报表主要用于投资、成本、利税的估算。

4）计算财务评价指标，对项目赢利能力、偿债能力、抗风险能力和生存能力等进行分析。

5）进行不确定分析，包括盈亏平衡分析和敏感性分析等。

6）编写财务评价报告。

三、财务评价方法

财务评价的基本方法有确定性评价方法和不确定性评价方法。按不同的标志其方法有不同的分类。

（一）按评价方法的性质分类

按评价方法的性质可将财务评价方法分为定量分析和定性分析。定量分析是指对可度量因素的分析方法。定性分析是对无法精确度量的重要因素实行的估量分析方法。在项目财务评价中，应坚持定量分析与定性分析相结合，以定量分析为主的原则。

（二）按评价方法是否考虑时间因素分类

按评价方法是否考虑时间因素可分为静态分析和动态分析。静态分析不考虑时间因素，动态分析考虑时间因素。在项目财务评价中，应坚持动态分析与静态分析相结合，以动态分析为主的原则。

（三）按评价是否考虑融资分类

按评价是否考虑融资可分为融资前分析和融资后分析。融资前分析指从项目投资总获利能力的角度，考察项目方案设计的合理性。融资后分析指以融资前分析和初步的融资方案为基础，考察项目在拟定融资条件下的赢利能力、偿债能力和财务生存能力，判断项目方案在融资条件下的可行性，主要用于比选融资方案。

（四）按项目评价的时间分类

按项目评价的时间可分为事前评价、事中评价、事后评价。事前评价有一定的预测性，因而也就有一定的不确定性和风险性。事中评价需要依据外部条件的变化而进行修改，重新进行评价，以决定原决策有无全部或局部修改的必要性。事后评价是总结评价项目投资决策的正确性、项目实施过程中项目管理的有效性等。

四、财务评价方案

（一）独立型方案

独立型方案是指方案间互不干扰、在经济上互不相关的方案，即这些方案是彼此独立无关的，选择或放弃其中一个方案，并不影响其他方案的选择。其实质是在“做”与“不做”之间进行选择。独立方案在经济上是否可接受，取决于方案自身的经济性，对方案自身的经济性的检验叫做“绝对经济效果检验”。

（二）互斥型方案

互斥型方案又称排他型方案，各个备选方案彼此可以相互代替，具有排他性。互斥方案经济评价包含两部分内容：一是考察各个方案自身的经济效果，即进行“绝对经济效果检验”；二是考察哪个方案相对经济效果最优，即“相对经济效果检验”。

两者通常缺一不可，只有在众多互斥方案中必须选择其中之一时才可单独进行相对经济效果检验。

第二节　工程项目主要基础数据的确定与分析

一、费用与效益的识别

识别费用与效益是编制财务报表的前提。项目的财务效益是指项目实施后所获得的营业收入。对于适合增值税的经营项目，除营业收入外，其可得到的增值税返还也应作为补贴计入财务效益；对于非经营性项目，财务效益应包括可能获得的各种补贴收入。项目所支出的费用主要包括投资、成本费用和税金等。对工业投资项目来说，建设投资、流动资金投资、营业税、经营成本等是费用，而营业收入、资产回收、补贴等是效益。

折旧是固定资产价值转移到产品中的部分，是产品成本的组成部分。但由于设备和建筑物等固定资产与原材料不同，不是一次性随产品的出售而消失，而是随产品一次次地销售，以折旧的形式将其回收并聚集起来，形成补偿基金，到折旧期满，原有固定资产投资得到全部回收。因此，折旧是固定资产投资的回收。摊销费也具有类似特征。

二、价格和汇率

财务评价中的效益和费用的计算涉及价格问题，使用外汇或产品（服务）出口的项目还要涉及汇率问题。财务评价应采用以市场价格体系为基础的预测价格。即各种产品相对价格的变动和价格总水平变动。由于建设期和生产经营期的投入产出情况不同，应区别对待。基于在投资估算中已经预留了建设期涨价预备费，因此建筑材料和设备等投入物，可采用一个固定的价格计算投资费用，其价格不必年年变动。在建设期内，一般应考虑投入的相对价格变动及价格总水平变动。

在运营期内，若能合理判断未来市场价格的变动趋势，投入与产出可采用相对变动的价格；若难以确定投入与产出的价格变动，一般可采取项目运营期的价格；有要求时，也可考虑价格总水平的变动。营业收入和生产成本的价格可以含增值税，也可不含增值税，在评价时应予以说明。

生产运营期的投入物和产出物，应根据具体情况选用不变价格或者变动价格进行财务评价。所谓不变价格，是指项目运营期内不考虑价格相对变动和通货膨胀影响的固定价格。即在整个生产运营期内都用预测的固定价格计算产品销售收入和原材料、燃料动力费用。所谓变动价格，是指项目运营期内只考虑价格相对变动或者同时考虑价格相对变动和通货膨胀影响的预测价格。这是指在项目生产运营期内考虑价格变动的预测价格。变动价格又分为两种情况：一是只考虑价格相对变动引起的变动价格；二是既考虑价格相对变动，又考虑通货膨胀因素引起的变动价格。采用变动价格是预测在生产运营期内每年的价格都是变动的。为简化起见，有些年份也可采用同一价格。

汇率的取值一般可按国家外汇管理部门公布的当前外汇牌价的卖出买入的中间价，也可以采用预期的实际结算的汇率值。

进行赢利能力分析，一般采用只考虑相对价格变动因素的预测价格，计算不含通货膨胀因素的财务内部收益率等赢利性指标，不反映通货膨胀因素对赢利能力的影响。

三、项目计算期的选取

工程项目经济评价的项目计算期是指经济评价中为进行动态分析所设定的期限，包括建设期和运营期。建设期是指项目资金正式投入开始到项目建成投资为止所需要的时间，可按合理工期或预计的建设进度确定。运营期分为投产期和达产期两个阶段，运营期一般应以项目主要设备的经济寿命期确定，计算期一般不超过 20 年，计算期过长，后期的净收益折为现值的数值相对较小，预测的数据会越不准确。由于折现评价指标受计算时间的影响，对需要比较的项目或方案应取相同的计算期。

四、资金规划

（一）资金结构与财务杠杆效应

使用不同来源的资金所需付出的代价是不同的。资金结构是指项目的资金来源与数量构成。资金的来源和数量的选择，与项目所需的资金含量有关，并且会影响项目的经济效果。

项目投资的赢利能力基本上不受融资方案的影响，可以反映项目方案本身的赢利水平，可供企业投资者和债权人就是否值得投资或贷款作出决策。项目资本金的赢利能力反映了企业投资者出资的赢利水平，也反映了企业从项目中获得的经济效果。因此，在有项目债务资金的情况下，一般来说，项目投资的效果与项目资本金的效果是不相同的。

例如某投资项目，其项目的净现金流量如图 5－1 所示，若初始投资中 750 万元向银行贷款，年利率为 10%，借款条件从投产当年开始，分五年等额偿清本利，那么等额还本付息额为：

$$A = 750 \times \left(\frac{A}{P},\ 10\%,\ 5\right) = 197.85\ （万元）$$

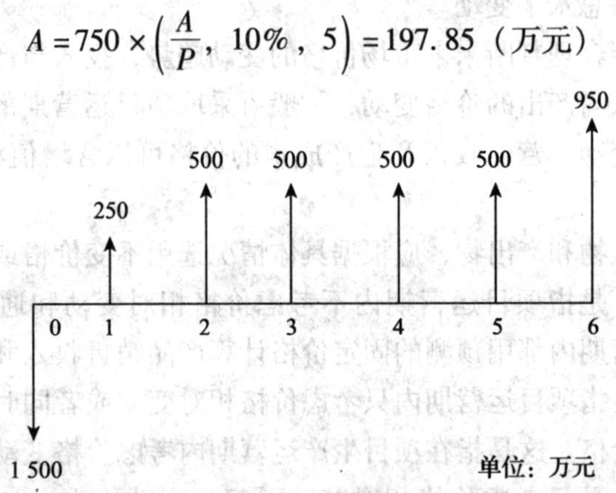

图 5－1　项目投资净现金流量图

从图中减去借款的还本付息，项目资本金投资的净现金流量如图 5－2 所示，由计算可得项目投资的内部收益率 $IRR_{灰} = 22.35\%$；项目资本金投资的内部收益率 $IRR_{门} = 29.56\%$

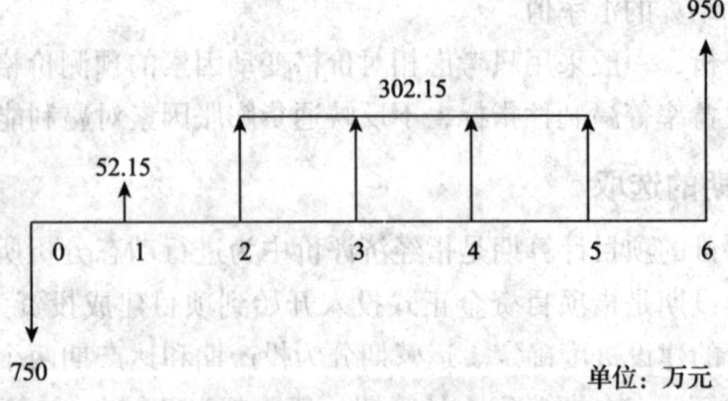

图 5－2　项目资本金投资净现金流量图

由本例的计算可知，如果项目投资的 1 500 万元都是项目资本金，可以得到的内部收益率是 22.35%；如果项目投资的一半资金采用借款，项目资本金的内部收益率便上升到 29.56%。显然，本例中采用借款的经济效果更好。

通常，项目投资利润率不等于贷款利率，两者差额的后果将由项目主持人承担，从而使项目资本金投资的经济效果变好或变坏。下面以投资利润率指标为例来说明这个问题。

设项目投资为 I，项目资本金为 I_0，贷款为 I_L，项目投资收益率为 R，项目资本金收益率为 R_0，贷款利率为 R_L，由投资收益率公式可以推出：

$$R_0 = R + \frac{I_L}{I}(R - R_0)$$

当 $R > R_L$ 时，$R_0 < R$，项目投资收益率与贷款利率的差别（$R - R_L$）被资金构成比$\frac{I_L}{I_0}$所放大，这种放大效应称为财务杠杆效应，$\frac{I_L}{I_0}$称为债务比。可见，由于 R 不受融资方案的影响，对于一个确定的技术方案，所选择的资金构成比不同，对资本金的经济效果会产生不同的影响。

财务杠杆效应是分析投资项目的资金结构，进行融资方案决策的重要依据。而事实上，对企业来说，在投资项目自身具有好的经济效果的情况下，借款的好处不仅限于获得财务效应。企业"举债经营"可以分散经营风险，从而降低经营风险，还可以解决资金短缺等问题。

（二）资金运行的可行性

资金运行的可行性是指项目的资金安排必须使每期（年）资金能够保证该期（年）项目的正常运转，即每期的资金来源加上期的结余必须足以支付本期所需要的使用资金。否则，即使项目的经济效果很好也无法实施。项目计算期内的资金来源与资金运用情况由财务计划现金流量表给出。判断项目在计算期内资金运行可行性的条件是"累计盈余资金≥0"，如果某期的累计盈余资金出现负值，表明该期出现资金短缺，必须事先筹集资金弥补缺口或者修改项目计划，甚至重新制定项目方案。

（三）债务偿还

1. 债务借款资金的来源

借款可以是国外借款，也可以是国内借款。国外借款通常用外汇来偿还，外汇比国内资金更为稀缺，需要专门分析，本书不作讨论。

企业偿还国内借款的资金来源通常有所得税后利润、折旧费、摊销费、营业外净收入及其他收入。企业必须按照政府部门对偿还借款的资金规定及有关法规，估算出每年可用于还款的资金数额。

2. 借款利息的计算

如果按实际提款、还款日期计算借款利息将十分繁杂。通常可简化为：长期借款的当年借款按半年计息，当年归还的贷款按全年计息。利息计算公式如下：

$$\text{计算期年利息额（纯借款期）} = \left(\text{年初借款本息累计} + \frac{\text{本年借款额}}{2}\right) \times \text{年利率}$$

运营期年利息额（还款期）= 年初借款累计 × 年利率

当建设期用项目资本金按期支付利息时，年利率采用名义年利率。若按复利方式计息，年利率采用有效年利率，即实际年利率。流动资金借款及其他短期借款，均按全年计息。

3. 借款偿还期

借款偿还期指从开始借款到偿清借款本息所经历的时间。借款的还款方式有许多种，不同的还款方式每期的还本付息额不同，因而借款偿还期可能不同，如果计算出的借款偿还期大于债权人规定的期限，则说明企业还款能力不足。此时要进行分析，并在财务上甚至技术方案及投资计划上采取措施，直至偿还能力满足债权人的限定期。

五、基准收益率

基准收益率，是企业或行业投资者以动态的观点所确定的、可接受的投资方案最低标准的收益水平。基准收益率确定的合理与否，对投资方案经济效果的评价结论有直接的影响。

（一）财务基准收益率的测定规定

1）政府投资项目以及按政府要求进行财务评价的建设项目，采用行业的财务基准收益率。

2）企业投资建设项目，选用行业财务基准收益率。

3）境外投资的建设项目财务基准收益率的测定，应首先考虑国家风险因素。

4）投资者自行测定项目的最低可接受财务收益率，除应考虑行业财务基准收益率外，还包括以下几点：① 资金成本，基准收益率最低限度不应小于资金成本。② 机会成本，基准收益率应不低于单位投资的机会成本。③ 与投资风险成正比，资金密集项目的风险高于劳动密集的，资产专用性强的高于资产通用性强的，以降低生产成本为目的的低于以扩大产量、扩大市场份额为目的的。从主观上看，资金雄厚的投资主体的风险低于资金拮据者。④ 通货膨胀，以通货膨胀率来表示，通货膨胀率主要表现为物价指数的变化，即通货膨胀率约等于物价指数变化率。

（二）财务基准收益率的调整

对于项目风险较大，在确定最低可接受财务收益率时可适当调整提高其取值。如项目投入物属紧缺资源的项目、项目投入物大部分需要进口的项目、项目产出物大部分用于出口的项目、国家限制或可能限制的项目、国家优惠政策可能终止的项目、建设周期长的项目、市场需求变化较快的项目、竞争激烈领域的项目、技术寿命较短的项目、债务资金比例高的项目、资金来源单一且存在资金提供不稳定因素的项目、在国外投资的项目、自然灾害频发地区的项目、研发新技术的项目等。

（三）基准收益率的测定方法

基准收益率测定的方法可采用资本资产定价模型法、加权平均资金成本法、典型项目模拟法和德尔菲专家调查法等方法。

第三节　建设项目财务报表的编制

为了计算财务指标，考察项目的赢利能力、清偿能力以及抗风险能力等财务状况，需要在编制财务评价辅助报表的基础上编制财务评价报表。

一、财务基础数据测算表（辅助报表）

（一）进行财务效益和费用估算

需要编制的财务分析辅助报表有：建设投资估算表，建设期利息估算表，流动资金估算表，项目总投资使用计划及资金筹措表，营业收入、营业税金及附加和增值税估算表，总成本费用估算表。

（二）财务基础数据测算表之间的相互关系

各财务基础数据测算表之间的关系如图5－3所示。

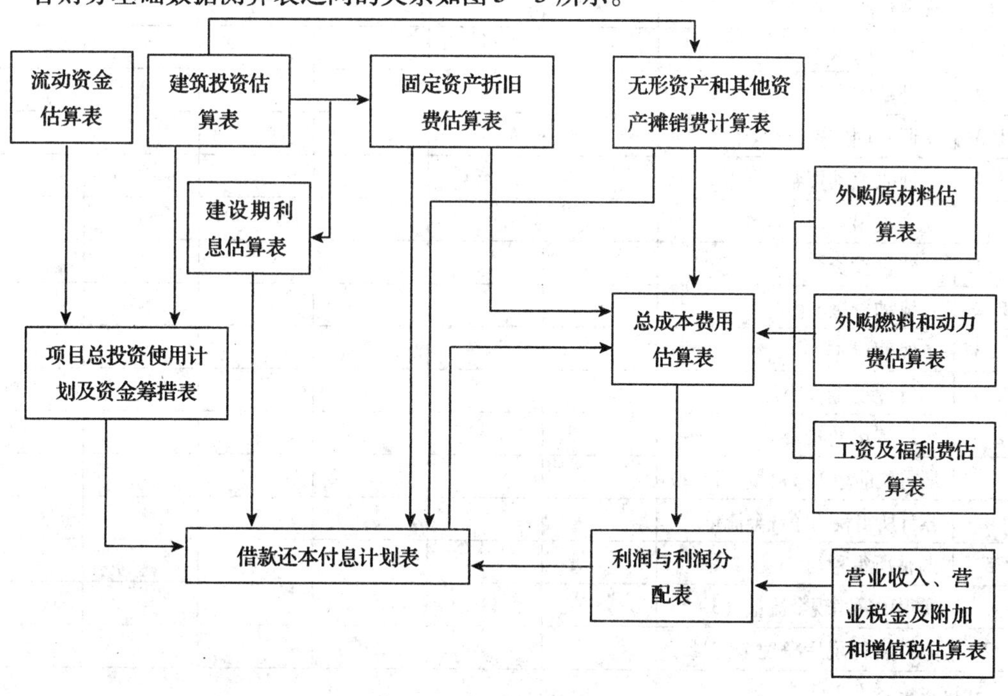

图5－3　财务基础数据测算表之间的关系

在完成项目市场调查与预测、项目策划、项目投资与成本费用估算、项目收入估算与资金筹措计划编制等基础工作后，就可以通过编制财务报表、计算财务评价指标，对开发项目的财务赢利能力、清偿能力和资金平衡情况进行财务评价。

二、财务评价基本报表

财务分析基本报表包括：现金流量表（项目投资现金流量表、项目资本金现金流量表、投资各方现金流量表）、利润与利润分配表、资金来源与运用表、损益表、财务计划现金流量表、资产负债表和借款还本付息计划表。

（一）现金流量表

现金流量表反映建设项目生产经营期内各期的现金流入和现金流出，用以计算各项动态和静态评价指标，进行建设项目财务赢利能力分析。按投资计算基础的不同，现金流量表分为以下几种。

1. 项目投资现金流量表

该表不分投资资金来源，以全部投资作为计算基础，用以计算全部投资财务内部收益率、财务净现值及投资回收期等评价指标，考察项目全部投资的赢利能力，为各个投资方案进行比较建立共同的基础，如表5－1所示。

表5－1 项目投资现金流量表 （单位：万元）

序号	项 目	合计	计 算 期				
			第1年	第2年	第3年	…	第n年
1	现金流入						
1.1	营业收入						
1.2	补贴收入						
1.3	回收固定资产余额						
1.4	回收流动资金						
2	现金流出						
2.1	建设投资						
2.2	流动资金						
2.3	经营成本						
2.4	营业税金及附加						
2.5	维持运营投资						
3	所得税前净现金流量（1－2）						
4	累计所得税前净现金流量						
5	调整所得税						
6	所得税后净现金流量（3－5）						
7	累计所得税后净现金流量						

计算指标：

1. 项目投资财务内部收益率（%）(所得税前)
2. 项目投资财务内部收益率（%）(所得税后)
3. 项目投资财务净现值（所得税前）(i_c = %)
4. 项目投资财务净现值（所得税后）(i_c = %)
5. 项目投资回收期（年）(所得税前)
6. 项目投资回收期（年）(所得税后)

注：1. 本表适用于新设法人项目与既有法人项目的增量和“有项目”的现金流量分析。

2. 调整所得税为以息税前利润为基数计算的所得税，区别于“利润与利润分配表”“项目资本金现金流量表”和“财务计划现金流量表”中的所得税。

2. 项目资本金现金流量表

该表从投资者整体的角度出发，以投资者的出资额作为计算基础，把借款本金偿还和利息支付视为现金流出，用以计算资本金财务内部收益率、财务净现值等评价指标，考察项目资本金的赢利能力，如表5－2所示。

表5－2　项目资本金现金流量表　　（单位：万元）

序号	项　目	合计	计　算　期				
			第1年	第2年	第3年	…	第*n*年
1	现金流入						
1.1	营业收入						
1.2	补贴收入						
1.3	回收固定资产余值						
1.4	回收流动资金						
2	现金流出						
2.1	项目资本金						
2.2	借款本金偿还						
2.3	借款利息支付						
2.4	经营成本						
2.5	营业税金及附加						
2.6	所得税						
2.7	维持运营投资						
3	净现金流量						
计算指标：资本金财务内部收益率（%）							

3. 投资各方现金流量表

该表以投资者各方的出资额作为计算基础，用以计算投资者各方财务内部收益率、财务净现值等评价指标，反映投资者各方投入资本的赢利能力，如表5－3所示。

表5－3　投资各方金现金流量表　　（单位：万元）

序号	项　目	合计	计　算　期				
			第1年	第2年	第3年	…	第*n*年
1	现金流入						
1.1	实分利润						
1.2	资产处置收益分配						
1.3	租赁费收入						

续表

序号	项　目	合计	计　算　期				
			第1年	第2年	第3年	…	第n年
1.4	技术转让或使用收入						
1.5	其他现金流入						
2	现金流出						
2.1	实缴资本						
2.2	租赁资产支出						
2.3	其他现金流出						
3	净现金流量（1-2）						
计算指标：投资各方财务内部收益率（%）							

注：本表可按不同投资方分别编制。

（二）利润与利润分配表

利润与利润分配表如表5-4所示，该表反映了项目计算期内各年的利润总额、所得税和税后利润及其分配情况，用以计算投资利润率、投资利税率、资本金利润率等指标。

表5-4　利润与利润分配表　（单位：万元）

序号	项　目	合计	计　算　期				
			第1年	第2年	第3年	…	第n年
1	营业收入						
2	营业税金						
3	总成本费用						
4	补贴收入						
5	利润总额 （1-2-3+4）						
6	弥补以前年度亏损						
7	应纳税所得额 （5-6）						
8	所得税						
9	净利润 （5-8）						
10	期初未分配利润						
11	可供分配的利润 （9+10）						
12	提取法定盈余公积金						

续表

序号	项　目	合计	计　算　期				
			第1年	第2年	第3年	…	第n年
13	可供投资者分配的利润（11－12）						
14	应付优先股股利						
15	提取任意盈余公积金						
16	应付普通股股利（13－14－15）						
17	各投资方利润分配 其中：××方 ××方						
18	未分配利润（13－14－15－17）						
19	息税前利润（利润总额＋利息支出）						
20	息税折旧摊销前利润（息税前利润＋折旧＋摊销）						

（三）资金来源与运用表

该表反映了建设项目生产经营期内各期的资金盈余或短缺情况，用于选择资金筹措方案，制订适宜的借款及偿还计划。

（四）损益表

该表反映了建设项目生产经营期内各期的利润总额、所得税及各期税后利润的分配情况，用以计算投资利润率、资本金利润率及资本金净利润率等评价指标。

应该指出的是，企业发生的年度亏损，可以用下一年度的所得税前利润弥补，下一年度税前利润不足弥补的，可以在5年内延续弥补。5年内不足弥补的，用税后利润弥补。在实际操作中，开发项目的所得税，采用了按销售收入一定比例预征的方式，即不论项目整体上是否已经赢利，只要实现了销售收入，就按其一定比例征收所得税。

税后利润的分配顺序，首先是弥补企业以前年度的亏损，然后是提取法定盈余公积金和公益金，最后是可向投资者分配的利润。

（五）财务计划现金流量表

财务计划现金流量表反映了项目计算期内各年的投资、融资及生产经营活动的资金流入和资金流出，考察资金平衡和余缺情况。通过“累计盈余资金”项反映项目计算期内各年的资金是否充裕（是盈余还是短缺），是否有足够的能力清偿债务等。若累计盈余大于零，则表明当年有资金盈余；若累计盈余小于零，则表明当年会出现资金短缺，需要筹措资金或调整借款及还款计划。因此，该表可用于选择资金的筹措方案，制订适宜的借款及还款计划，并为编制资产负债表提供依据。

表 5-5　财务计划现金流量表　（单位：万元）

序号	项　目	合计	计　算　期				
			第 1 年	第 2 年	第 3 年	…	第 *n* 年
1	经营活动净现金流量						
1.1	现金流入						
1.1.1	营业收入						
1.1.2	增值税销项税额						
1.1.3	补贴收入						
1.1.4	其他流入						
1.2	现金流出						
1.2.1	经营成本						
1.2.2	增值税进项税						
1.2.3	营业税及附加						
1.2.4	增值税						
1.2.5	所得税						
1.2.6	其他流入						
2	投资活动净现金流量（2.1－2.2）						
2.1	现金流入						
2.2	现金流出						
2.2.1	建设投资						
2.2.2	维持运营投资						
2.2.3	流动资金						
2.2.4	其他流出						
3	筹资活动净现金流量（3.1－3.2）						
3.1	现金流入						
3.1.1	项目资本金投入						
3.1.2	建设投资借款						
3.1.3	流动资金借款						
3.1.4	债券						
3.1.5	短期借款						
3.1.6	其他流入						

续表

序号	项　目	合计	计　算　期				
			第1年	第2年	第3年	…	第n年
3.2	现金流出						
3.2.1	各种利息支出						
3.2.2	偿还债务本金						
3.2.3	应付利润（股利分配）						
3.2.4	其他流出						
4	净现金流量（1+2+3）						
5	累计盈余资金						

（六）资产负债表

资产负债表（见表5－6）反映了项目在计算期内各年年末全部资产、负债和所有者权益的增量变化及对应关系，以考察项目资产、负债、所有者结构是否合理。在建设项目进行独立的财务评价时，不需要编制资产负债表。但当投资一个新的项目时，通常需要编制该项目的资产负债表，以计算资产负债率、流动比率、速动比率等反映项目资金流动性和清偿能力的指标。

表5－6　资产负债表　　（单位：万元）

序号	项　目	合计	计　算　期				
			第1年	第2年	第3年	…	第n年
1	资产						
1.1	流动资产总额						
1.1.1	货币资金						
1.1.2	应收账款						
1.1.3	预付账款						
1.1.4	存货						
1.1.5	其他						
1.2	在建工程						
1.3	固定资产净值						
1.4	无形资产及其他资产净值						
2	负债及所有者权益（2.4+2.5）						
2.1	流动负债总额						

续表

序号	项　目	合计	计　算　期				
			第1年	第2年	第3年	…	第n年
2.1.1	短期借款						
2.1.2	应付账款						
2.1.3	预收账款						
2.1.4	其他						
2.2	建设投资借款						
2.3	流动资金借款						
2.4	负债小计 (2.1+2.2+2.3)						
2.5	所有者权益						
2.5.1	资本金						
2.5.2	资本公积金						
2.5.3	累计盈余公积金						
2.5.4	累计未分配利润						
计算指标：资产负债率（%）、流动比率、速动比率							

（七）借款还本付息计划表

借款还本付息计划表（见表5-7），主要用于反映项目计划期内各年的借款、还本付息、偿债资金的来源、计算借款偿还期或者偿债备付率、利息备付率。

表5-7　借款还本付息计划表　（单位：万元）

序号	项　目	计　算　期					合计
		第1年	第2年	第3年	…	第n年	
1	借款						
1.1	期初借款余额						
1.2	当期借款						
1.3	当期应付利息						
1.4	当期还本付息						
	其中：还本						
	付息						
1.5	期末本息金额						
2	债券						

续表

序号	项目	计算期					合计
		第1年	第2年	第3年	…	第n年	
2.1	期初债务余额						
2.2	当期发行债券						
2.3	当期应计利息						
2.4	当期还本付息						
	其中：还本						
	付息						
2.5	期末本息余额						
3	借款和债券的合计						
3.1	期初余额						
3.2	当期借款						
3.3	当期应计利息						
3.4	当期还本付息						
	其中：还本						
	付息						
3.5	期末余额						
4	还本资金来源						
4.1	当期可用于还本的未分配利润						
4.2	当期可用于还本的折旧和摊销						
4.3	以前年度结余可用于还本资金						
4.4	用于还本的短期借款						
4.5	可用于还款的其他资金						

第四节　财务评价指标

建设项目经济评价的目的是考察项目的赢利能力、清偿能力和财务生存能力。其中，赢利能力指标是用来考察项目赢利能力水平的指标，包括静态指标和动态指标两类；清偿能力指标是考察项目计算期内偿债能力的指标。除了投资者重视项目的偿债能力外，为项目提供融资的金融机构更加重视项目偿债能力的评价结果。

表 5－8　财务评价指标体系的构成

<table>
<tr><td rowspan="16">财务评价指标体系、构成</td><td rowspan="14">确定性分析</td><td rowspan="8">赢利能力分析</td><td rowspan="3">静态分析</td><td rowspan="2">投资收益率</td><td>总投资收益率</td></tr>
<tr><td>项目资本金净利润率</td></tr>
<tr><td colspan="2">静态投资回收期</td></tr>
<tr><td rowspan="5">动态分析</td><td colspan="2">项目投资财务内部收益率</td></tr>
<tr><td colspan="2">项目资本金内部收益率</td></tr>
<tr><td colspan="2">财务净现值</td></tr>
<tr><td colspan="2">财务净现值率</td></tr>
<tr><td colspan="2">动态投资回收期</td></tr>
<tr><td rowspan="6">清偿能力分析</td><td colspan="3">利息备付率</td></tr>
<tr><td colspan="3">偿债备付率</td></tr>
<tr><td colspan="3">借款偿还期</td></tr>
<tr><td colspan="3">资产负债率</td></tr>
<tr><td colspan="3">流动比率</td></tr>
<tr><td colspan="3">速动比率</td></tr>
<tr><td rowspan="2">不确定性分析</td><td colspan="4">盈亏平衡分析</td></tr>
<tr><td colspan="4">敏感性分析</td></tr>
</table>

一、赢利能力指标

（一）财务内部收益率（*FIRR*）

财务内部收益率（*FIRR*），是指项目在整个计算期内，各年净现金流量现值累计等于零时的折现率，是评估项目赢利性的基本指标。其计算公式为

$$\sum_{t=0}^{n}(CI-CO)_t(1+FIRR)^{-t}=0$$

式中　CI——现金流入量；

CO——现金流出量；

$(CI-CO)_t$——第 t 年的净现金流量；

n——计算期，即项目的建设和经营周期。

项目投资财务内部收益率、项目资本金财务内部收益率和投资各方财务内部收益率都依据上式计算，但所用的现金流入和现金流出不同。

财务内部收益率可以根据现金流量表（项目投资现金流量表和项目资本金现金流量表）中的净现金流量数据，用线性内插法求得，其计算方法与内部收益率相同。将所求出的内部收益率与行业基准收益率或目标收益率 i_c 比较，如果 *FIRR* 大于 i_c，则认为项目在财务上是可以接受的；如果 *FIRR* 小于 i_c，则项目不可接受。

（二）财务净现值（*FNPV*）

财务净现值（*FNPV*），是指项目按行业的基准收益率或设定的目标收益率 i_c，将项目计算期内各年的净现金流量折算到建设初期的现值之和，是建设开发项目财务评价中的一个重要经济指标。

基准收益率是净现值计算中反映资金时间价值的基准参数，是导致投资行为发生所要求的最低投资回报率，称为最低要求收益率（*MIRR*）。决定基准收益率大小的因素主要是资金成本和项目风险。财务净现值的计算公式为

$$FNPV = \sum_{t=0}^{P_t} (CI - CO)_t (1 + i_c)^{-t} = MIRR$$

式中　*CI*——项目在起始时间点的财务净现值；

CO——基准收益率或设定的目标收益率。

如果 $(CI - CO)_t \geqslant 0$，说明该项目的获利能力达到或超过了基准收益率的要求，因而在财务上是可以接受的；如果 $FIRR < 0$，则项目不可接受。

一般情况下，财务赢利能力分析指计算项目投资财务净现值，可根据需要选择计算所得税前或所得税后净现值。

（三）动态投资回收期

动态投资回收期（P_t），是指当考虑现金流量折现时，项目以净收益抵偿全部投资所需的时间，是反映开发项目投资回收能力的重要指标。投资回收期短，表明投资回收快，抗风险能力强。对建设投资项目来说，动态投资回收期自投资起始点算起，若从项目投产开始年计算，应予以特别注明。

项目投资回收期可用下式计算：

$$\sum_{t=0}^{P_t} (CI - CO)_t (1 + i_c)^{-t} = 0$$

（四）总投资收益率（*ROI*）

总投资收益率表示总投资的赢利水平，系项目达到设计能力后正常年份的年息税前利润（*EBIT*）与项目总投资（*TI*）的比率。总投资收益率的计算公式为

$$ROI = \frac{EBIF}{TI} \times 100\%$$

式中　*EBIF*——项目正常年份的年息税前利润或运营期内年平均息税前利润；

TI——项目总投资。

总投资收益率高于同行业的收益率参考值，表明用总投资收益率表示的赢利能力满足要求。

（五）项目资本金利润率（*ROE*）

项目资本金利润率表示项目资本金的赢利水平，系项目达到设计能力后正常年份的年净利润或运营期内平均净利润率（*NP*）与项目资本金（*EC*）的比率。项目资本金利润率的计算公式为：

$$ROE = \frac{NP}{EC} \times 100\%$$

式中　NP——常年份的年净利润或运营期内年平均净利率；

EC——项目资本金。

项目资本金净利润率高于同行业的净利润的参考值，表明用项目资本金净利润率表示的赢利能力满足要求。

二、清偿能力指标

建设投资项目的清偿能力，主要是考察计算期内项目各年的财务状况及偿还到期债务的能力。偿债能力的分析应通过利息备付率（*ICR*）、偿债备付率（*DSCR*）、资产负债率（*LOAR*）等指标综合判断财务主体的偿债能力。

（一）利息备付率（*ICR*）

利息备付率（*ICR*），指项目在借款偿还期内各年用于支付利息的税息前利润，与当期应付利息费用的比率。其计算公式为

$$利息备付率 = \frac{税息前利润}{当期应付利息费用} \times 100\%$$

式中　税息前利润——利润总额与计入总成本费用的利息费用之和；

当期应付利息费用——当期计入总成本费用的全部利息；

利息备付率——可以按年计算，也可以按整个借款期计算。

利息备付率表示使用项目利润偿付利息的保障倍数。对于一般投资项目，该指标值应该大于2。否则，表示项目付息能力保障程度不足。对于出租经营或自营的投资项目，该指标的计算尤为重要。

（二）偿债备付率（*DSCR*）

偿债备付率（*DSCR*），指项目在借款偿还期内各年用于还本付息的资金与当期应还本付息金额的比率。其计算公式为

$$偿债备付率 = \frac{可用于还本付息资金}{当期应还本付息资金} \times 100\%$$

式中　可用于还本付息资金——包括可用于还款的折旧和摊销、在成本中列支的利息费用、可用于还款的利润等；

当期应还本付息金额——包括当期应还贷款本金及计入成本的利息；

偿债备付率——可以按年计算，也可以按整个借款期计算，表示可用于还本付息的资金偿还借款本息的保障倍数。

对于一般投资项目，该指标值应该大于1.2。若指标小于1.2，表示当期资金来源不足以偿付当期债务，需要通过短期借款来偿还已到期的债务。该指标的计算对出租经营或自营的投资项目非常重要。

（三）资产负债率（*LOAR*）

资产负债率（*LOAR*）是反映项目各年所面临的财务风险程度及偿债能力的指标，属长期偿债能力指标，反映债权人所提供的资金占全部资产的比例，即总资产中有多大比例是通过借债来筹集的，它可以用来衡量客户在清算时保护债权人利益的程度。其计算公式为：

$$资产负债率 = \frac{负债合计}{资产合计} \times 100\%$$

资产负债率高，则企业的资本金不足，对负债的依赖性强，在经济萎缩或信贷政策有所改变时，应变能力较差；资产负债率低，则企业的资本金充裕，企业应变能力强。

（四）流动比率

流动比率是反映项目各年偿付流动负债能力的指标。其计算公式为

$$活动比率 = \frac{流动资产总额}{流动负债总额外负担} \times 100\%$$

流动比率越高，说明营运资本（流动资产减流动负债的余额）越多，对债权人而言，其债权就越安全。

（五）速动比率

速动比率是反映项目快速偿付流动负债能力的指标。其计算公式为

$$速动比率 = \frac{资产总额 - 存货}{流动负债总额} \times 100\%$$

该指标属短期偿债能力指标。它反映了项目流动资产总体变现或近期偿债的能力，因此它必须在流动资产中扣除存货部分，因为存货变现能力差，至少也需要经过销售和收账两个过程，且会受到价格下跌、损坏、不易销售等因素的影响。

资产负债率、流动比率、速动比率指标，可结合企业的资产负债表进行计算。

（六）借款偿还期

借款偿还期是指在国家财政政策规定及项目具体条件下，以项目投产后可用于还款的资金偿还建设投资国内借款本金和建设期利息（不包括已用项目资本金支付的建设期利息）所需要的时间。其计算公式为

$$I = \sum_{t=1}^{P_t} R_t$$

式中 I——建设投资国内借款本金和建设期利息之和；

P_t——建设投资国内借款偿还期，从借款开始年计算；

R_t——第 t 年可用于还款的金额，包括税后利润、折旧费、摊销费及其他还款资金。

当借款偿还期小于或等于贷款机构的要求期限时，即认为项目有清偿能力。

第五节 财务评价案例分析

背景>>>

拟建某工业生产项目，这一建设项目的基础资料如下：

1）固定资产投资估算总额为5 263.90万元（其中包括无形资产600万元），建设期2年，运营期8年。

2）本项目固定资产投资来源为自有资金和贷款，自有资金在建设期内均衡投入，贷款总额为2 000万元，在建设期内每年贷入1 000万元。贷款年利率10%，（按年计息）贷款合同规定的还款方式为：投产后的前4年等额还本付息，无形资产在运营期8

年中均匀摊入成本，固定资产残值300万元，按直线法折旧，折旧年限12年。所得税税率33%。

3）本项目第3年投产，当年生产负荷达设计生产能力的70%；第4年达设计生产能力的90%，以后各年均达设计生产能力。流动资金全部为自有资金。

4）股东会约定正常年份按可供投资者分配利润的50%，提取应付投资者各方面的股利。运营期的头两年，根据达产比率按正常年份70%和90%的比率提取。

5）项目的资金投入、收益、成本（见表5-9）。

表5-9　建设项目资金投入、收益、成本费用表　　（单位：万元）

序号	计算期 / 费用名称	第1年	第2年	第3年	第4年	第5年	第6年	第7年	第8年
1	建设投资： 资本金贷款（不包含计算期贷款利息）	1 529.45 1 000.00	1 529.45 1 000.00						
2	营业额			3 500.00	4 500.00	5 000.00	5 000.00	5 000.00	5 000.00
3	营业税及附加			210.00	270.00	300.00	300.00	300.00	300.00
4	经营成本			2 490.84	3 202.51	3 558.34	3 558.34	3 558.34	3 558.34
5	流动资产（应收账款+现金+存货+预付账款）			532.00	684.00	760.00	760.00	760.00	760.00
6	流动负债（应付账款+预收账款）			89.83	115.50	128.33	128.33	128.33	128.33
7	流动资金（5-6）			442.17	568.50	631.67	631.67	631.67	631.67

问题：>>>

（1）计算建设期贷款利息和运营期固定资产折旧费、无形资产摊销费。

（2）编制项目的借款还本付息计划表、总成本费用表、利润与利润分配表。

（3）编制项目的财务计划现金流量表。

（4）编制项目的资产负债表。

（5）从清偿能力的角度，分析项目的可行性。

分析要点：>>>

本案例重点考核项目融资后投资项目财务分析，在还款方式为等额还本付息情况下，借款还本付息表、总成本费用估算表和利润与利润分配表的编制方法。为了考察拟建项目计算期内各年的财务状况和清偿能力，还必须掌握项目财务计划现金流量表以及资产负债表的编制方法。

1. 计算建设期贷款利息和运营期固定资产折旧费、无形资产摊销费

(1) 建设期贷款利息的计算。

第一年贷款利息 =(0 +1 000 ÷2) ×10% =50 (万元)

第二年贷款利息 =[(1 000 +50) +1 000 ÷2] ×10% =155 (万元)

建设期贷款利息总计 =50 +155 =205 (万元)

(2) 固定资产折旧费的计算。

固定资产折旧费 =(5 263.90 −600 −300) ÷12 =363.66 (万元)

(3) 无形资产摊销费的计算。

无形资产摊销费 =600 ÷8 =75 (万元)

2. 编制项目的借款还本付息计划表、总成本费用表、利润与利润分配表

(1) 投产期贷款利息的计算。

投产期各年利息 = 该年期初借款余额 × 贷款利率

投产期各年期初借款余额 = 上年期初借款余额 − 上年偿还本金

投产期每年等额还本付息金额按以下公式计算：

$$A = P\left[\frac{(1+i)^n - 1}{i(1+i)^n}\right]$$

根据贷款利息公式列出借款还本付息表中的各项费用，并填入建设期 2 年的贷款利息，如表 5－10 所示。因此，第 3 年初累计借款额为 2 205 万元，则该年应计利息按以下公式计算：第 3 年应计利息 =2 205 ×10% =220.50 (万元)。

投产后的前 4 年应偿还的等额本息为：

$$A = P\left[\frac{(1+i)^n - 1}{i(1+i)^n}\right] = 2\,205 \times \frac{(1+10\%)^4 \times 10\%}{(1+10\%)^4 - 1} = 2\,205 \times 0.315\,5 = 695.68 \text{ (万元)}$$

表 5－10 借款还本付息表 (单位：万元)

序号	费用名称 \ 计算期	第 1 年	第 2 年	第 3 年	第 4 年	第 5 年	第 6 年
1	年初借款余额	0	1 050	22 050	1 729.89	1 207.27	632.39
2	当年借款	1 000	1 000	0	0	0	0
3	当年应计利息	50	155	220.50	172.99	120.27	63.24
4	当年还本付息			695.61	695.68	695.61	695.63
4.1	当年应还利息			220.50	172.99	120.73	63.24
4.2	当年还本金			475.11	522.62	574.88	632.39
5	年末余额	1 050	2 250	729.89	1 207.27	632.39	0.00

(2) 计算利润与利润分配表的各项费用。

营业税及附加 = 营业收入 × 营业税及附加税率

利润总额 = 营业收入 - 总成本 - 营业税及附加

所得税 = (利润总额 - 以前年度亏损) × 所得税率

在可供投资者分配利润 + 折旧费 + 摊销费 > 该年度应还本金的条件下:

法定盈余公积金 = 净利润 ×10% 未分配利润 = 可供投资者分配的利润 - 折旧费 - 摊销费

(3) 根据总成本费用的组成,列出总成本费用中的各项费用。

将借款还本付息表中第 3 年应计利息 220.50 万元和年经营成本、年折旧费、摊销费一并填入总成本费用表中,汇总得出第 3 年的总成本费用为 3 150 万元,如表 5-11 所示。

表 5-11 总成本费用表 (单位:万元)

序号	计算期 费用名称	第 3 年	第 4 年	第 5 年	第 6 年	第 7 年	第 8 年	第 9 年	第 10 年
1	年经营成本	2 490.84	3 202.51	3 558.34	3 558.34	3 558.34	3 558.34	3 558.34	3 558.34
2	年折旧费	363.66	363.66	363.66	363.66	363.66	363.66	363.66	363.66
3	年摊销费	75	75	75	75	75	75	75	75
4	建设借款利息	225.50	172.99	120.73	63.24	0	0	0	0
5	总成本费用	3 150.00	3 814.16	4 117.73	4 060.24	3 997.00	3 997.00	3 997.00	3 997.00

(4) 将各年的营业额、营业税及附加和第 3 年的总成本费用 3 150 万元一并填入利润与利润分配表(见表 5-12)的该年份内,并按以下公式计算出该年的利润总额、所得税及净利润。

1) 第 3 年利润总额 = 3 500 - 3 150 - 210 = 140 (万元)

第 3 年应缴纳所得税 = 140 × 33% = 46.20 (万元)

第 3 年净利润 = 140 - 46.2 = 93.8 (万元)

期初无分配利润和弥补亏损,本年净利润 = 可供分配利润。

第 3 年盈余公积金 = 93.8 × 10% = 9.38 (万元)

第 3 年可供投资者分配利润 = 93.8 - 9.38 = 84.42 (万元)

第 3 年应支付投资者各方股利 = 84.42 × 50% × 70% = 29.55 (万元)

第 3 年末分配利润 = 84.42 - 29.55 = 54.87 (万元)

第 3 年还款未分配利润 = 457.11 - 363.66 - 75 = 18.45 (万元)

第 3 年剩余未分配利润 = 54.87 - 18.45 = 36.42 (万元)(为下年度期初未分配利润)

2) 第 4 年初尚欠贷款额 = 2 205 - 475.11 = 1 729.89 (万元),应计利息 172.99 万元,填入总成本费用表(见表 5-11)中,汇总得出第 4 年的成本费用为 3 814.16 万元。将总成本代入利润与利润分配表(见表 5-12)中,计算出净利润为 278.61 万元。

第 4 年可供分配利润 = 278.61 + 36.42 = 315.03 (万元)

第 4 年盈余公积金 = 315.03 × 10% = 31.50 (万元)

第 4 年可供投资者分配利润 = 315.03 - 31.50 = 283.53 (万元)

第 4 年应付投资者各方股利 =283.53×50%×90% =127.59（万元）

第 4 年未分配利润 =283.53 -127.59 =155.95（万元）

第 4 年还款未分配利润 =522.62 -363.66 -75 =83.96（万元）

第 4 年剩余未分配利润 =155.95 -83.96 =71.99（万元）(为下年度期初未分配利润)

3）第 5 年初尚欠贷款额 =1 729.89 -522.62 =1 207.27（万元），应计利息 120.73 万元，填入总成本费用表（见表 5 -11）中，汇总得出第 5 年的总成本费用为 4 117.73 万元。将总成本代入利润与利润分配表（见表 5 -12）中，计算出净利润为 390.12 万元。

第 5 年可供分配利润 =390.12 +71.99 =318.63（万元）

第 5 年盈余公积金 =318.63×10% =31.81（万元）

第 5 年可供投资者分配利润 =454.20 -28.63 =422.39（万元）

第 5 年应付投资者各方股利 =422.39×50% =211.20（万元）

第 5 年未分配利润 =422.39 -211.20 =211.19（万元）

第 5 年还款未分配利润 =574.88 -363.66 -75 =136.22（万元）

第 5 年剩余未分配利润 =211.19 -136.22 =74.97（万元）(为下年度期初未分配利润)

4）第 6 年初尚欠垫款额 =1 207.27 -574.88 =632.39 万元，应计利息 63.24 万元，填入总成本费用表（见表 5 -11）中，汇总得出第 6 年的总成本费用为 4 060.24 万元。将总成本代入利润与利润分配表（见表 5 -12）中，计算出净利润为 428.64 万元。

本年的可供分配利润、法定盈余公积金、可供投资者分配利润、还款的未分配利润、剩余未分配利润的计算均与第 5 年相同。

5）第 7、8、9 年和第 10 年已还清贷款。所以，总成本费用表中，不再有固定资产贷款利息，总成本均为 3 997 万元；利润与利润分配表中的未分配利润也均为 0；净利润只用于提取盈余公积金 10% 和应付投资者各方利润 90%。

表 5 -12　利润与利润分配表　（单位：万元）

序号	计算期 / 费用名称	第 3 年	第 4 年	第 5 年	第 6 年	第 7 年	第 8 年	第 9 年	第 10 年
1	年营业收入	3 500	4 500	5 000	5 000	5 000	5 000	5 000	5 000
2	营业税及附加	210	270	300	300	300	300	300	300
3	总成本费用	3 150	3 814.16	4 117.33	4 060.24	3 997.00	3 997.00	3 997.00	3 997.00
4	补贴收入	0	0	0	0	0	0	0	0
5	利润总额（1 -2 -3 +4）	140	415.84	582.27	639.76	703.00	703.00	703.00	703.00
6	弥补以前年度亏损	0	0	0	0	0	0	0	0
7	应纳所得税（5 -6）	140	415.84	582.27	639.76	703.00	703.00	703.00	703.00

续表

序号	计算期 费用名称	第3年	第4年	第5年	第6年	第7年	第8年	第9年	第10年
8	所得税（7）×33%	46.20	137.23	192.15	211.12	231.99	231.99	231.99	231.99
9	净利润（5－8）	93.80	278.61	390.12	428.64	471.01	471.01	471.01	471.01
10	期初未分配利润	0	18.42	64.08	71.37	34.84	229.37	326.64	375.27
11	可供分配利润（9＋10－6）	93.80	297.03	454.20	500.01	505.85	700.38	797.65	846.28
12	法定盈余公积金（9）×10%	9.38	27.86	39.01	42.86	47.10	47.10	47.10	47.10
13	可供投资者分配利润（11－12）	84.42	269.17	415.19	457.15	458.75	653.28	750.55	799.18
14	应付投资者各方股利（13）×约定利率（11－13）	29.55	121.13	207.60	228.58	229.38	326.64	375.28	399.59
15	未分配利润（13－14）	54.87	148.04	207.59	228.57	229.38	326.64	375.28	399.59
15.1	用于还款未分配利润	36.45	83.96	136.22	193.73	0	0	0	0
15.2	剩余利润转下年期末分配利润	18.42	64.08	71.37	34.84	229.37	326.64	375.27	399.59
16	息税前利息（5）＋（当年利息支出）	360.50	588.83	703.00	703.00	703.00	703.00	703.00	703.00

3．编制项目的财务计划现金流量表

编制项目的财务计划现金流量表应掌握净现金流量的计算方法：该表的净现金流量等于经营活动、投资活动和筹资活动三个方面的净现金流量之和。

（1）经营活动期净现金流量的计算。

经营活动期的净现金流量＝经营活动期的现金流入－经营活动期的现金流出

经营活动期的现金流入包括：营业收入、回收固定资产余值和回收全部流动资金。经营活动期的现金流出包括经营成本、营业税及附加和所得税。

（2）投资活动净现金流量的计算。

投资活动的净现金流量 = 投资活动的现金流入 − 投资活动的现金流出

投资活动期没有现金流入。投资活动的现金流出包括建设投资和流动资金投资。

（3）筹资活动期净现流量的计算。

筹资活动期的净现金流量 = 筹资活动期的现金流入 − 筹资活动期的现金流出

筹资活动期的现金流入包括资本金投入、建设借款、流动资金借款和短期借款。筹资活动期的现金流出包括借款本金偿还、各种利息支出和应付给投资者的股利。项目财务计划现金流量表见表7−13，表中各项数据均取自于借款还本付息表、总成本费用表和利润分配表。

（4）累计盈余资金的计算。

$$累计盈余资金 = \sum 净现金流量$$

表5−13 项目财务计划现金流量表 （单位：万元）

序号	计算期 费用名称	第1年	第2年	第3年	第4年	第5年	第6年	第7年	第8年	第9年	第10年
1	经营活动现金流量	0	0	752.96	890.26	949.51	930.54	909.67	909.67	909.67	3295.97
1.1	现金流入	0	0	3 500	4 500	5 000	5 000	5 000	5 000	5 000	7 386.30
1.1.1	营业收入			3 500	4 500	5 000	5 000	5 000	5 000	5 000	5 000
1.1.2	回收固定资产余值										1754.63
1.1.3	回收流动资金										631.67
1.2	现金流出	0	0	2 727.04	3 609.74	4 050.49	4 069.46	4 090.33	4 090.33	4 090.33	4 090.33
1.2.1	经营成本			2 490.84	3 202.51	3 558.34	3 558.34	3 558.34	3 558.34	3 558.34	3 558.34
1.2.2	营业附加税			210	270	300	300	300	300	300	300
1.2.3	所得税			46.20	137.23	192.15	211.12	231.99	231.99	231.99	231.99
2	投资活动净现金流量	−2 579.45	−2 648.45	−442.17	−126.33	−63.17	0	0	0	0	0
2.1	现金流入	0	0	0	0	0	0	0	0	0	0
2.2	现金流出	2 579.45	2 648.45	442.17	126.33	63.17					
2.2.1	建设投资	2 579.45	2 684.45								
2.2.2	流动资金			442.17	126.33	63.17					
3	筹资活动净现金流量	2 579.45	2 684.45	−282.99	−690.41	−840.04	−924.21	−229.38	−326.64	−375.28	−399.59

续表

序号	计算期 费用名称	第1年	第2年	第3年	第4年	第5年	第6年	第7年	第8年	第9年	第10年
3.1	现金流入	2 579.45	2 684.45	442.17	126.33	63.17	0	0	0	0	0
3.1.1	资本金投入	1 529.45	1 529.45	442.17	126.33	63.17					
3.1.2	建设资金借款	1 050	1 155								
3.1.3	流动资金借款			0	0	0					
3.2	现金流出	0	0	725.16	816.74	903.21	924.21	229.38	326.64	375.28	399.59
3.2.1	利息支出			220.50	172.99	120.73	63.24				
3.2.2	偿还本金			475.11	522.62	574.88	632.39				
3.2.3	应付利润			29.55	121.13	207.60	228.58	229.38	326.64	375.28	399.59
4	净现金流量(1+2+3)	0	0	27.80	73.52	46.30	6.33	680.29	583.03	534.39	2 896.38
5	累计盈余资金	0	0	27.80	101.32	147.62	153.95	834.24	1 417.27	1 951.66	4 848.04

4. 编制项目的资产负债表

资产负债表（见表5－14）中各项数据均取自背景资料表、财务计划现金流量表、借款还本付息计划表和利润与利润分配表。

(1) 资产

资产是指流动资金总额（含流动资产和其他资产）、在建工程、固定资产净值、无形及其他资产净值。

(2) 负债

负债是指流动负债、贷款负债（含流动资金借款和其他借款），取自背景材料（见表5－9）。

(3) 所有者权益

所有者权益是指资本金、累计盈余公积金和累计未分配利润。

1）资本金：取自背景材料表（见表5－9）。

2）累计盈余公积金：根据利润与利润分配表（见表5－12）中盈余公积金的累计计算。

3）累计未分配利润：根据利润与利润分配表（见表5－12）中未分配利润的累计计算。

各年的资产与各年的负债和所有者权益之间应满足以下条件：

$$资产 = 负债 + 所有者权益$$

以上费用大都可以直接从利润与利润分配表和财务计划现金流量表中取得。但是，计算最后一年的累积盈余资金时，应将财务计划现金流量表中的数据扣去回收固定资产余值和自有流动资金。

表 5-14 项目资产负债表 （单位：万元）

序号	计算期 费用名称	第1年	第2年	第3年	第4年	第5年	第6年	第7年	第8年	第9年	第10年
1	资产	2 579.45	5 263.90	5 385.04	5 190.32	4 938.04	4 577.08	4 853.55	5 227.29	5 649.66	6 096.35
1.1	流动资产总额			559.80	803.74	990.12	1 067.82	1 782.95	2 595.35	3 456.38	4 341.73
1.1.1	流动资产			532	684	760	760	760	760	760	760
1.1.2	累计盈余资金	0	0	27.80	101.32	147.62	153.95	843.24	1 417.27	1 951.66	2 461.74
1.1.3	期初未分配利润			0	18.42	82.50	153.87	188.71	418.08	733.72	1 119.99
1.2	在建工程	2 579.45	5 263.90								
1.3	固定资产净值			4 300.24	3 936.58	3 572.92	3 209.26	2 845.60	2 481.94	2 118.28	1 754.62
1.4	无形资产净值			525	450	375	300	225	150	75	0
2	负债及所有者权益	2 579.45	5 263.90	5 385.04	5 190.32	4 938.04	4 577.08	4 823.55	5 227.29	5 649.66	6 069.35
2.1	负债	1 050	2 205	1 819.72	1 322.77	760.72	128.33	128.33	128.33	128.33	128.33
2.1.1	流动负债			89.83	115.50	128.33	128.33	128.33	128.33	128.33	128.33
2.1.2	贷款负债	1 050	2 205	1 729.27	1 207.27	632.39					
2.2	所有者权益	1 529.45	3 058.90	3 565.32	3 867.55	4 177.32	4 448.75	4 725.22	5 098.06	5 521.33	5 968.02
2.2.1	资本金	1 529.45	3 058.90	3 501.07	3 627.40	3 690.57	3 690.57	3 690.57	3 690.57	3 690.57	3 690.57
2.2.2	累计盈余公积金	0	0	9.38	37.24	76.25	119.11	166.21	213.31	260.41	307.51
2.2.3	累计未分配利润	0	0	54.87	202.91	410.50	639.07	868.44	1 195.08	1 570.35	1 969.94
计算指标	资产负债率(%)	40.71	41.89	33.79	25.49	15.41	2.8	2.64	2.46	2.27	2.11
	流动比率(%)			623.18	695.88	771.54	832.09	1389.35	2 022.40	2 693.34	3 383.25

5. 从清偿能力的角度，分析项目的可行性

根据利润与利润分配表计算出该项目的借款能按合同规定在投产期前4年内等额还本付息还清贷款，并自投产年份开始就为盈余年份。还清贷款后，每年的资产负债率均在3%以内，流动比率大，说明偿债能力强。该项目可行。

本章小结

本章主要介绍财务评价的目的、内容和评价步骤，财务评价指标和财务评价报表，建设项目经济评价的目的、评价指标及评价方法。

建设项目经济评价的目的是考察项目的赢利能力、清偿能力和财务生存能力。赢利能力指标是用来考察项目赢利能力水平的指标，包括静态指标和动态指标两类。清偿能力指标是指考察项目计算期内偿债能力的指标。建设投资项目的清偿能力，主要是考察计算期内项目各年的财务状况及偿还到期债务的能力。偿债能力的分析应通过利息备付率（*ICR*）、偿债备付率（*DSCR*）、资产负债率（*LOAR*）等指标，分别判断财务主体的偿债能力。

思考与练习

1. 何谓财务评价？简述财务评价的目的。
2. 财务评价的内容有哪些？
3. 简述财务评价的作用。
4. 财务评价中，基本表报和辅助表报有什么关系？
5. 什么是资金构成比？有什么作用？
6. 什么是资金运行的可行性？如何判断资金运行的可行性？
7. 工程项目财务评价的指标有哪些？其评价的准则是什么？
8. 某项目在第14年有了盈余资金。在第14年中，未分配利润为5 689.52万元，可作为归还借款的折旧和摊销为1 563.26万元，还款期间的企业赢利为125.36万元。当年归还国内借款本金为1 132.68万元，归还国内借款的利息为28.96万元。项目开始借款的年份为第1年，求借款偿还期。
9. 现拟建一个工程项目，第1年年末投资1 200万元，第2年年末又投资2 500万元，第3年再投资1 000万元，从第4年起连续7年每年年末获利1 500万元。假定项目残值不计，折旧率为10%，试绘出该项目的现金流程图，并求出该项目净现值和净现值率，判断该项目是否可行。
10. 项目第4年资产总计48 562万元，其中流动资产总额5 863万元，流动负债总额3 651万元，长期借款为29 634万元，另外流动资产中存货为4 525万元。试计算资产负债率、流动比率、速动比率。
11. 某项目固定资产投资为38 652万元，建设期利息为3 626万元，预计达到设计能力生产期正常年份的销售收入为28 695万元，年销售税金及附加为1 986万元，年总成本费用为19 856万元，流动资金为6 935万元，试估算投资利润率和投资利税率。
12. 某工程建设期2年，第1年投资2 000万元，生产期13年，年平均净效益400万元，生产期末残值300万元，利率为10%。判断该项目是否可行。

13. 某工程项目，建设期2年，第1年投资1 200万元，第2年投资1 000万元，第3年当年收益100万元，项目生产期14年，若从第4年到生产期末平均年收益为330万元，社会折现率为10%，试计算并判断：项目是否可行？若不可行，从第4年起的平均收益需增加多少万元才能使社会折现率为10%？

14. 某企业拟在某市开发区兴建一生产项目，建设期为2年，运营期为6年。运营期第1年达产60%，第2年达产90%，以后各年均达产100%。其他基础数据如表5－15所示。

表5－15　某建设项目财务评价基础数据表　　（单位：万元）

序号	计算期 费用名称	第1年	第2年	第3年	第4年	第5年	第6年	第7年	第8年
1	建设投资								
1.1	自有资本金	700	800						
1.2	贷款	1 000	1 000						
2	流动资金								
2.1	自有资本金			160					
2.2	贷款			320	320				
3	营业收入			2 800	4 320	5 400	5 400	5 400	5 400
4	经营成本			2 100	3 000	3 200	3 200	3 200	3 200
5	固定资产折旧费			295.85	295.85	295.85	295.85	295.85	295.85
6	无形资产摊销费			90	90	90	90	90	90
7	维持运营投资								
7.1	自有资本金				10	10	20	20	

有关说明如下：

（1）表中贷款额不含利息。建设投资贷款利率为6%（按年计息）。固定资产使用年限为10年，残值率为4%，固定资产余值在项目运营期末一次收回。

（2）流动资金贷款利率为4%，按年计息。流动资金在项目运营期期末一次收回并偿还贷款本金。

（3）营业税金及附加税率为6%，所得税税率为33%。

（4）建设投资贷款本金在运营期的前4年每年等额偿还，利息照付。

（5）当地政府考虑该项目对当地经济有拉动作用，在项目运营期前2年每年给予了500万元补贴，补贴收入不计所得税。

（6）维持运营投资按费用化处理，不考虑增加固定资产，无残值。

问题：

（1）列式计算建设期贷款利息、固定资产投资估算总额和运营期末固定资产余值。

（2）按表5－16的格式，编制建设投资贷款还本付息计划表。

（3）列式计算第3年、第5年的营业税金及附加、总成本和所得税。

（4）按表5－17的格式，编制项目资本金现金流量表。

（5）列式计算投资回收期。

表5－16　建设投资贷款还本付息计划表　（单位：万元）

序号	计算期 费用名称	第1年	第2年	第3年	第4年	第5年	第6年
1	年初借款余额						
2	当年借款						
3	当年应计利息						
4	当年还本付息						
4.1	还本						
4.2	付息						
5	年末余额						

表5－17　项目资本金现金流量表　（单位：万元）

序号	计算期 费用名称	第1年	第2年	第3年	第4年	第5年	第6年	第7年
1	现金流入（*CI*）							
1.1	营业收入							
1.2	补贴收入							
1.3	回收固定资产余值							
1.4	回收流动资金							
2	现金流出(*CO*)							
2.1	项目资本金							
2.2	贷款本金偿还							
2.2.1	建设投资贷款本金偿还							
2.2.2	流动资金贷款本金偿还							

续表

序号	计算期 费用名称	第1年	第2年	第3年	第4年	第5年	第6年	第7年
2.3	贷款利息支付							
2.3.1	建设投资贷款利息支付							
2.3.2	流动资金贷款利息支付							
2.4	经营成本							
2.5	营业税金及附加							
2.6	所得税							
2.7	维持运营投资							
3	净现金流量（1-2）							
4	累计净现金流量							

注：1. 未要求列式计算的数据可直接填入表中。

2. 计算结果均保留2位小数。

第六章　投资项目不确定性分析

学习目的和学习要求

通过学习本章，了解不确定性分析、项目投资风险的概念；掌握盈亏平衡分析方法；理解敏感性分析的基本步骤；掌握概率分析的概念并利用决策树的分析方法选择方案。

第一节　工程项目的不确定性与风险

不确定性是项目经济评价中的一个重要内容。因为项目评价都是以确定的数据为基础，如项目总投资、建设期、年销售收入、年经营成本、年利率、设备残值等指标值，认为它们都是已知的、确定的，即使对某个指标有所估计或预测，也认为它是有效的、可靠的。但实际上由于各种因素存在，使得经济方案的效果评价带有不确定性。因此不确定性是所有项目固有的内在特性。这种不确定性有大有小，据世界银行估计，中国投资失误率在30%左右，资金浪费和经济损失达4 000 亿~5 000 亿元。

一、不确定性与风险的概念

不确定性是指因缺乏足够信息而导致的实际值和期望值的偏差，其结果无法用概率分布规律来描述。

风险是指由于随机的原因而造成的实际值和期望值的差异，其结果可用概率分布规律来描述。

二、不确定性或风险产生的原因

一般情况下，产生不确定性或风险的主要原因有以下几种。

（一）项目数据的统计偏差

项目数据的统计偏差是指由于原始统计上的误差或统计样本点的不足，公式或模型套用的不合理所造成的误差。比如项目固定资产投资是项目经济评价中的重要基础数据，但在实际中，往往由于各种原因会高估或低估其数额，从而影响项目评价效果。

（二）通货膨胀

通货膨胀会产生物价浮动，进而导致基础数据与实际发生偏差。

（三）技术进步

技术进步会引起技术条件变化，这样，根据原先技术条件和技术水平所估计的年销售收入等指标就会与实际值发生偏差。

（四）供求结构变化

这种变化会影响到产品市场供求状况，进而对某些指标值产生影响。

（五）其他因素

生产条件和建设条件的变化，其他外部因素（政府政策、法规）的变化，国际政治经济形势的变化等均会对项目的经济效果产生难以预料的影响。

当然，还有其他一些影响因素。在项目经济评价中，如果想要全面分析这些因素是十分困难的，因此在实际工作中，往往需要着重分析那些关键的因素，以期取得较好的效果。

三、不确定性分析的含义

对工程项目进行经济分析和评价主要是在投资前进行的，因此，分析所有的数据，如投资、项目生命期、销售收入、成本、固定资产残值等，都是通过预测或估计取得的。因此，就有影响方案的一些不确定性因素，会对项目决策产生不利影响，使投资存在风险，所以在进行工程分析时，进行不确定性分析是十分必要的。

不确定性分析是在财务评价和国民经济评价的基础上进行的，主要意图是用一定的方法，考察不确定性因素对方案实施效果的影响程度。即计算分析不确定因素的假想变动，对技术经济效果评价的影响程度，以预测项目可能承担的风险，确保项目在财务经济上的可靠性，具体如图 6－1 所示。

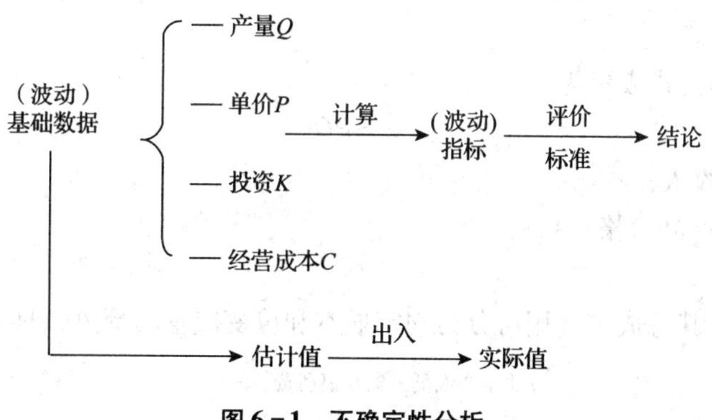

图 6－1 不确定性分析

四、不确定性分析的方法

不确定性分析主要有盈亏平衡分析、敏感性分析、概率分析三种方法。在具体应用时，要考虑项目的特点、类型以及决策人的要求等来选择，其中盈亏平衡分析只适用于财务评价，敏感性分析和概率分析可同时用于财务评价和国民经济评价。

第二节　不确定性分析的方法

一、线性盈亏平衡分析

盈亏平衡分析（又称不确定性分析），通过对产品产量、成本和赢利能力之间的关系的分析，找出方案的赢利与亏损在产量、单价、单位产品成本等方面的临界值，以判断方案在各种不确定因素作用下的抗风险能力，为投资决策提供依据。

企业的经营活动通常以生产数量为起点，以利润为目标，盈亏平衡法粗略地对高度敏感的产量、售价、成本、利润等因素进行分析，有助于了解项目可能承担的风险程度。此方法简单，可直接对项目的关键因素进行分析，因此至今仍作为不确定性分析的方法之一而被广泛应用。

独立方案盈亏平衡分析的目的是通过分析产量、成本与方案赢利能力之间的关系，找出投资方案赢利与亏损在产量、产品价格、单位产品成本等方面的界限，即盈亏平衡点，以判断在各种不确定性因素作用下方案的风险情况。

（一）销售收入、成本费用与产品产量之间的关系

线性盈亏平衡的前提条件是：

1）产品按销售收入组织生产，即产品销售量等于产量；

2）产量变化，其他指标（如单位可变成本、产品售价等）不变，从而总成本费（或销售收入）是产量（或销售量）的线性函数；

3）只生产单一产品，或生产多种产品但可以换算为单一产品计算，即不同产品负荷率的变化是一致的。

三者的关系用公式表示为

$$S = PQ$$

式中　S——销售收入；

P——单位产品价格；

Q——产量。

项目投产后，其总成本费用可分为固定成本和可变成本两部分，具体如图6－2所示。

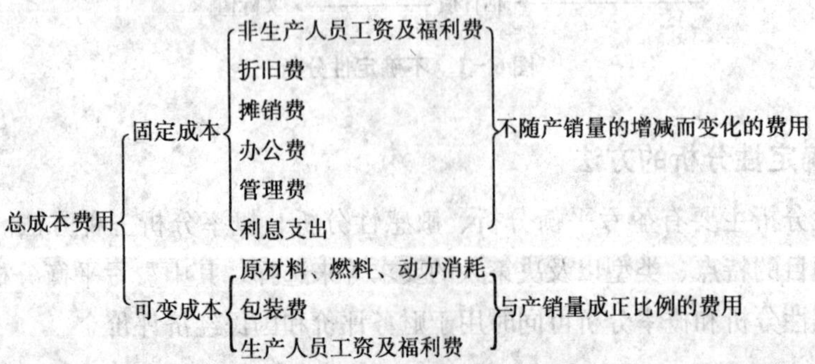

图6－2　盈亏平衡分析中的成本分类

$$C = C_F + C_V Q$$

式中 C——总成本费用；

C_F——固定成本；

C_V——单位可变成本。

固定成本和可变成本的区别如表 6-1 所示。

表 6-1 固定成本和可变成本的区别

区别	固定成本 C_F	可变成本 $C_V Q$
定义	不随产量变化而变化的费用成本	随产量变化而变化的费用 有线性变化和非线性变化两种
组成	固定资产折旧费、车间经费、企业管理经费等	原材料费、燃料动力费、工资及附加废品损失费等

$$S = (P - t)Q$$

式中 S——销售收入；

P——单价；

t——单位产品税金。

当（$P-t$）一定时，S 随产量 Q 的增加成比例增加，即呈线性变化；

当（$P-t$）不定时，S 不单只取决于产量 Q，还要考虑（$P-t$），这时呈非线性变化。

（二）线性盈亏平衡分析

因为可变成本、销售收入随着产量变化而呈线性变化，所以盈亏平衡可以用计算法或图解法确定。

1. 计算法

因为

$$S = (P - t)Q$$
$$C = C_F + C_V Q$$

所以，利润

$$\begin{aligned} B &= S - C \\ &= (P - t)Q - (C_F + C_V Q) \\ &= (P - t - C_V)Q - C_F \end{aligned}$$

费用

$$C = C_F + C_V Q$$

根据盈亏平衡点的定义，当达到盈亏平衡状态时，总成本 = 总收入，即

$$(P - t)Q_{BE} = C_F + C_V Q_{BE}$$

$$Q = \frac{C_F + B}{P - t - C_V}$$

$$Q_{BE} = \frac{C_F}{P - t - C_V}$$

式中 Q_{BE}——盈亏平衡时的产量。

2. 图解法

将 $C=C_F+C_VQ$ 和 $S=(P-t)Q$ 两式表示在同一坐标上，就得出线性盈亏平衡图，如图 6－3 所示。

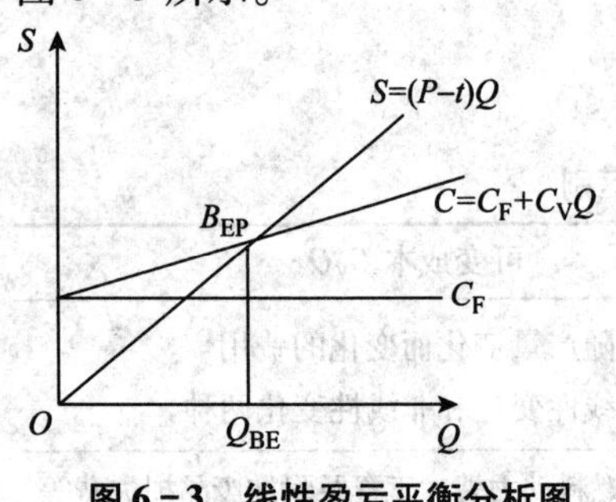

图 6－3 线性盈亏平衡分析图

3. 相关概念

边际贡献 = 销售收入 − 变动成本

= 利润 + 单位固定成本

单位边际贡献 = 单价 − 单位变动成本

$$边际贡献率=\frac{边际贡献}{销售收入}=\frac{单位边际贡献}{单价}$$

生产能力利用率 f：

$$f=\frac{Q_{BE}}{Q_d}\times 100\%$$

式中 Q_d——设计生产能力。

从图 6－3 可知，投资额一定时，Q_{BE} 值越小越好，同样 f 越小越好，此时说明工程项目抗风险能力越强，亏损的可能性越小。

【例 1】 某企业经销一种产品，每年固定费用 90 万元，产品单件变动成本 50 元，单价 105 元，单位销售税金 5 元。求企业盈亏平衡点的产量。设企业年生产能力为 2.4 万件，企业每年获得利润是多少？生产能力利用率是多少？

解答

$$Q_{BE}=\frac{90}{105-5-50}=1.8\ （万件）$$

$$B=(105-5=50)\times 2.4-90=30\ （万元）$$

$$f_{BE}=\frac{Q_{BE}}{Q_d}\times 100\%=75\%$$

【例 2】 接前例。为满足市场需求，企业拟购进第二条自动生产线，预计每年固定成本增加 20 万元，但节省单件变动成本 10 元，同时拟降价 10%。若单位销售税金保持不变，此方案是否可行？

解答

$$Q_{BE}=\frac{90+20}{105\ (1-10\%)\ -5-(50-10)}=2.2\ （万件）$$

如果维持 2.4 万件产量，则

$$E=\ (105\times 0.9-5-40=50)\times 2.4-110=8.8\ （万元）$$

若要保持 30 万元利润，新方案的产量应有

$$Q_{BE}=\frac{110+30}{105\times(1-10\%)-5-(50-10)}=2.8\ （万件）$$

只有当市场需求超过 2.8 万件时，新方案才可行。

（三）优劣平衡分析法

盈亏平衡分析法可以用于多方案的择优，这种方法称为优劣平衡分析法。如果两个或

者两个以上方案的成本都是同一变量的函数时，便可以找到该变量的某一数值，恰好能使两个对比方案的成本相等，该变量的这一特定值称为该方案的优劣平衡点。

设有一组互斥方案，其成本函数决定于同一个共同变量 x，以共同变量建立每个方案的成本费用函数方程，即

$$C_i=f_i(x) \qquad (i=1, 2, \cdots, n)$$

【例3】 某建筑工地需抽出积水保证施工顺利进行，现有 A、B 两个方案可供选择。

A 方案：新建一条动力线，需购置一台 2.5 kW 电动机并线运转，其投资为 1 400 元，第 4 年末残值为 200 元。电动机每小时运行成本为 0.84 元，每年预计的维护费为 120 元，因设备完全自动化故无须专人看管。

B 方案：购置一台 3.68 kW 柴油机，其购置费为 550 元，使用寿命为 4 年，设备无残值。运行中，每小时燃料费为 0.42 元，平均每小时维护费 0.15 元，每小时的人工成本为 0.8 元。

若寿命都为 4 年，基准折现率为 10%，试用盈亏平衡分析方法确定两方案的优劣范围。(计算并绘出简图)

解答

设两方案的年成本为年开机时数 t 的函数。

$$C_A=1\,400\times\left(\frac{A}{P},10\%, 4\right)-200\times\left(\frac{A}{F},10\%, 4\right)+120+0.84t$$

$$=518.56+0.84t$$

$$C_B=550\times\left(\frac{A}{P},10\%, 4\right)+(0.42+0.15+0.8)t$$

$$=173.51+1.37t$$

令 $C_A=C_B$

即

$$518.56+0.84t=173.51+1.37t$$

则 $t=651$ 小时。

从图 6-4 中分析：当施工时间 <651 小时时，宜采用 B 方案；当施工时间 >651 小时时，采用方案 A 合理。

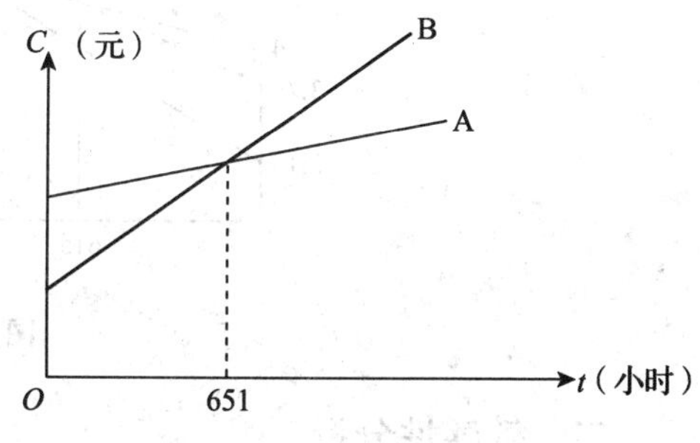

图 6-4 盈亏分析图

【例4】 某单位拟建住宅，预计建筑面积在 500～1 000 m^{2}范围内。现拟定了砖混、钢筋混凝土、砖木三种结构方案，调查各方案费用情况如表6-2所示。年利率 8%，试确定各方案的经济范围。

表 6-2 各方案费用情况表

方案	造价/（元/m^2）	寿命/年	维修费/（元/年）	取暖费/（元/年）	残值
砖混 1	600	20	28 000	12 000	0
钢筋混凝土 2	725	20	25 000	7 500	3.2% 造价
砖木 3	875	20	15 000	6 250	1% 造价

解答

设住宅建筑面积为 Q ，则有

$$A_{C1}=600Q\left(\frac{A}{P},8\%,20\right)+28\,000+12\,000$$

$$A_{C2}=725Q\left(\frac{A}{P},8\%,20\right)+25\,000+7\,500$$

$$-3.2\%\times725Q\left(\frac{A}{F},8\%,20\right)$$

$$A_{C3}=875Q\left(\frac{A}{P},8\%,20\right)+15\,000+6\,250$$

$$-1\%\times875Q\left(\frac{A}{F},8\%,20\right)$$

令 $A_{C1}=A_{C2}$，解得 $Q_1=615$；

令 $A_{C1}=A_{C3}$，解得 $Q_2=675$；

令 $A_{C2}=A_{C3}$，解得 $Q_3=721$。

由图6-5可知，当建筑面积 $<675\text{m}^2$ 时，砖木结构为宜；当建筑面积 $>675\text{m}^2$ 时，砖混结构为宜。

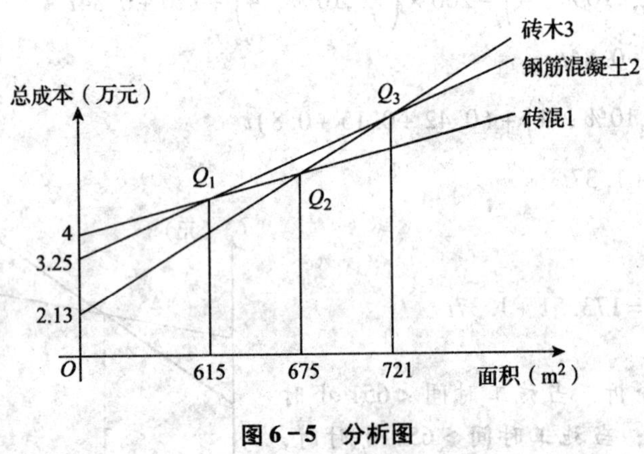

图6-5 分析图

二、敏感性分析

（一）基本概念

敏感性分析是指预测分析项目不确定因素发生变动而导致经济指标发生变动的灵敏度，从中找出敏感因素，并确定其影响程度与影响的正负方向，进而制定控制负敏感因素的对策，确保项目的经济评价及总体评价的安全性。

对工程项目、投资方案的行动决策，取决于经济评价判断数据的计算，计算中所用的数据，多数来自预测和估算，而任何预测和估算，都是建立在某种假设、判断和数据统计基础上的。这些数据往往会由于条件的变化而发生变化，如经济关系和经济结构的变化，未预见到的经济、政治发展因素，价格的调整与浮动，技术改革与进步，预计的建设期与达产期不符，等等。各种不确定因素综合作用的结果，可能给评价项目带来风险。一般来说，不确定和风险的存在是不可避免的，而工程经济工作的任务就是面对风险采取正确策略，因势利导，力求将风险降到最低限度，也就是在最理想和最不理想的状态下，分析项目的经济性，减少分析误差，提高分析的可靠性，这就要借助于敏感性分析。

（二）敏感性分析分类

风险的识别应采用系统论的观点对项目进行全面分析，找出潜在的各种风险因素，并对各种风险进行比较、分类，确定各种因素间的相关性与独立性，判断其发生的可能性及对项目的影响程度，按其重要性进行排队，或赋予权重。

敏感性分析的分类方法有两种：① 单因素敏感性分析，每次只变动一个参数而其他参数不变的敏感性分析方法；② 多因素敏感性分析，考虑各种因素可能发生的不同变动幅度的多种组合，分析其对方案经济效果的影响程度。

（三）敏感性分析的步骤和注意要点

1. 敏感性分析指标的选取

敏感性分析指标的选取即确定敏感性分析的对象。一般选择一个主要指标，理论上讲一系列经济效益指标都可以作为敏感性分析的指标，如投资回收期、投资收益率、净现值和内部收益率等。每个指标都有其特定的含义，分析和反映的问题也有所不同，因此要根据经济评价的深度和具体情况来选择具体的敏感性分析指标。如投资回收期是一个综合指标，在项目有贷款的情况下，能反映项目在建设期和贷款偿还期的借款和利息情况，所以，以投资回收期指标进行敏感性分析，能够了解贷款和资金对投资收益率的影响。但应该指出：无论用哪个指标，都应与效益费用分析的评价指标一致，如在投资效益费用的分析中，采用净现值和内部收益率作为评价标准，则敏感性分析的指标也应是净现值或内部收益率。

敏感性分析指标确定后，即可计算该方案在确定性情况下的评价指标数值。

2. 不确定因素的选取

在进行敏感性分析时，不可能也不需要对所有不确定性因素进行计算，而应根据方案的具体情况选择对项目效益指标影响较大（或可能性较大）的现金流入和现金流出，而且应尽可能选择基本的又彼此独立的不确定因素，如产品售价的变动、产量规模的变动、投资额的变动、建设期的缩短或延长等。

3. 敏感性分析中不确定因素变化率的确定

实践中不确定因素变化程度主要以变化率表示，通常取 ±10%、±20% 为变化率。然后在选定的不确定性条件下重新计算效益指标。

4. 敏感性分析的指标

（1）敏感度系数（S_{AF}）

敏感度系数是指项目指标变化率与不确定性因素变化率之比，可按下式计算：

$$S_{AF}=\frac{\Delta A/A}{\Delta F/F}$$

式中　$\Delta A/A$——不确定因素 F 发生 ΔF 变化时，评价指标 A 的相应变化率；

$\Delta F/F$——不确定性因素的变化率。

(2) 临界点（开关点）

临界点是指不确定因素的极限变化，即该不确定因素使项目指标达到临界状态率时的变化百分率。一般采用不确定性因素相对基本方案的变化率或其对应的具体数值表示。临界点可通过敏感性分析图（见图 6-7）得到近似值，也可以用试算法求解（见表 6-3）。

5. 敏感性分析结果及分析评判方法

进行敏感性分析的要点即找出敏感性因素：

1）用相对测定法时，斜率越大越敏感；

2）用绝对测定法时，敏感度系数的绝对值越大越敏感，临界点的绝对值越小越敏感；

3）多因素分析时，在指标允许的范围内表明方案可取，以外则不可取。

（四）敏感性分析的不足

敏感性分析的不足在于不能得知影响发生的可能性有多大。

【例 5】 某项目总投资 1 200 万元（其中流动资金投资 50 万元），建成后年生产能力 10 万台，预计产品单价 39 元/台，销售税金为销售收入的 10%。年经营成本 140 万元，方案寿命期 10 年，基准折现率 10%。试就投资额、产品单价、经营成本等影响因素对该投资方案进行单因素敏感性分析。

解答

(1) 根据已知条件绘出资金流程图，如图 6-6。

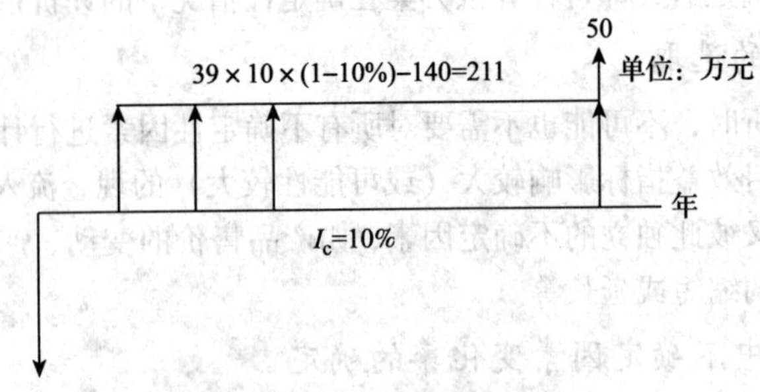

图 6-6　资金流程图

(2) 计算原方案净现值：

$$NPV = -1\ 200 + 211 \times \left(\frac{P}{A}, 10\%, 10\right) + 50 \times \left(\frac{P}{F}, 10\%, 10\right)$$

$$= 115.79$$

(3) 计算投资额、产品单价、经营成本等影响因素变化后的净现值，如表 6-3。

表 6-3 *NPV* 的单因素分析表 （单位：万元）

单因素 \ 变动幅度	-20%	-10%	0	10%	20%	平均 +1%	平均 -1%
投资额	355.79	235.79	115.79	-4.21	-124.21	-10.36%	10.36
产品单价	-315.57	-99.89	115.79	331.46	547.14	18.63%	-18.63%
经营成本	287.83	201.81	115.79	29.76	-56.26	-7.43%	7.43%

(4) 根据表 6-3 绘出敏感性分析图，如图 6-7 所示。

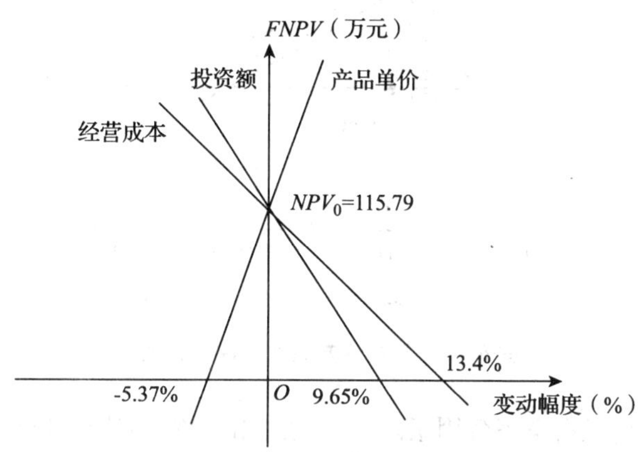

图 6-7 敏感性分析图

从图 6-7 中可以看出产品单价的变动引起净现值的变动程度最大，为 18.63%，其次为投资额和经营成本。所以产品单价是影响方案选择的关键因素。

【例 6】 指标：内部收益率；因素：投资额、产品单价、原材料价格。

各计算信息如表 6-4 所示。

表 6-4 计算信息

序号	不确定因素	不确定因素变化率	项目财务内部收益率	敏感度系数	临界点
	基本方案		15.3%		
1	建设投资变化	10%	12.6%	1.77	12.3%
		-10%	18.4%	2.04	
2	销售价格变化	10%	19.6%	2.84	
		-10%	10.6%	3.05	-7.1%
3	原材料价格变化	10%	13.8%	0.95	22.4%
		-10%	16.7%	0.94	

注：1. 表中的建设投资系指不含建设期利息的建设投资。

2. 计算临界点的基准收益率为 12%。

3. 表中临界点系采用专用函数计算的结果。

根据提供的某投资方案敏感性分析图(见图 6－8)可以得出，影响内部收益率的关键因素是销售价格。

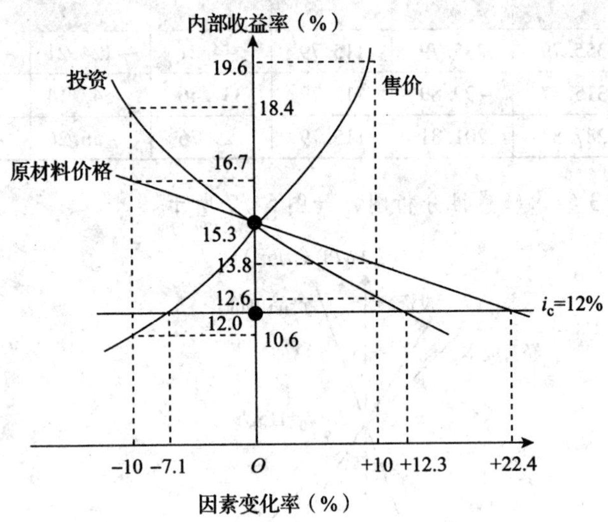

图 6－8　某投资方案敏感性分析图

单因素敏感性分析没有考虑各因素之间变动的相关性。多因素敏感性分析就是要考虑各种因素可能发生的不同变动幅度的多种组合，分析其对经济效果的影响程度。如果需要分析的不确定因素不超过三个，且经济效果指标的计算也比较简单，则可用解析法与作图法相结合的方法进行分析。

【例 7】 某投资方案用于确定性分析的现金流量如表 6－6 所示，预计各参数的最大变化范围为 −30% ~ +30%，基准折现率为 12%，试对投资额与年收益的变动进行多因素敏感性分析。

表 6－5　现金流量表

参　数	单　位	预测值
投资额（K）	元	170 000
年收益（AR）	元	35 000
年支出（AC）	元	3 000
残值（L）	元	20 000
寿命期（n）	年	10

解答

设　a 为投资变动的百分比，b 为年收益变动的百分比，则净现值

$$NPV = -k(1+a) + [AR(1+b) - AC]\left(\frac{P}{A},12\%,10\right) + L\left(\frac{P}{F},12\%,10\right)$$

将表中数据代入上式整理后可得

$$NPV = 17\,240 - 170\,000a + 197\,750b$$

取 NPV 的临界值，即令 $NPV=0$，则有

$$17\,240-170\,000a+197\,750b=0$$

即 $b=0.859\,7a-0.087\,2$。

由图6－9可知，只要变动范围不超过临界线进入右下方的区域（包括临界线上的点），方案都可以接受。

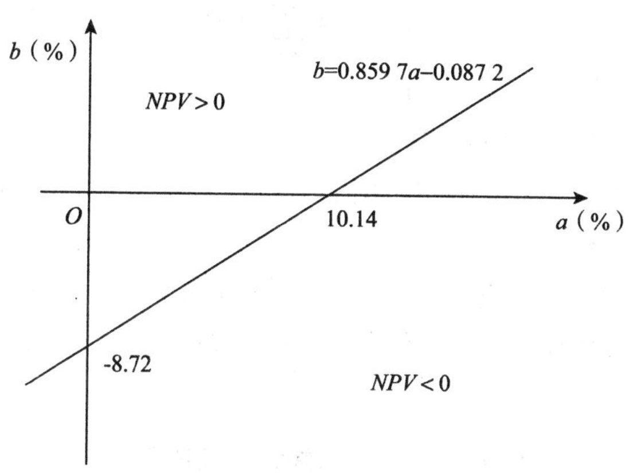

图6－9　某投资方案敏感性分析图

三、概率分析（风险分析）

概率分析是利用概率来研究和预测不确定因素对项目经济评价指标的影响的一种定量分析方法。

做法是：首先预测风险因素发生各种变化的概率，将风险因素作为自变量，预测其取值范围和概率分布，再将选定的经济评价指标作为因变量，测算评价指标的相应取值范围和概率分布，计算评价指标的数学期望值和项目成功或失败的概率。

利用这种分析，可以弄清楚各种不确定因素出现某种变化、建设项目获得某种利益或达到某种目的的可能性的大小，或者获得某种效益的把握程度。

（一）计算步骤

1）选定一个或几个评价指标，通常是将内部收益率、净现值等作为评价指标。

2）选定需要进行概率分析的不确定因素，通常有产品价格、销售量、主要原材料价格、投资额以及外汇汇率等。针对项目的不同情况，通过敏感性分析，选择最为敏感的因素作为概率分析的不确定因素。

3）预测不确定因素变化的取值范围及概率分布。单因素概率分析，设定一个因素变化，其他因素均不变化，即只有一个自变量；多因素概率分析，设定多个因素同时变化，对多个自变量进行概率分析。

4）根据测定的风险因素取值和概率分布，计算评价指标的相应取值和概率分布。

5）计算评价指标的期望值和项目可接受的概率。

6）分析计算结果，判断其可接受性，研究减轻和控制不利影响的措施。

（二）期望值准则

净现值的期望值在概率分析中是一个非常重要的指标，在对项目进行概率分析时，一般都要计算项目净现值的期望值及净现值大于或等于零时的累计概率。累计概率越大，表明项目承担的风险越小。其计算公式为

$$E(X)=\sum_{j=1}^{N}X_jP_j$$

式中　$E(X)$——随机变量 X 的期望值；

X_j——随机变量 X 的各种取值；

P_j——X 取值为 X_j 时所对应的概率值；

N——自然状态数。

【例8】 如表6－6所示，某水厂在河岸附近修建了一个水处理设备，现考虑修建一道堤坝保护设备不受洪水影响。已知设备使用年限为15年，$i_c=12\%$，不考虑设备残值，那么堤坝应为多高最经济？

表6－6　河水超出正常水位年损失及投资额

超出正常水位的高度/m	河水超出正常水位相应高度的年数/年	河水超出正常水位相应高度的概率	河水超出堤坝相应高度年损失/万元	建相应高度堤坝投资/万元
0	24	0.48	0	0
0.5	12	0.24	10	10
1.0	8	0.16	15	21
1.5	3	0.06	20	33
2.0	2	0.04	30	45
2.5	1	0.02	40	55
合计	50	1	—	—

解：

分别计算不同高度堤坝的年度费用期望值。例如，堤坝高0.5m，年度损失期望值

$$E(3)=0.06\times10+0.04\times15+0.02\times20=1.6\text{（万元）}$$

年度费用期望值

$$E(4)=21\times\left(\frac{A}{P},12\%,15\right)+3.9=4.683\text{（万元）}$$

计算结果（见表6－7）。

表6－7　期望值计算表

堤坝高/m	投资等值年金/万元	年度损失期望值/万元	年度费用期望值/万元
0	0	8	8
0.5	1.468	3.9	5.368

续表

堤坝高/m	投资等值年金/万元	年度损失期望值/万元	年度费用期望值/万元
1.0	3.083	1.6	4.683
1.5	4.844	0.7	5.544
2.0	6.606	0.2	6.806
2.5	8.074	0	8.074

由表可见，修建1.0m高的堤坝最经济，此时年度费用期望值最小（4.683万元）。

【例9】 某投资方案的寿命期为10年，基准折现率为10%，方案的初始投资额和每年年末净收益的可能情况及其概率如表6-8所示。试求该方案净现值的期望值。

表6-8 方案的不确定性因素值及其概率

投资额		年净收益	
数值/万元	概率	数值/万元	概率
120	0.30	20	0.25
150	0.50	28	0.40
175	0.20	33	0.35

解答

组合投资额和年净收益两个不确定性因素的可能情况（共有9种）。例如，初始投资额120万元、年净收益20万元的概率是$0.30\times0.25=0.075$，此时方案的净现值为：

$$NPV=-120+20\times\left(\frac{P}{A},10\%,10\right)=2.89\ （万元）$$

同理计算各种状态的净现值及其对应的概率，如表6-9所示。

表6-9 方案所有组合状态的概率及净现值

投资额/万元	120			150			175		
年净收益/万元	20	28	33	20	28	33	20	28	33
组合概率	0.075	0.12	0.105	0.125	0.2	0.175	0.05	0.08	0.07
净现值/万元	2.89	52.05	82.77	-27.11	22.05	52.77	-52.11	-2.95	27.77

$$\begin{aligned}E(NPV)&=2.89\times52.05\times0.12+82.77\times0.105+(-27.11)\times0.125\\&\quad+22.05\times0.2+52.77\times0.175+(-52.11)\times0.05+(-2.95)\times0.08\\&\quad+27.77\times0.07\\&=24.51\ （万元）\end{aligned}$$

方案决策时应根据具体情况灵活选择指标并对之应用期望值法。

风险估计：根据表6-9，计算$NPV\geq0$的累计概率，如表6-10所示。

表 6-10 $NPV \geq 0$ 的累计概率计算表

序号	NPV	概率	累计概率
1	-52.11	0.050	0.050
2	-27.11	0.125	0.175
3	-2.95	0.080	0.255
4	2.89	0.075	0.330
5	22.05	0.200	0.530
6	27.77	0.070	0.600
7	52.05	0.120	0.720
8	52.77	0.175	0.895
9	82.77	0.105	1.000

则 $NPV \geq 0$ 的累计概率为

$$1-\left(0.255+\frac{2.95}{2.95+2.89}\times 0.075\right)=1-0.293=0.707$$

（三）标准差及变异系数

有时在多方案决策时，仅根据期望值进行决策还不够，必要时还需进一步计算期望值的标准差及变异系数，并据此作出决策。标准差反映了一个随机变量实际值与其期望值偏离的程度。这种偏离程度在一定意义上反映了投资方案风险的大小。标准差的一般计算公式为

$$\sigma = \sqrt{\sum_{i=1}^{n} P_i [X_i - E(X)]^2}$$

标准差可反映随机变量的离散程度，但它是一个绝对量，其大小与变量的数值及期望值大小有关。一般而言，变量的期望值越大，其标准差也越大。特别是需要对不同方案的风险程度进行比较时，标准差往往不能够准确反映风险程度的差异。为此引入另一个指标，称做变异系数 V。其计算式为

$$V=\frac{\sigma}{E(X)}=\frac{标准差}{期望值}$$

当对多个投资方案进行比较时：

效益（费用）指标——期望值较大（小）的方案较优；

期望值相同，则标准差较小的方案风险更低；

多个方案的期望值与标准差均不相同，则变异系数较小的方案风险更低。

【例10】 某公司要从三个互斥方案中选择一个方案，各方案的净现值及其概率如表6－11所示。

表6－11 各方案净现值、市场销路及概率

市场销路	概率	方案净现值/万元		
		A	B	C
销路差	0.25	2 000	0	1 000
销路一般	0.50	2 500	2 500	2 800
销路好	0.25	3 000	5 000	3 700

解答

计算各方案净现值的期望值和标准差：

$$E_A(NPV) = 2\,000 \times 0.25 + 2\,500 \times 0.5 + 3\,000 \times 0.25 = 2\,500 \text{（万元）}$$

同理可得

$E_B(NPV) = 2\,500$（万元）

$E_C(NPV) = 2\,576$（万元）

$$\sigma_A = \sqrt{0.25 \times (2\,000 - 2\,500)^2 + 0.5 \times (2\,500 - 2\,500)^2 + 0.25 \times (3\,000 - 2\,500)^2} = 353.55$$

$\sigma_B = 1\,767.77$

$\sigma_C = 980.75$

因为 $E_A(NPV) = E_B(NPV) = 2\,500$（万元），又 $\sigma_A < \sigma_B$，所以A优于B。

因为 $V_A < V_C$，所以方案A的风险比方案C小，而两方案的净现值差别不是太大，因此，最后应选择方案A为最优投资方案。

总之，风险评价应根据风险识别和风险估计的结果，依据项目风险判别标准，找出影响项目的关键因素。项目风险大小的评价标准应根据风险因素发生的可能性及其造成的损失来确定，除了上述采用的评价指标概率分布或累计概率、期望值、标准差作为判别标准，也可采用风险等级作为判别标准。具体操作应符合下列要求。

评价指标作为判别标准：

1）财务（经济）内部收益率大于等于基准收益率的累计概率值越大，风险越小；标准差越小，风险越小；

2）财务（经济）净现值大于等于零的累计概率值越大，风险越小；标准差越小，风险越小。

以综合风险等级作为判别标准：

根据风险因素发生的可能性及其造成损失的程度，建立综合风险等级的矩阵，将综合风险等级分为K级、M级、T级、R级、I级，如表6－12所示。

表 6-12 综合风险等级分类表

综合风险等级		风险影响的程度			
		严重	较大	适度	轻微
风险的可能性	高	K	M	R	R
	较高	M	M	R	R
	适度	T	T	R	I
	低	T	T	R	I

风险应对应根据风险评价的结果，研究规避、控制与防范风险的措施，为项目全过程风险管理提供依据。具体应关注下列方面。

1）风险应对的原则。应具有针对性、可行性、经济性，并贯穿于项目评价的全过程。

2）决策阶段风险应对的主要措施。强调多方案比选；对潜在风险因素提出必要的研究与试验课题；对投资估算与财务（经济）分析，应留有充分的余地；对建设或生产经营期的潜在风险可建议采取回避、转移、分担或自担措施。结合综合风险因素等级的分析结果，提出以下应对方案。

K 级：风险很强，出现这类风险要放弃项目。

M 级：风险强，修正拟议的方案，通过改变设计或采取补偿措施等。

T 级：风险较强，设计某些指标的临界值，指标一旦达到临界值，就要变更设计或对负面影响采取补偿措施。

R 级：风险适度（较小），适当采取措施后不影响项目。

I 级：风险弱，可忽略。

（四）决策树法

决策树法是概率分析的另一种常用方法。它是以图解方式分别计算各个方案在不同方案下的损益值，通过综合损益值的比较，作出决策。

决策树的决策步骤如下。

1. 绘制决策树

决策树是决策者针对某个决策问题的未来发展状况及其结果所作的预测在图上的反映。画的方法是从左向右逐步进行（见图 6-10），从决策点“□”出发，引出直线，称为方案枝，每枝代表一种方案，把方案写在相应直线的上方或下方；在各方案枝的末端有一个机会点“○”，从机会点引出的直线称为概率枝，每枝代表一种自然状态，把状态写在直线相应的上方，后面注明状态概率；在概率枝的最末端“△”，注明某一方案在某一状态下的结果，相应的损益值标在结果点“△”的旁边。

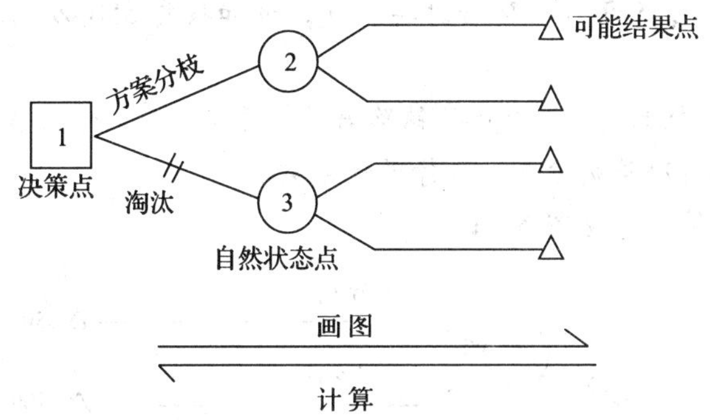

图 6-10 决策树的绘制

2. 计算机会点的期望值

计算时从右到左逆向进行。

3. 修枝选优，作出决策

对比各方案期望值的大小，将期望值小的方案用“//”予以剪除，保留期望值大的一个方案，即为最优方案。如果决策问题属于多级多阶段的，则从右到左逐步修枝。

【例 11】 如【例 10】，某公司要从三个互斥方案中选择一个方案，各方案的净现值及其概率如表 6-13 所示。计算各方案期望值。

表 6-13 各方案净现值、自然状态及概率

市场销路	概率	方案净现值/万元		
		A	B	C
销路差	0.25	2 000	0	1 000
销路一般	0.50	2 500	2 500	2 500
销路好	0.25	3 000	5 000	3 700

解答

(1) 计算各方案净现值的期望值。

$$E_A(NPV)=2\,000\times0.25+2\,500\times3\,000\times0.25=2\,500\ (\text{万元})$$

同理可得

$$E_B(NPV)=2\,500\ (\text{万元})$$

$$E_C(NPV)=2\,576\ (\text{万元})$$

【例 12】 某地区为满足水泥产品的市场需求拟扩大生产能力规划建水泥厂，提出了三个可行方案。

方案 1：新建大厂，投资 900 万元，据估计销路好时每年获利 350 万元，销路差时亏损 100 万元，经营限期 10 年。

方案 2：新建小厂，投资 350 万元，销路好时每年可获利 110 万元，销路差时仍可以获利 30 万元，经营限期 10 年。

方案3：先建小厂，3年后销路好时再扩建，追加投资550万元，经营限期7年，每年可获利400万元。

据市场销售形式预测，10年内产品销路好的概率为0.7，销路差的概率为0.3。按上述情况用静态方法进行决策树分析，选择最优方案。

第一步，绘制决策树，见图6－11。

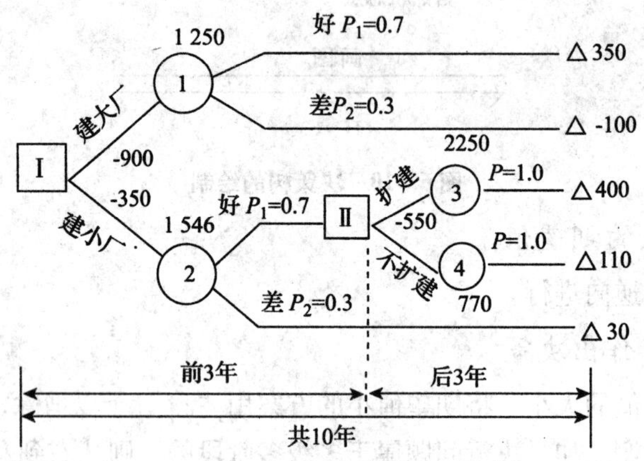

图6－11　绘制决策树

第二步，这是一个多级决策，把方框Ⅰ称为一级决策部分，方框Ⅱ称为二级决策部分，先计算二级决策部分各机会点的损益期望值。

节点③：　　$400 \times 1.0 \times 7 - 550 = 2\,250$（万元）

节点④：　　$110 \times 1.0 \times 7 = 770$（万元）

决策点Ⅱ：比较扩建与不扩建。

因为2 250＞770，应选方案3。通过比较，将期望值小的剪除。

第三步，计算一级决策部分各机会点的损益期望值。

节点②：　　$2\,250 \times 0.7 + 110 \times 0.7 \times 3 + 30 \times 0.3 \times 10 - 350 = 1\,546$（万元）

节点①：　　$(350 \times 0.7 - 100 \times 0.3) \times 10 - 900 = 1\,250$（万元）

决策点Ⅰ：比较方案1和方案2。

因为1 546＞1 250　所以应选方案2。

通过比较，在Ⅰ到1的直线上画//，并在决策点1上标上1 250，2上标上1 546，最后得出最优决策方案建小厂，3年后如果销路好扩建，如果销路不好则不扩建。

本章小结

经济效益评价的基本方法有多种形式，为了提高建筑工程经济分析的可靠性，减少评价结论的偏差，要进行不确定性分析。不确定性分析是投资项目固有的内在特性，因而如果建设项目需要进行专题风险分析，不确定性是项目经济评价必不可少的一个重要内容。

不确定性分析的内容有盈亏平衡分析、敏感性分析、概率分析等。

思考与练习

1. 简述风险产生的原因及分析的意义。

2. 何谓敏感性分析？敏感性分析有哪些步骤？举例说明。

3. 新建某厂，设计能力为年产量 4 200 台，预计售价 6 000 元/台，总固定成本费用为 630 万元，单位产品可变成本费用为 3 000 元（未考虑税金及附加）。试求盈亏平衡点的产量。

4. 有一投资方案，其设计能力为年产某产品 1 500 台，预计产品售价 1 800 元/台，单位经营成本为 700 元/台，估算投资额为 800 万元，方案寿命期为 8 年，试对方案的投资回收期作敏感性分析。

5. 某项目工程，施工管理人员要决定下个月是否开工，若开工后天不下雨，则可按期完工，获利润 5 万元；若下雨，则要造成 1 万元的损失。假如不开工，不论是否下雨都要付窝工费 1 000 元。据气象预测下月不下雨的概率为 0.2，下雨概率为 0.8，利用期望值的大小为施工管理人员作出决策。

第七章　建设项目国民经济评价

学习目的和学习要求

通过学习本章，了解国民经济评价与财务评价的区别；掌握国民经济效益和费用的区别；掌握影子价格的确定方法；熟练应用国民经济评价指标进行评价的方法。

第一节　国民经济评价概述

一、国民经济评价的概念

国民经济评价是从国家整体角度考察和确定项目的效益和费用，用影子价格、影子工资、影子汇率和社会折现率等经济参数，计算和分析项目给国民经济带来的净增量效益，以此来评价项目的经济合理性的宏观可行性，实现资源的最优利用和合理配置。国民经济评价是项目经济评价的重要组成部分，它和财务评价共同构成了完整的投资项目的经济评价体系。

二、国民经济评价的作用

工程项目的国民经济评价是把工程项目放到整个国民经济体系中来研究考察，从国民经济的角度来分析、计算和比较国民经济为项目所要付出的全部成本和国民经济从项目中可能获得的全部效益，并据此评价项目的经济合理性，从而选择对国民经济最有利的方案。国民经济评价是针对工程项目所进行的宏观效益分析，其主要目的是实现国家资源的优化配置和有效利用，以保证国民经济能够可持续地稳定发展。国民经济评价的重要作用主要体现在以下三个方面。

（一）可以从宏观上优化配置国家的有限资源

对一个国家来说，其用于发展的资源（如人才、资金、土地、自然资源等）总是有限的，资源的稀缺与社会需求的增长之间存在着较大的矛盾，只有通过优化资源配置，使资源得到最佳利用，才能有效地促进国民经济的发展。而仅仅通过财务评价，无法正确反映资源是否得到了有效利用，只有通过国民经济评价，才能从宏观上引导国家有限的资源得到合理配置，鼓励和促进那些对国民经济有正面影响的项目的发展，抑制和淘汰那些对国民经济有负面影响的项目。

（二）可以真实反映工程项目对国民经济的净贡献

在很多国家，主要是发展中国家，由于产业结构不合理、市场体系不健全以及过度保护民族工业等原因，导致国内的价格体系产生较严重的扭曲和失真，不少商品的价格既不能反映价值，也不能反映供求关系。在此情形下，按现行价格计算工程项目的投入与产出，是无法正确反映项目对国民经济的影响的。只有通过国民经济评价，运用能反映商品真实价值的影子价格来计算项目的费用与效益，才能真实反映工程项目对国民经济的净贡献，从而判断项目的建设对国民经济总目标的实现是否有利。

（三）可以使投资决策科学化

国民经济评价是从国家的角度即宏观角度出发，而不是从地区或企业的角度（即微观角度）出发来考察项目的效益和费用的。合理运用经济净现值、经济内部收益率等指标以及影子汇率、影子价格、社会折现率等参数，可以有效地引导投资方向，避免拟建项目的重复和盲目建设，并有利于避免投资决策的失误。

三、国民经济评价与财务评价的关系

国民经济评价和财务评价是建设项目经济评价的两个层次，它们相互联系，既有共同之处，又相互区别。

（一）国民经济评价和财务评价的共同点

1. 评价目的相同

都是以寻求经济效益最好的项目为目的，都追求以最小的投入获得最大的产出。

2. 评价基础相同

都是项目可行性研究的组成部分，都要在完成项目的市场预测、方案构思、投资估算和资金筹措的基础上进行，评价的结论也都取决于项目的客观条件。

3. 计算期相同

都包括项目的建设期、生产运营期的全过程。

4. 基本分析方法以及评价指标相类似

都采用现金流量法通过基本报表来计算净现值、内部收益率等经济指标。经济指标的含义也基本相同，都是从项目的成本与收益着手来评价项目的经济合理性以及项目建设的可行性。

（二）国民经济评价和财务评价的不同点

由于建设项目国民经济评价和财务评价所代表的利益主体不同，因此这两类评价之间存在以下区别。

1. 评价出发点不同

财务评价是站在企业或项目自身的角度按照现行的财税制度衡量投资项目的赢利状况，以判断项目是否具有财务上的生存能力；国民经济评价是站在国家整体的角度，分析投资项目为国民经济创造的效益和作出的贡献，评价项目经济上的合理性。财务评价主要为企业或项目的投资决策提供依据，国民经济评价则是为政府宏观的投资决策提供依据。

2. 费用和效益的划分范围不同

财务评价根据项目的实际收支来计算项目的效益与费用，凡是项目的收入均计为效益，凡是项目的支出均计为费用，如工资、税金、国内借款利息都作为项目的费用，财政补贴则作为项目的效益；而国民经济评价则根据项目实际耗费的有用资源以及项目向社会贡献的有用产品或服务来计算项目的效益与费用。在财务评价中作为费用或效益的税金、国内借款利息、财政补贴等，在国民经济评价中被视为国民经济内部转移支付，不作为项目的费用或效益。而在财务评价中不计为费用或效益的环境污染、降低劳动强度等，在国民经济评价中则需计为费用或效益。

3. 评价中采用的价格体系不同

在财务评价中，要求评价结果反映投资项目实际发生情况，在分析项目的费用与效益时，财务评价使用的是以现行市场价格体系为基础的预测价格；国民经济评价要求不同地区、不同行业的投资项目具有可比性，如果采用市场价格，往往因不同地区价格水平不同而影响项目的横向可比性，更主要的是反映资源稀缺性克服价格体系的缺陷，国民经济评价采用的是对现行市场价格进行调整所得到的影子价格体系，影子价格能够更确切地反映资源的真实经济价值。

4. 采用的评价参数不同

所谓评价参数，主要指汇率、贸易费用率、工资及折现率。在财务评价中，采用的汇率是官方汇率，折现率是因行业而各异的行业基准收益率；而国民经济评价采用的汇率是影子汇率，折现率是国家统一测定的社会折现率。

5. 评价的组成内容不同

财务评价包括赢利能力分析、清偿能力分析和外汇平衡分析三方面的内容；而国民经济评价只包括赢利能力分析和外汇效果分析两方面的内容。

第二节　效益和费用的识别

正确地识别效益与费用，是科学地进行国民经济评价的前提。效益和费用的识别是指从国家和社会的宏观利益出发，通过对工程项目的经济效益和费用进行系统的识别和分析，计算工程项目的技术经济评价指标，并以此来评价工程项目可行性的一种方法。因此，正确识别项目效益和费用是进行国民经济评价的基础。

一、识别效益和费用的基本原则

进行国民经济评价首先要对项目的费用和效益进行识别和划分，也就是要认清所评价的项目在哪些方面对整个国民经济产生费用，又在哪些方面产生效益。识别和划分费用与效益的基本原则是：凡是项目对国民经济所作的贡献，均计为项目的效益；凡是国民经济为项目所付出的代价均计为项目的费用。也就是说，项目的国民经济效益是指项目对国民经济所作的贡献，包括项目的直接效益和间接效益；项目的国民经济费用是指国民经济为项目付出的代价，包括直接费用和间接费用。判别项目的效益和费用要使用“有无对比”的方法，即将“有”项目（项目实施）与“无”项目（项目不实施）的情况加以对比，以确定某项效益和费用的存在。

二、效益

国民经济评价的效益是指工程项目对国民经济发生的实际资源产出与节约，或者项目对国民经济所作的贡献，分为直接效益与间接效益。

（一）直接效益

直接效益是指由项目产出物的直接经济价值。一般表现为增加该产出物数量满足国内需求的效益；替代其他相同或类似企业的产出物，使被替代企业减产以减少国家有用资源的消耗（或损失）的效益；增加出口（或减少进口）所增收（或节支）的外汇效益等。项目直接效益大多在财务评价中能够得以反映，尽管有时这些反映会有一定程度的失真。

（二）间接效益

间接效益是指工程项目对国民经济作出了贡献，但在直接效益中未得到反映的那部分效益，如技术扩展效果、项目对上下游企业带来的相邻效果等。

三、费用

国民经济评价的费用是指工程项目使国民经济发生实际资源消耗，或者国民经济为工程项目所付出的代价，是预计该项目执行过程中国民经济所花费的增支成本，分为直接费用与间接费用。

（一）直接费用

直接费用是指项目投入物的直接经济价值，一般表现为其他项目为供应本项目投入物而扩大生产规模所耗用的资源的费用；减少对其他项目投入物的供应而放弃的效益；增加进口（或减少出口）所耗用（或减收）的外汇效益等。直接费用一般在项目的财务评价中已经得到反映。

（二）间接费用

间接费用是指国民经济为工程项目付出的代价，但在项目的直接费用中未得到反映的那部分费用，如项目对自然环境造成的损害、项目产品大量出口而引起我国这种产品出口价格下降，等等。间接费用在项目的财务评价中一般没有得到反映。

四、外部效果

通常把与项目相关的间接效益（外部效益）和间接费用（外部费用）统称为外部效果，是指由于项目实施而带来的在项目以外，未计入项目的效益与费用，也不是项目建设的本意而产生的效果。外部效果又称为外部性间接效果、溢出效果、二级效益与费用。

为防止外部效果计算扩大化，项目的外部效果一般只计算一次相关效果，不考虑连续扩展的乘数效果。外部效果通常要考察以下几个方面。

（一）环境影响

有些项目会对自然环境产生污染，对生态环境造成破坏，主要包括排放污水造成的水污染，排放有害气体和粉尘造成的大气污染，噪声污染，放射性污染，临时性的或永久性的交通阻塞、航道阻塞，对自然生态造成破坏。

项目造成的环境污染和生态破坏是项目的一种间接费用，这种间接费用一般较难定量计算，近似的可按同类企业所造成的损失估计，或按恢复环境质量所需的费用估计。有些项目含有环境治理工程，会对环境产生好的影响，评价中也应考虑相应的效益。环境影响有时不能定量计算，但至少也应当作定性描述。

（二）价格影响

有些项目的产出物大量出口，从而导致了我国同类产品出口价格的下降，减少了外汇收益，成为项目的外部费用。如果项目的产出物增加了国内市场的供应量，导致产品市场价格下降，可以使产品的消费者得到产品降价的好处。但这种好处一般不应计为项目的外部效益，这是因为产品价格下降，必然导致原料价格的下降，使原料生产厂的效益减少，只是将生产厂减少的收益转移给了消费者或用户，对于整个国民经济来说，效益并未增加或减少。

（三）技术扩散效果

一个技术先进的项目的实施，由于技术人员的流动、技术的扩散和推广，整个社会都将受益。但这种外部效益通常都难以定量计算，一般都只作定性说明。

（四）乘数效果

乘数效果是指项目的实施使原来闲置的资源得到了有效的利用，从而产生一系列的连锁反应，刺激某一地区或全国的经济发展。在对经济落后地区的项目进行经济评价时，可能会需要考虑这种乘数效果，特别应注意选择乘数效果较大的项目作为扶贫项目。一般情况下，只计算一次相关效果，不连续扩展计算乘数效果。

（五）产业关联效果

项目的“上游”企业是指为该项目提供原材料和半成品的企业，项目的实施可能会刺激这些企业得到发展，增加新的生产能力或使其原有生产能力得到更充分的利用。例如，兴建汽车厂会对为汽车厂生产零部件的企业产生刺激，对钢铁生产企业产生刺激。项目的“下游”企业是指使用项目的产出物作为原材料和半成品的企业，项目的产品可能会对这些企业的经济效益产生影响，使其闲置的生产能力得到充分利用，或使其生产成本有所降低。例如，如果在国内已经有了很大的电视机生产能力而显像管生产能力不足时，兴建显像管生产厂会对电视机厂的生产产生刺激。显像管产量增加，价格下降，可以刺激电视机的生产和消费。大多数情况下，项目对“上下游”企业的关联效果可以在项目投入物和产出物的影子价格中得到反映，在项目的直接费用和效益计算中，不应再计算间接效果。不过也有些间接影响难以在影子价格中计算，需要作为项目的外部效果计算。

五、转移支付

在工程项目费用与效益的识别过程中，经常会遇到国内借款利息、税金以及财政补贴等问题的处理。这些都是财务评价中的实际收支，但从国民经济整体的角度来看，这些收支并不影响社会最终产品的增减，都未造成资源实际耗用的增加，而仅仅是资源的使用权在不同的社会实体之间的一种转移。这种并不伴随着资源增减的纯粹货币性质的转移，即为转移支付。因此，在国民经济评价中，转移支付不能计为项目的费用或效益。在工程项目的国民经济评价中，对转移支付的识别和处理是关键内容之一。常见的转移支付有税金、补贴、利息等。

（一）税金

在财务评价中，税金是一种财务支出。企业缴纳税金就要减少其净收益，但并未减少国民收入，并未发生社会资源的变动，只是将企业的这笔货币收入转移到政府手中而已，属于收入的再分配，因此，在国民经济评价中不属于费用或效益。

（二）补贴

补贴是一种货币流动方向与税金相反的转移支付，包括价格补贴、出口补贴等。政府对工程项目进行价格补贴，虽然使工程项目的财务收益增加，但同时也使国家财政收入减少，实质上仍然是国民经济中不同实体之间的货币转移，补贴并未增加社会资源，也未减少社会资源，国民收入并未因补贴而发生变化。因此，国家给予的各种形式的补贴，都不能计为国民经济评价中的费用或效益。

（三）利息

利息是利润的一种转化形式，是客户与银行之间的一种资金转移，从国民经济整体来看，并不会导致资源的增减，因此也不能计为国民经济评价中的费用或效益。

第三节 影子价格

一、影子价格的概念

在大多数发展中国家，包括我国在内，都或多或少地存在着产品市场价格的扭曲或失真现象。而在计算工程项目的费用和效益时，都需要使用各类产品的价格，如果用这样的“失真”价格来评价项目，往往会得出不正确的评价结论，导致决策失误。因为在一个价格被“扭曲”了的市场上，由于价格体系的失真，采用现行市场价格进行宏观经济评价，不足以反映项目对国民经济的贡献。因此，为了真实反映项目的费用和效益，有必要在项目经济评价中对某些投入物和产出物的市场价格进行调整，采用一种更为合理的计算价格，即影子价格。

“影子价格”这个术语是20世纪30年代末40年代初，由荷兰数理经济学家、计量经济学创始人之一詹恩·丁伯根和苏联数学家、经济学家、1975年诺贝尔经济学奖获得者列·维·康特罗维奇分别提出来的，在西方最初被称为预测价格或计算价格，苏联称为最优计划价格。后来，美籍荷兰经济学家库普曼主张统一称为影子价格，这一提法为理论界所普遍接受。

影子价格是进行项目国民经济评价、计算国民经济效益和费用时专用的价格，是指依据一定原则确定的，能够反映投入物和产出物真实经济价值，反映市场供求状况，反映资源稀缺程度，使资源得到合理配置的价格。可见，影子价格并非实际交换价格，而是一种理论上的虚拟价格，是为了实现一定的社会经济发展目标而人为确定的、更为合理（相对

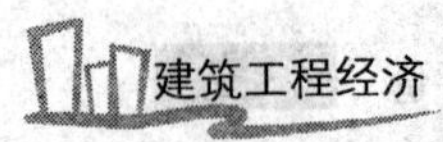

于实际交换价格）的价格。

二、影子价格的确定原则

在实际工作中，由于各种条件的限制，影子价格难以用数学模型来计算，而需采用某些实用方法来确定。建设项目的国民经济评价虽然不能简单地采用交换价格，但是现实经济中的交换价格毕竟是对资源价值的一种估价，而且这种价格信息又是大量存在于现实经济之中，所以获得影子价格的基本途径是以交换价格为起点，将交换价格调整为影子价格。目前，国际上常用由利特尔和米尔里斯提出，并被经济合作与发展组织（OECD）和世界银行采用的利特尔—米尔里斯法，以及联合国工业发展组织推荐的 UNIDO 法来确定影子价格。

（一）影子价格的类型

在确定货物的影子价格之前，都是首先将货物区分为贸易货物和非贸易货物两大类，然后根据项目的各种投入物和产出物对国民经济的影响分别处理。而我国在《建设项目经济评价方法与参数》（第 2 版）中，将项目的投入物和产出物分为外贸货物、非外贸货物和特殊投入物（劳动力、土地等）三种类型，如图 7－1 所示。

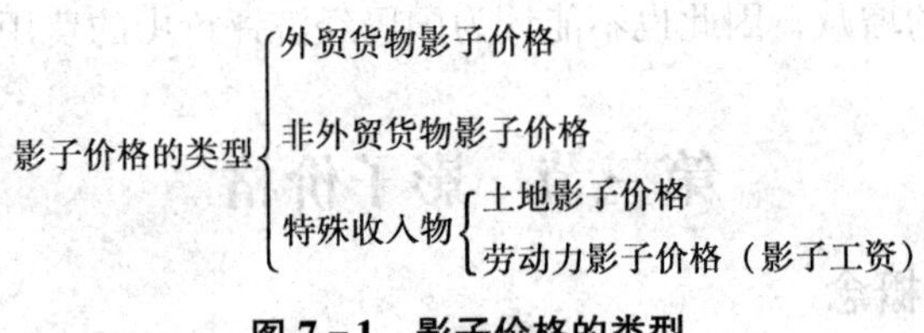

图 7－1　影子价格的类型

（二）影子价格的确定

1. 外贸货物的影子价格

外贸货物是指其生产、使用将直接或间接影响国家进口或出口的货物，包括项目产出物中直接出口、间接出口和替代进口的货物；项目投入物中直接进口、间接进口和减少出口的货物。外贸货物的影子价格以实际可能发生的口岸价为基础，乘以影子汇率，再加上或者减去国内运杂费和贸易费用。

投入物影子价格（项目投入物的到厂价格）= 到岸价 × 影子汇率 + 国内运杂费 + 贸易费用

产出物影子价格（项目产出物的出厂价格）= 离岸价 × 影子汇率 − 国内运杂费 − 贸易费用

贸易费用是指外贸机构为进出口货物所耗用的、用影子价格计算的流通费用，包括货物的储运、再包装、短途运输、装卸、保险、检验等环节的费用支出，以及资金占用的机会成本，但不包括长途运输费用。贸易费用一般用货物的口岸价乘以贸易费率来计算。贸易费率由项目评价人员根据项目所在地区流通领域的特点和项目的实际情况测定。

2. 非外贸货物影子价格

非外贸货物是指其生产、使用将不影响国家进口或出口的货物，主要包括不能进行外贸的货物或服务，如建筑物、国内运输等，还包括受地理位置限制、运输费用过高或受国内外贸易政策等限制而不能进行外贸的货物。

（1）项目产出物的影子价格

对于增加供应数量，满足国内消费的项目产出物，若国内市场供求均衡，应采用市场价格定价；若国内市场供不应求，应参照国内市场价格并考虑价格变化的趋势定价，但不应高于质量相同的同类产品的进口价格；对于无法判断供求情况的，则取以上价格中较低者。

对于不增加国内市场供应数量，只是替代其他生产企业的产出物，使其减产或停产的项目产出物，若质量与被替代产品相同，应按被替代产品的可变成本加上因产品质量提高而带来的国民经济效益（可近似地按国际市场价格与被替代产品价格之差来确定）定价，也可按国内市场价格定价。

产出物按上述原则定价后，再计算为出厂价格。

（2）项目投入物的影子价格

对于能通过原有企业挖潜（无须增加投资）而增加供应的，按分解成本（通常仅分解可变成本）定价；对于需要通过增加投资扩大生产规模以满足拟建项目需求的，按全部成本（包括固定成本和可变成本）定价；当难以获得分解成本所需要的资料时，可参照国内市场价格定价。

对于无法通过扩大生产规模增加供应的（减少原用户的供应量），参照国内市场价格、国家统一价格加补贴中较高者定价。

投入物按上述原则定价后，再计算为到厂价格。

3. 特殊投入物的影子价格

项目的特殊投入物是指项目在建设、生产运营中使用的劳动力、土地等。项目使用这些特殊投入物所发生的国民经济费用，应分别采用下列方法确定其影子价格。

（1）影子工资

在大多数国家中，由于社会的、经济的或传统的原因，劳动者的货币工资常常偏离竞争性劳动市场所决定的工资水平，因此不能真实地反映单位劳动的边际产品价值，因而产生了劳动市场供求失衡问题。在此情形下，对工程项目进行国民经济评价，就不能简单地把项目中的货币工资支付直接视为该项目的劳动成本，而要通过“影子工资”对此劳动成本进行必要的调整。

影子工资，即劳动力的影子价格，是指由于工程项目使用劳动力而使国民经济所付出的真实代价，由劳动力的机会成本和因劳动力转移而发生的新增资源消耗两部分组成，其表达式为：

$$影子工资 = 劳动力机会成本 + 新增资源消耗$$

式中　劳动力机会成本——劳动力在本项目中被使用，而不能在其他项目使用而被迫放弃的劳动收益；

新增资源消耗——项目使用劳动力后，由于劳动力就业或迁移而增加的交通运输费用、城市管理费用、培训费用等，这些资源的耗用并未提高劳动者的收入水平。

在国民经济评价中，影子工资可通过影子换算系数计算得到，即将财务评价时所用的工资与福利费之和（合称名义工资）乘以影子工资换算系数求得，其计算公式为：

$$影子工资=(财务工资+福利费)\times 影子换算系数$$

影子换算系数指影子工资与项目财务评价中的劳动力工资之间的比值，是由国家相关部门根据国家劳动力的状况、结构以及就业水平等综合因素统一测定和发布的。《建设项目经济评价方法与参数》（第2版）中规定，一般工程项目的影子换算系数为1，即影子工资的数值等于财务评价中的名义工资，在建设期内使用大量民工的项目，如水利、公路项目，其民工的影子工资换算系数为0.5。在项目评价中，评价人员可根据项目所在地区劳动力的充裕程度以及所用劳动力的技术熟练程度，适当提高或降低影子工资转换系数。比如对于在就业压力很大的地区、占用大量非熟练劳动力的工程项目，影子工资转换系数可小于1；对于占用大量短缺的专业技术人员的工程项目，影子工资转换系数可大于1；对于中外合资合营的工程项目，由于其中方工作人员的技术熟练程度一般较高，国家和社会为此付出的代价较大，因此中方工作人员的影子工资转换系数通常也都大于1。

（2）土地影子价格

土地影子价格反映土地用于该拟建项目后不能再用于其他目的所放弃的国民经济效益，以及国民经济为其增加的资源消耗。土地影子价格由土地机会成本和新增资源消耗构成，其表达式为：

$$土地影子价格=土地机会成本+新增资源消耗$$

土地机会成本按项目占用土地后国家放弃的该土地最佳可替代用途的净效益计算。土地影子价格中新增资源消耗一般包括拆迁费用和劳动力安置费用。在实践中，土地平整等开发成本通常计入工程建设费用中，因此，在土地影子价格中不再重复计算。

土地影子价格应根据项目占用土地所处位置、项目情况以及取得方式分别确定。一般情况下，通过招标、拍卖和挂牌出让方式取得使用权的国有土地，其影子价格可按财务评价计算；通过划拨、双方协议方式取得使用权的土地，应分析价格优惠或扭曲情况，参照公平市场交易价格，对价格进行调整；经济开发区优惠出让使用权的国有土地，应参照当地土地市场交易价格类比确定；当难以用市场交易价格类比确定土地影子价格时，可采用收益现值法或以开发投资应得收益加土地开发成本确定。

第四节　国民经济指标及报表

一、国民经济评价的指标

工程项目国民经济评价中的经济效果，主要反映在国民经济赢利能力上，其基本指标为经济内部收益率和经济净现值。

（一）经济内部收益率（EIRR）

经济内部收益率是反映项目对国民经济净贡献的相对指标，它表示项目占用资金所获得的动态收益率，也是项目在计算期内各年经济净效益流量的现值累计等于零时的折现率。其表达式为

$$\sum_{t=1}^{n}(B-C)_t(1+EIRR)^{-t}=0$$

式中 B——国民经济效益流入量；

C——国民经济费用流出量；

$(B-C)_t$——第 t 年的国民经济净效益流量；

n——项目的计算期（年）；

$EIRR$——经济内部收益率。

在评价工程项目的国民经济贡献能力时，经济内部收益率等于或者大于社会折现率，表示项目对国民经济的净贡献达到或者超过要求的水平，应认为项目可以接受；反之，则应拒绝。

（二）经济净现值（ENPV）

经济净现值是反映项目对国民经济净贡献的绝对指标，是用社会折现率将项目计算期内各年的净效益流量折算到建设期初的现值之和。其表达式为

$$ENPV=\sum_{t=1}^{n}(B-C)_t(1+I_s)^{-t}$$

式中 $ENPV$——经济净现值；

i_s——社会折现率；

其他符号同上式。

在评价工程项目的国民经济贡献能力时，项目经济净现值等于或者大于零，表示国家为拟建项目付出的代价可以得到符合社会折现率要求的社会盈余，或者除得到符合社会折现率要求的社会盈余外，还可以得到以现值计算的超额社会盈余，应认为项目可以接受；反之，则应拒绝。经济净现值越大，表示项目所带来的经济效益的绝对值越大。项目经济净现值是反映项目对国民经济净贡献的绝对指标。

经济内部收益率和经济净现值是国民经济评价的重要指标，计算时需要注意其中的参数是国民经济评价意义上的费用和效益，计算方法与财务评价相似。

二、国民经济评价报表的编制

编制国民经济评价报表是进行国民经济评价的基础工作之一。国民经济效益费用流量表有两种，即项目国民经济效益费用流量表（见表 7－1）和国内投资国民经济效益费用流量表（见表 7－2）。项目国民经济效益费用流量表以全部投资（包括国内投资和国外投资）作为分析对象，考察项目全部投资的赢利能力；国内投资国民经济效益费用流量表以

国内投资作为分析对象，考察项目国内投资部分的赢利能力。

项目国民经济效益费用流量表一般在项目财务评价基础上进行调整编制，有些项目也可以直接编制。

（一）在财务评价基础上编制项目国民经济效益费用流量表

在财务评价基础上编制项目国民经济效益费用流量表的步骤如下。

表7-1 项目国民经济效益费用流量表 （单位：万元）

序号	项目	合计	计算期					
			第1年	第2年	第3年	第4年	…	第 n 年
1	效益流量							
1.1	产品销售（营业）收入							
1.2	回收固定资产余值							
1.3	回收流动资金							
1.4	项目间接效益							
2	费用流量							
2.1	建设投资（不含建设期利息）							
2.2	流动资金							
2.3	经营费用							
2.4	项目间接费用							
3	净效益流量							

注：计算指标：经济内部收益率、经济净现值。

1）剔除财务评价中已计算为费用或效益的转移支付，将财务现金流量表中列支的销售税金及附加、增值税、国内借款利息作为转移支付剔除。

2）增加财务评价中未反映的间接收益和间接费用。分析确定哪些是项目重要的外部效果，需要采用什么方法估算，并保证效益费用的计算口径一致。

表7-2 国内投资国民经济效益费用流量表 （单位：万元）

序号	项目	合计	计算期					
			第1年	第2年	第3年	第4年	…	第 n 年
1	效益流量							
1.1	产品销售（营业）收入							
1.2	回收固定资产余值							
1.3	回收流动资金							
1.4	项目间接效益							
2	费用流量							

续表

序号	项目	合计	计算期					
			第1年	第2年	第3年	第4年	…	第n年
2.1	建设投资中国内资金（不含建设期利息）							
2.2	流动资金中国内资金							
2.3	经营费用							
2.4	流至国外的资金							
2.4.1	国外借款本金偿还							
2.4.2	国外借款利息偿还							
2.4.3	其他							
2.5	项目间接费用							
3	国内投资净效益流量							

注：计算指标包括经济内部收益率、经济净现值。

3）调整建设投资。用影子价格、影子汇率逐项调整构成投资的各项费用，剔除涨价预备费、税金、国内借款建设期利息等转移支付项目。进口设备价格调整通常要剔除进口关税、增值税等转移支付。建筑工程费和安装工程费按材料费、劳动力的影子价格进行调整；土地费用按土地影子价格进行调整。

4）调整流动资金。财务账目中的应收、应付款项及现金并没有实际耗用国民经济资源，在国民经济评价中应将其从流动资金中剔除。如果财务评价中的流动资金是采用扩大指标法进行估算的，则国民经济评价仍应按扩大指标法，以调整后的销售收入、经营费用等乘以相应的流动资金指标系数进行估算；如果财务评价中的流动资金是采用分项详细估算法进行估算的，则应用影子价格重新分项估算。

5）调整经营费用。用影子价格调整各项经营费用，对主要原材料、燃料及动力费用用影子价格进行调整；对劳动工资及福利费用影子工资进行调整。

6）调整销售收入。用影子价格调整计算项目产出物的销售收入。

7）调整外汇价值。对于国民经济评价各项销售收入和费用支出中的外汇部分，应用影子汇率进行调整，计算外汇价值。从国外引入的资金和向国外支付的投资收益、贷款本息，也应用影子汇率进行调整。

（二）直接编制国民经济效益费用流量表

有些行业的项目可能需要直接进行国民经济评价，判断项目的经济合理性。可按以下步骤直接编制国民经济效益费用流量表：

1）识别和计算项目的直接收益与费用、间接收益与费用；

2）价格体系调整，以货物的影子价格、影子工资、影子汇率和土地影子费用等计算项目固定资产投资、流动资金、经营费用、销售收入（或收益）；

3）编制国民经济效益费用流量表，计算项目国民经济评价指标。

三、国民经济评价参数

（一）影子汇率

影子汇率是指两国货币实际购买力的比价关系，即外汇的影子价格，是项目在国民经济评价中，将外汇换算为本国货币的系数。影子汇率是一个重要的国家经济参数，它体现了从国民经济角度对外汇价值的估量，它不同于官方汇率或国家外汇牌价，能够正确反映外汇对于国家的真实价值，由国家统一测定发布，并且定期调整。目前我国发布的是影子汇率换算系数。影子汇率换算系数是国家相关部门根据国家现阶段的外汇供求情况、进出口结构、换汇成本等综合因素统一测算和发布，目前影子汇率换算系数取1.08。在项目经济评价中，将外汇牌价乘以影子汇率换算系数即得影子汇率。例如，当美元的外汇牌价＝6.354元/美元时，美元的影子汇率＝美元的外汇牌价×影子汇率换算系数＝6.354×1.08＝6.86元/美元。

（二）社会折现率

社会折现率是从国民经济角度考察工程项目投资所应达到的最低收益水平，实际上也是资金的影子价格。社会折现率是投资决策的重要工具，在项目经济评价中，主要作为计算经济净现值的折现率，同时也是用来衡量经济内部收益率的基准值。社会折现率作为资金的影子价格，代表着资金占用在一定时间内应达到的最低增值率，体现了社会对资金时间价值的期望和对资金赢利能力的估算。因此，适当的社会折现率可以促进资源的合理分配，引导资金投向对国民经济净贡献大的项目。

社会折现率需要根据国家社会经济发展目标、发展战略、发展优先顺序、发展水平、宏观调控意图、社会成员的费用效益时间偏好、社会投资收益水平、资金供应状况、资金机会成本等因素进行综合分析，由国家相关部门统一测定和发布。1987年原国家计委发布的《建设项目经济评价方法与参数》（第1版）中规定，社会折现率为10%。1993年，由建设部和原国家计委联合批准发布的《建设项目经济评价方法与参数》（第2版）中规定，社会折现率为12%。经过专题研究和测算，2006年发布的《建设项目经济评价方法与参数》（第3版）中规定社会折现率为8%，但对远期收益率较大的项目，允许采用较低的折现率，但不应低于6%。

本章小结

建设项目的国民经济评价是从全社会和国民经济的角度出发，按照资源合理配置的原则，运用国家规定的影子价格等国民经济参数，分析建设项目所耗费的社会资源和对社会的贡献，评价投资项目的经济合理性。

为了正确计算项目对国民经济的净贡献，必须掌握国民经济评价与财务评价之间的区别和联系，识别国民经济的费用和效益，计算国民经济评价的影子价格、影子工资、影子汇率以及社会折现率等各种参数的确定和适用条件，编制国民经济评价报表，计算国民经济评价指标，判断建设项目的经济合理性和宏观可行性。

思考与练习

1. 什么是建设项目的国民经济评价？
2. 简述国民经济评价与财务评价的关系。
3. 国民经济评价中费用与效益的识别原则是什么？
4. 简述直接效益与直接费用、间接效益与间接费用的概念。
5. 在国民经济评价的费用和效益中，哪些项目属于转移支付？
6. 简述影子价格的概念及确定影子价格的方法。
7. 影子工资、土地影子价格应如何确定？
8. 简述国民经济评价参数的种类和概念。

第八章 价值工程

学习目的和学习要求

通过学习本章，了解价值工程的产生与发展，掌握价值工程的定义与特点；掌握价值工程的一般工作程序、分析对象选择的原则与方法、功能评价的方法，了解方案改进与创新的方法；了解建筑工程价值分析的特点并能在建筑工程实际中使用价值工程的理论进行分析问题；理解价值工程的内涵，掌握价值工程理论解决实际问题的程序；掌握功能评价方法的使用；掌握价值工程理论在建筑工程中的应用。

第一节 价值工程概述

一、建筑工程价值分析的特点

价值分析在建筑工程中的应用，比其他产业要晚得多，就连价值工程的发祥地美国，直到 1970 年有关团体才召开会议，研究价值工程在建筑工程中的应用问题。日本也是在这一年首次召开“建筑工程 VE 讨论会”，之后才成立了本行业的价值分析的学术团体。

价值分析在建筑工程中的应用难度比较大，这是由建筑产品及其技术经济特征所决定的。国外建筑工程的价值分析，一般是由设计部门组织价值分析小组，从分析各项功能入手，提出问题，设计出多种改进方案，最后经价值分析选出最优方案。建筑工程价值分析的特点如下。

（一）设计和施工的一次性

建筑产品具有建造和使用地点固定等特点，许多工业或民用建筑工程项目，从设计到施工都是一次性的单件生产，设计图纸一般不再重复使用，因此本设计的改进就不会为下一项目工程带来经济效益。不过每项建筑工程的费用一般数额较大，特别是大中型工程项目的建设耗资巨大，开展价值分析同样具有重要意义，虽然是一次性设计施工，其节约额也是非常可观的。

随着建筑工业化的发展，传统的生产方式方法将逐渐被淘汰，工厂化大批量生产的建筑构件、配件以及成套的装配式建筑日益增多，施工现场机械化施工的工作量不断增加，其生产方式将逐渐接近制造业的大生产，为开展价值分析创造了条件。因此，要抓住建筑工程中按标准化、定型化、工厂化生产的构件和配件以及标准住宅等开展价值分析活动。从设计、材料、生产工艺、运输、安装、使用等各个环节，寻求降低成本的可能，经济效益就会从小到大，积少成多，价值分析活动就会不断地壮大起来，得到广泛应用和发展。

（二）寿命周期长和经营使用费比重大

凡是寿命周期长和使用费比重大的产品，要按产品的整个经济寿命周期（包括使用年限）来计算全部费用，既要降低一次性的生产成本，又要节约经常性的使用费，并尽可能延长其使用年限。一般来说非临时性建筑的使用寿命都比较长，有的长达几百年甚至上千年。不过从经济效益来考虑，使用寿命一般都在百年以下，多数不超过 50 年。但即使是这样，计算出整个使用期中的各种费用也是非常困难的，因为在今后的几十年的时间内，影响用于建筑工程费用的因素很多，如工程的拆迁、灾害的损失、未来的改建、维修的规模等。随着技术的进步，未来建筑材料、设备的发展水平都是无法估计的，而这项费用占总费用的比重又比较大，故有效地展开建筑工程价值分析工作必不可少，这就给价值分析工作带来很大影响。基于这一点，进行技术经济的科学研究就显得更为重要了。

（三）影响建筑物总费用的部门和因素多

一般工业品的价值分析，由生产该产品工厂的科研或设计部门负责就可以了。而建筑工程所涉及的部门和因素相对而言比较多，开展价值分析活动往往要组织各有关单位参加，运用各方面的经济技术知识才能取得理想的效果。

建筑物一般都由若干不同功能的单位工程组成，如土建工程、给排水、卫生、照明、暖气通风等。其中土建工程又包括基础、砖石、混凝土及钢筋混凝土、装饰等近十个分部分项工程。这些分部分项工程因采用的材料、施工工艺不同，其单位成本相差也很大。建筑物的直接费就是由以上各项的费用组成的，其中土建工程所占比重最大，特别是民用建筑，它决定着建筑物的使用性质、建筑标准、平面和空间布置等重大问题。其次是水、暖、电、卫和机械设备与安装工程。各单位工程之间互有联系又互有影响，不过主要是土建对其他工程的影响。但在研究功能、成本和价值的关系时，必须从全局出发，以节约总费用为目的，权衡各因素的利弊，统一考虑降低成本、改善功能的措施，切不可片面地为节省某项工程的费用而不顾其他工程的成本。

二、价值工程的基本概念

人们从事任何活动特别是经济活动，在客观上都存在两个基本问题：一是活动的目的与效果；二是达到这一目的或效果所付出的代价。而价值工程将这两个方面紧密地连接起来。简言之，价值工程是以最低的总费用、可靠的实现产品或作业的必要功能，着重于功能分析的有组织的活动。对于建筑产品，用户在技术性能、外观、价格、质量等方面会提出各种各样的要求。于是，技术人员总是力求做到技术方案通过技术经济评价后再付诸实施，但技术经济工作并没有结束，在方案的实施过程中，还应继续改进与完善，以便方案能产生更好的经济效果。在这方面，价值工程和由它发展起来的建筑产品价值管理是一种行之有效的技术经济手段，建筑产品的价值观贯穿于建筑产品生产的全过程。

（一）价值工程的含义

价值工程是以最低的总费用，可靠的实现产品或作业的必要功能，着重于功能分析的有组织的活动。我国国家标准 GB 8233—87 给出价值工程定义是："价值工程是通过相关领域的协作，对所研究对象的功能与费用进行系统分析，不断创新，旨在提高对象价值的思想方法和管理技术。"上述价值工程的定义包括以下含义。

1. 寿命周期成本（或称总成本）

价值工程的目标是以最低的总费用即寿命周期成本达到产品或作业所必须具备的功能。即提高研究对象的价值，以获取最佳的综合效益。寿命周期成本 C 由总成本费用 C_1 和使用成本 C_2 构成。寿命周期成本的高低与产品的功能水平具有内在的联系。一般来说，在技术条件不变的情况下，随着产品功能的提高，总成本费用上升，使用成本下降，而寿命周期成本呈马鞍形变化，如图 8－1 所示。

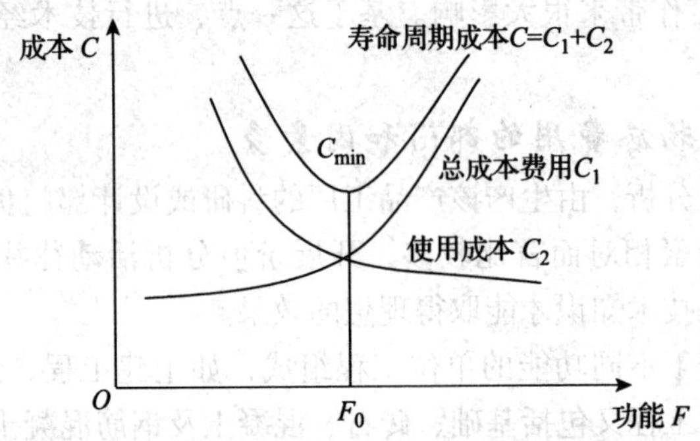

图 8－1　产品寿命周期成本与功能关系

寿命周期成本有一个最低点 C_{min}，产品功能则相应有一个最适宜水平 F_0，功能过高，虽然使用成本较低，但总成本费用过大，则总成本费用仍很高；反之，功能过低，虽然总成本费用较低，但使用成本太大，生命周期成本也偏高，只有功能适宜才能使寿命周期成本最低。

从价值工程的定义可知，价值工程使用功能分析的方法，以最低成本获得产品的必要功能，从而达到提高价值的目的。因此，在价值工程活动中，形成了功能、成本、价值三者之间的等式关系：

$$价值（V）=\frac{功能（F）}{成本（C）}$$

功能是一种产品或作业所担负的职能和所起的作用。这里有一个观念问题，即用户购买产品或作业，购买的并非是事物本身，而是此事物具有的必要功能。功能过高，必然会导致成本费用提高，而用户并不需要，从而造成功能过剩；反之，又会造成功能不足。

在不同的情况下，成本有着不同的含义。例如，顾客购买商品房时，其成本就相当于商品房的价格；房地产建筑商建造商品房时，其成本相当于建造该商品房的成本。但无论是顾客还是房地产开发商，只要做一些深入的分析，就会发现成本应视为建筑产品——商品房的寿命期费用（成本）。产品有自然寿命和经济寿命之分。自然寿命时指产品从开始研制、生产，投入使用，直至损坏不能再使用为止；当产品使用到某一点时，虽未完全损坏，但从经济效益考虑，继续使用已经不合算而适宜报废时，此时点就称为产品的经济寿命终点。产品在其经济寿命周期中的全部费用称为产品的寿命周期成本。

2. 价值工程的研究对象范围很广

凡为获取功能而发生费用的事物，均可作为价值工程的研究对象，如产品、工艺、工程、服务或它们的组成部分等。

3. 价值工程的核心

价值工程的核心是对研究对象进行功能分析。

总的来说，价值工程是一种开发集体智力资源、有组织有领导的活动。它通过各有关领域的协作，运用创造工程的理论和技巧，对研究对象破旧立新，创造出最佳的改进实施方案，以取得良好的技术经济效果。

价值工程中所指的“价值”与政治经济学中的“价值”不同。政治经济学中的“价值”是指凝结在商品中的社会必要劳动（即价值构成的范畴）；而价值工程中的“价值”是指产品的功能或效用与获得此种功效所必须支出的成本或费用之间的关系，它是评价某一事物与实现它的耗费相比合理程度的尺度。这里所指的事物可以是产品，也可以是服务等。具体的讲，试制生产某种产品，从事某种生产劳务活动，购买某种物品等，是耗费单位成本或费用所换来的功能。

（二）价值工程的特点

价值工程是以最低的寿命周期成本获得产品的必要功能，并着重于产品或劳务的功能研究的有组织的活动。这里的产品是指材料、制成品、机械及设备、工具、土木建筑产品等；劳务则是指工艺、工序、作业、组织机构等。实践证明，价值工程可以成功地应用于这些领域以及其他更广阔的领域。价值工程的特点为：

1）价值工程的目的是以最低的总成本来可靠地实现必要的功能；

2）价值工程是一项有组织、有领导的集体活动；

3）价值工程的核心是对产品进行功能成本分析。

具体地说，价值工程就是着眼于全寿命周期成本，以提高价值为目标，以功能分析为核心，是有组织的集体创造活动，一般应用在方案的研究设计阶段。

（三）价值工程的作用

1）价值工程可以有效地提高经济效益，价值工程以功能分析为核心，通过功能分析，保证必要的功能，剔除不必要的过剩功能、重复功能及无用功能，从而去掉不必要的成本，提高产品的竞争力。

2）可以延长产品市场寿命期，产品的市场寿命周期是指一种产品投放市场到被淘汰为止所持续的时间，是一个从诞生、成长、成熟到衰亡的过程。开展价值工程，改进产品式样、结构、品种、质量，提高产品功能，可以延长产品市场寿命。

（四）价值工程的一般工作程序

我国国家标准《价值工程基本术语和一般工作程序》（GB 8223—87）规定的价值工程的一般工作程序（见表 8 - 1）。

表 8-1 价值工程的一般工作程序

阶段	步骤	价值工程提问
准备阶段	选择对象	VE 对象是什么?
	组成价值工程工作小组	围绕 VE 对象须做哪些基本工作?
	制订工作计划	
分析阶段	收集整理信息资料	VE 对象的功能是什么? VE 对象的成本是什么? VE 对象的价值是什么?
	功能系统分析	
	功能评价	
创新阶段	方案创新	有其他方案能实现这个功能吗? 新方案的成本是什么? 新方案能满足功能要求吗?
	方案评价	
	提案编写	
实施阶段	审批	怎样保证新方案的实施?
	实施与检测	
	成果鉴定	VE 活动的效果是什么?

价值工程的整个过程实际上是提出问题、分析问题、解决问题的过程。其工作重点是对象选择与情报资料收集、功能分析、方案创新与评价。

第二节 价值工程对象的选择和情报资料的收集

一、分析对象的选择

(一) 选择对象的原则

总的来讲，对象选择要遵循提高经济效益这一基本原则。对于建筑产品可以定性地考虑以下几个方面:

1) 投资额大的工程项目;

2) 面广、量大的建筑产品;

3) 结构复杂、建筑自重大、稀缺材料用量多的项目;

4) 能耗大、能量转换率低的工程项目;

5) 污染严重的工程项目;

6) 用户意见多的建筑产品;

7) 投入力量小但收益快的简单项目，易获取情报的项目，设计周期短的项目;

8) 同类项目中技术指标差的项目;

9) 社会需要量大、竞争激烈的产品项目;

10) 对国民经济影响大的项目;

11) 对企业生产经营目标影响大的项目。

（二）价值工程选择分析对象的方法

选择分析对象常用以下几种方法：ABC 分析法（又称成本比重法）、价值系数分析法、最合适区域法等。

1. ABC 分析法

ABC 分析法是意大利经济学家帕莱脱创造的，现已被广泛使用，尤其在材料成本分析中。根据 ABC 分析法，对某一产品的全部零（部）件的成本比重进行分析时，往往有 10% ~20% 的零件的累计成本占总成本的 70% ~80%，这 10% ~20% 的零件就是“关键的少数”，将各零件按其成本大小进行排序，按表 8 -2 原则进行区域分类，然后进行对象选择。

表 8 -2　ABC 区分类原则

零件种类	零件数量 n	零件成本 C	研究对象的选择
A 区	少，10% ~20%	高，70% ~80%	重点对象
B 区	其余	其余	一般对象
C 区	多，70% ~80%	低，10% ~20%	不作为对象

下面以某住宅楼为例介绍 ABC 分类法的步骤。

【例 1】 某八层住宅工程，结构为钢筋混凝土框架，材料、机械、人工费总计为 216 357. 83元，建筑面积为 1 691. 73m^2。试用 ABC 法选择分析对象。

解答

（1）列出各分部工程所占费用分部表，见表 8 -3。

表 8 -3　分部工程费用表

分部工程名称	代号	费用/元	所占百分比（%）
基础	A	29 113. 01	13. 46
墙体	B	41 909. 53	19. 37
框架	C	75 149. 86	34. 73
楼地面	D	10 446. 04	4. 83
装饰	E	20 571. 49	9. 51
门窗	F	33 777. 31	15. 61
其他	G	5 390. 59	2. 49
总　计		216 357. 83	100. 00

（2）按费用（或所占百分比）大小排序，做出费用分配比重曲线表，见表 8 -4。

（3）划分 ABC 区：框架、墙体、门窗的累计费用占总费用的 69. 71%，列为 A 区；装饰、楼地面和其他 16. 83%，故列入 C 区；基础列入 B 区。

（4）选择分析对象：A 区框架、墙体、门窗和 B 区的基础费用占总费用的 83. 17%，是影响工程造价的关键因素，降低费用的潜力很大，因此在有足够的力量的情况下，将A区、B区同时列为价值工程的分析对象。ABC分类法可层层反复应用，比如对A区分部工程再找出A区的分项工程，例如框架工程的制作、安装、运输及损失率。

表8-4　分部工程费用ABC分析表

分部名称	代号	费用/元	总计百分比（%）	累计百分比（%）
框架	C	75 149.86	34.73	34.73
墙体	B	41 909.53	19.37	54.1
门窗	F	33 777.31	15.61	69.71
基础	A	29 113.01	13.46	83.17
装饰	E	20 571.49	9.51	92.68
楼地面	D	10 446.04	4.83	97.51
其　他	G	5 390.59	2.49	100.00
总　计		216 357.83	100.00	—

这种方法的缺点是：没有将费用与功能联系起来共同考虑，容易忽视功能重要但成本不高的对象。

2. 价值系数分析法

当某一产品由多个零件组成，而这些零件的重要性又各不相同时，可用价值系数法选择分析对象，其步骤如下。

(1) 计算功能系数

可用01、04评分法等（强制确定法或FD法）计算功能系数，01评分法具体做法：将零部件排列起来，一对一地进行重要性的比较，重要者得1分，不重要者得0分，自己与自己比较不得分用“×”表示，再累计，用下式计算：

$$\text{功能系数}（F_i）=\frac{\text{零部件得分累计}}{\text{总分}}$$

注：强制确定法不能直接反映功能差异很大或很小的零部件间的关系。

例如，某个产品有五个零部件，相互间进行功能重要性对比。以某一评价人员为例，见表8-5。

表8-5　01评分表

零件名称	A	B	C	D	E	得分
A	×	1	1	0	1	3
B	0	×	1	0	1	2
C	0	0	×	1	0	1
D	1	1	0	×	1	3
E	0	0	1	0	×	1
总分						10

如请10个评价人员进行评定，把10人的评价得分汇总，求出平均得分和功能评价系数，见表8－6。

表8－6　功能评价系数计算表

	一	二	三	四	五	六	七	八	九	十	得分总数	平均得分	功能评价系数
A	3	4	4	4	4	4	4	3	4	4	38	3.8	0.38
B	2	3	3	2	3	3	1	2	3	2	24	2.4	0.24
C	1	1	0	1	2	0	1	1	0	2	9	0.9	0.09
D	3	2	3	3	1	3	4	3	2	2	26	2.6	0.26
E	1	0	0	0	0	0	0	1	1	0	3	0.3	0.03
总计	10	10	10	10	10	10	10	10	10	10	100	10.0	1.00

功能评价系数

$$F_i = \frac{\text{平均得分}}{\text{平均得分总和}}$$

（2）求成本系数

$$\text{成本系数}（C_i）= \frac{\text{零部件成本}}{\text{总成本}}$$

（3）求价值系数

$$\text{价值系数}（V_i）= \frac{\text{功能系数}（F_i）}{\text{成本系数}（C_i）}$$

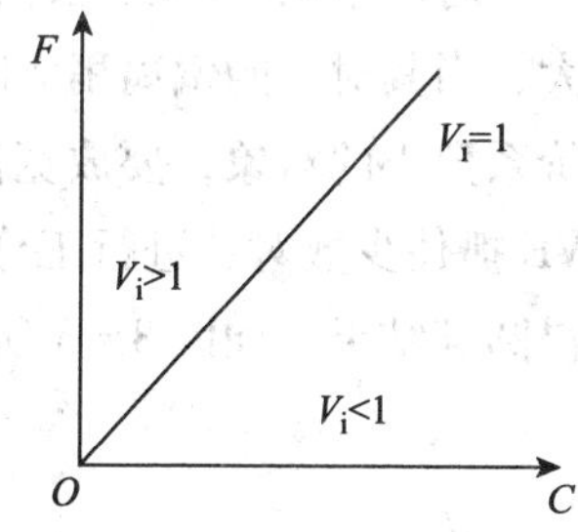

图8－2　价值系数坐标图

最后根据图8－2按以下原则进行选择：

$V_i<1$，成本偏高，应作为分析对象；

$V_i>1$，较理想，但若 V_i 很大可能存在质量隐患，则要考虑；

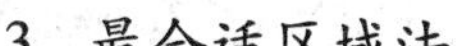

$V_i=1$，重要性与成本相符，是合理的，不必分析。

3. 最合适区域法

最合适区域法是日本东京大学田中教授于1973年在美国价值工程师学会举办的国际学术讨论会上提出的，所以又叫田中法。最合适区域法是一种在价值系数法的基础上利用一个最合适区域来精选价值工程对象、选择价值工程改进对象的方法。这种方法的思路是：通过求价值系数来选择VE目标。价值系数相同的对象，由于各自的成本系数与功能评价系数的绝对值不同，因而对产品价值的实际影响有很大差异。在选择目标时不应把价值系数相同的对象同等看待，而应优先选择对产品实际影响大的对象；至于对产品影响小的，则可根据必要与可能，决定选择与否。

例如，有A、B、C、D四个零件，有关数据见表8－7。

表 8-7 数据表

零件名称	功能评价系数	目标成本/元	成本系数	价值系数
A	0.090	100	0.10	0.9
B	0.009	10	0.01	0.9
C	0.20	100	0.10	2.0
D	0.02	10	0.01	2.0
⋮	⋮	⋮	⋮	⋮
合计	1.00	1 000	1.00	—

从表 8-7 看出，由于它们的功能评价系数和目标成本的绝对值不同，虽然价值系数相同，但对产品价值的改善实际影响有很大差异，如零件 A 将价值系数提高 0.1，成本可降低 10 元；而零件 B 若将价值系数提高 0.1，成本仅降低 1 元。若将零件 C 的价值系数减到 1，需将 C 的成本提高 1 倍，即增加 100 元；而零件 D 的价值系数达到 1，则成本最多增加 10 元。很明显，价值系数对产品成本或功能的影响差异很大，所以在根据价值系数选择 VE 对象时，还应区别对象的成本系数和功能评价系数绝对值的大小，分别加以控制。

对成本系数和功能评价系数大的对象要从严控制，不允许其价值系数对 1 的偏离过大，当其对 1 的偏离稍大时，即应选为 VE 对象，以提高其价值。对于成本系数和功能评价系数小的对象，要放宽控制，即使其对 1 的偏离较大，也可不列为 VE 对象。这样可使 VE 抓住少数对象进行工作。不被对象过多所迷惑，又能保证不漏掉重点对象，使 VE 获得圆满结果，如图 8-3 所示。

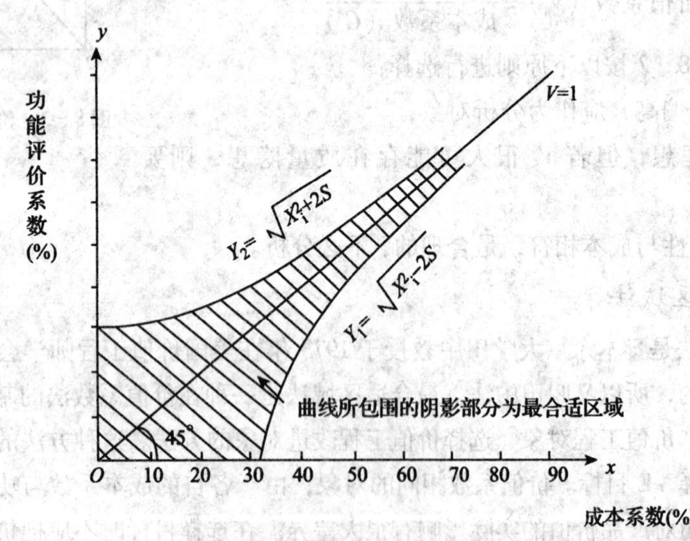

图 8-3 价值系数坐标图

构成最适合区域的两条曲线是这样确定的：在线上找任意一点 Q，如图 8-4 所示，设其价值系数坐标（X，Y）至标准线 $V=1$ 的垂线 QP 即 Q 点到标准线的距离 R 与 OP 即

P 点到坐标中心 O 的长度 L，R 与 L 的乘积是一个给定的常数 S。

$$R \times L = R_1 \times L_1 = R_2 \times L_2 = S$$

若 S 一定，L 大则 R 小，L 小则 R 大，这样两条曲线能满足最适合区域的需要。（远点对象从严控制，近点对象从宽控制）

显然 S 取得越大，阴影部分面积就越大，VE 的目标将选择得少；反之，若给定的 S 较小，选定的 VE 目标就多一些。S 取值一般视选择目标的需要人为给定。在应用时可以通过试验，代入不同的 S 值直到获得满意结果为止。即可通过代表各个对象的点在图中的分布情况，选一个 S 值，绘出曲线。若大多数点（≥80%）都落在区域内，即可认为是一最合适区域。否则，需再改变 S 值，重新画曲线，直至获得满意结果为止。

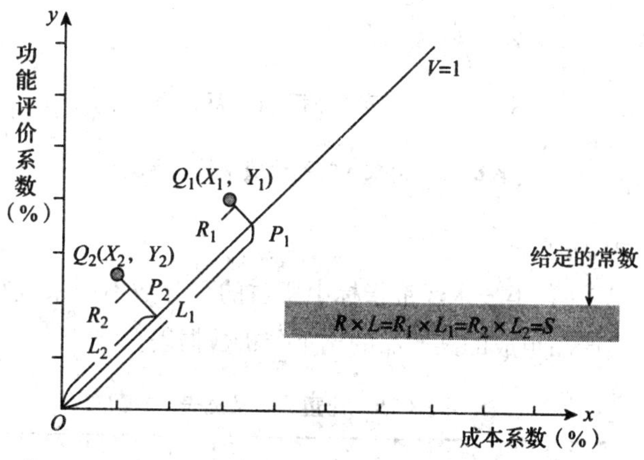

图 8－4 确定最合适区域的坐标图

现以自来水笔为例，具体数据见表 8－8，取 $S = 50$。

表 8－8 数据表

编号	零件名称	功能评价系数	成本系数	价值系数
1	气孔	4. 35	1. 12	3. 88
2	押簧	5. 65	1. 23	4. 59
3	杆尾	7. 76	3. 91	1. 98
4	笔圈	9. 08	6. 50	1. 40
5	墨水	16. 06	6. 93	2. 32
6	笔尖	13. 60	8. 41	1. 62
7	吸墨水管	7. 25	11. 62	0. 62
8	笔套	20. 54	13. 97	1. 47
9	杆身	15. 68	36. 31	0. 43

自来水笔的价值系数坐标图如图 8－5 所示。

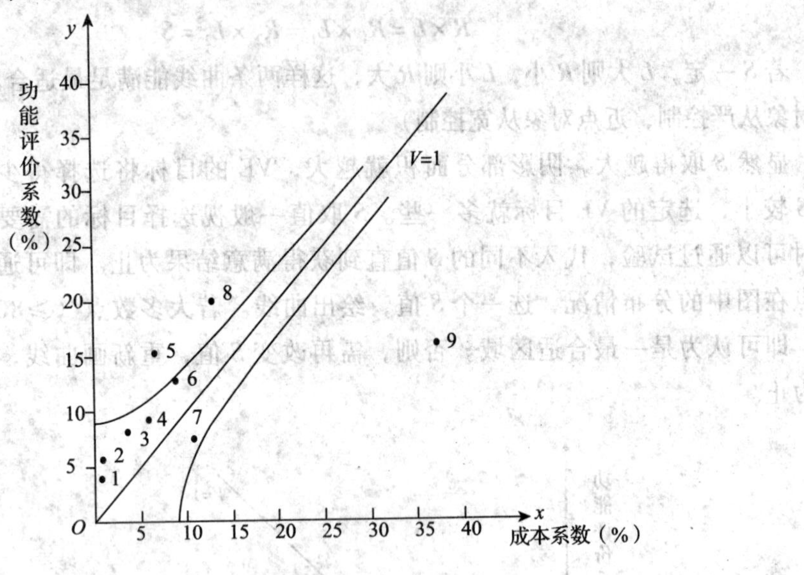

图 8－5　自来水笔的价值系数坐标图

4．比重分析法

通过分析不同产品在各类技术经济指标中所占的百分数不同来进行比较，找出 VE 对象。表 8－9 为由七类产品组成的某产品的比重分析数据表。

表 8－9　比重分析数据表

零部件	A	B	C	D	E	F	G	合计
动力消耗比重（%）	34	29	17	10	5	3	2	100
产值比重（%）	36	30	7	12	7	6	2	100

由上表可以看出，A、B 零部件动力消耗较多，产值比重也较大，两者比较吻合；而 C 类产品零部件动力消耗较多，但产值比重较小，应选为 VE 对象。

选择 VE 对象的方法除上述方法外还有：经验估计法、用户评分法、成本模型法、功能重要性分析法，等等。总之，选择 VE 对象的方法很多，应根据具体情况灵活运用或结合使用。

二、收集情报

在价值分析对象确定之后，就进入对分析对象的现状及改进的可能性调查研究、收集必要情报阶段。情报是价值工程的资源，没有情报，价值工程将无法进行。从某种意义上讲，情报的数量、质量与适时性决定着价值工程成果的大小。

收集情报首先要明确目的，制订计划。进行情报收集时要注意情报的完整程度和准确程度，并按规定的期限完成。

情报资料从范围上来说，有企业内外和国内外资料；从内容上分，原则上包括产品研制、生产、流动、交通、消费全过程的有关资料；从性质上分，包括产品使用情报、销售情报、技术情报、供应情报、成本方面情报等内容。收集资料时要注意目的性、可靠性，适时性。信息来源主要有企业员工、顾客、销售商、供应商、竞争者、发明家。

下面十种类型的产品是当今新产品发展的普遍趋势：节能型、多用型、轻微型、工艺型、安全型、系列型、自控型、智力型、边缘型、高精尖型。

收集情报的方法主要有购买法、交换法、观察法、发调查表法、直接见面法。

第三节　功能分析

价值工程对象确定后，便着手对围绕它收集到的有关情报资料进行功能分析。价值工程的主要工作就是系统地分析产品、产品部件、组件、零件或一项工程以及工程项目的功能，找出提高价值的途径。功能分析是价值工程活动的中心环节。

功能分析着重从产品的功能入手，找出功能上的问题，明确改进重点，加以创新、改进。最有效的方法就是价值工程方法。简单地说，功能分析就是功能定义、功能分类、功能整理和功能评价的过程。

一、功能定义

功能定义是根据已有信息资料用简洁、准确的词语表达研究对象的功用或作用。功能是指某个产品或零件在整体中所担负的职能或所起的作用，即表述了“它是干什么用的”。

（一）设计功能定义的依据

设计功能是实现整体功能的手段，设计功能的定义总是与实现整体功能的方式方法相关。设计方案构想：如何实现整体功能，设计者可提出一定的设计方案构想，构想可以是初步的、方向性的。依据设计构想，逐层定义出功能要素。

（二）定义设计功能的原则

定义设计功能的过程是对原方案或构想抽象化、系统化的过程，也是语言表达的过程，它必须遵循以下三个原则：

1）定义设计功能必须以实现整体功能为目的，任何偏离这一目的或无益于整体功能实现的功能都是不必要功能和多余功能。

2）定义设计功能必须有利于引导方案创造，易于激发创意，开阔设计思路。

3）定义设计功能要简练明确，也就是功能的定义要表达简洁、内容明确、含义清晰。

（三）定义设计功能的方法

为了做到简明扼要，定义功能一般采用“两词法”，即用两个词组成的词组来定义功能。根据评级的结构方式，功能定义又分为动宾词组型功能定义和主谓词组型功能定义。

某个零部件的功能表现为对某个被作用对象的运作行为，只要认清了这个动作及其被作用对象，也就明确了这个零部件的功能。

主谓词组型主要用来表述功能的一些特征要求，如收音机要求“收台清晰”“音质宏亮”等。

二、功能分类

一台设备或者一个项目并不是只有一个功能，因此，组成一台设备的若干个零部件常具有为数众多的功能。因此就需要对功能进行分类，以便改进产品结构，剔除不必要的或过剩功能而增补不足的功能，开拓新的功能，以满足用户需要，这是功能分类的目的。功能按不同标志有以下分类。

（一）按重要性分类

1. 基本功能

基本功能是产品得以独立存在的基础，是实现产品用途必不可少的功能，是用户购买该产品的目的。一般来说，用户在购买产品时，要对产品提出各种要求，这就构成了产品的总体功能，其中能满足用户基本要求的那一部分功能，就是产品是基本功能。例如，矿灯的基本功能是发光照明、变速箱的基本功能是改变速度、钻床的功能是钻孔等。

2. 辅助功能

辅助功能是实现基本功能的手段，是为了有效地实现基本功能而由产品设计者附加上去的功能。它的作用是相对基本功能来说的，是次要的。例如，手表的基本功能是精确计时，但采用什么手段实现这一基本功能呢？是机械摆动，还是石英振荡？是指针显示，还是液晶显示？是夜光显示，还是照明显示？再如，变速机构的基本功能是改变速度，在设计时，是采用齿轮变速，还是采用皮带变速？是机械变速，还是液压变速？这也是设计者为实现改变速度这一基本功能而加上去的辅助功能。

正因为辅助功能是设计者附加上去的二次性能，所以，它是可以改变的。对一个系统设计方案来说，辅助功能是必不可少的，但在不影响基本功能的前提下是可以改变的。由于辅助功能中常常包含不必要功能，而且辅助功能在设备成本中占很大比重，有时竟高达70%～80%，因此，价值工程的直接目标和工作重点往往针对辅助功能而展开。改善辅助功能和消除不必要的功能，可以大大降低成本。

（二）按性质分类

1. 使用功能

凡是从设备使用目的方面所提出的各项特性要求都属于这种功能。例如，人们所需要的把新鲜物品冷冻起来无害保存功能，就是电冰箱的使用功能。

2. 美观功能

它是指设备外观、形状、色彩、气味、手感和音响等方面的功能，即人们对美的享受功能。例如，人们对钢笔的需求，即要求它使用起来方便、好看，而且又要求它外观漂亮。一般消费品都同时有外观功能和使用功能，而对于机器而言，基本上只看它的使用功能。至于装在机器内部的零部件，只要有时用功能，在外观美学上不过分要求。

（三）按用户要求分类

1. 必要功能

这是指设备符合使用者所要求的必须具备的作用或功能，即设备的使用价值。如果一台设备的功能低，就满足不了使用者的需要；如果过高，则超过了实际需要，即使用者在使用过程中有多余的功能根本用不上；如果一台设备各个零部件的自然寿命不是相等的，也自然会给使用者造成一定的浪费。

2. 不必要功能

这是指使用者不需要的功能，即多余的功能。例如，在手表上装上指南针，对于一般人来讲，根本用不上，这就是不必要的功能。在产品中往往包含这种功能，一部分原因是由于设计者没有掌握功能的本质，或者是没有对准用户的要求，主观臆断附加上去的；另一部分则是因为设计不合理而造成的。

3. 过剩功能

这种功能是指超过使用者所需要的某种用途或特性值。例如，在设计时，对公差的精度、材料的质量、安全系数等要求过高；或在生产过程中大材小用、优材劣用、整料零用。

三、功能整理

功能整理就是按一定的逻辑关系，把产品各构成要素的功能连接起来，构成一个功能系统图。它是功能评价和方案构思的依据。

（一）功能整理的目的

1）明确功能间的相互关系。

2）发现不必要功能。

3）检查功能定义的正确性。

4）便于划分功能区域。

5）确定改进的着手点。

（二）功能整理的方法

整理功能可以采用功能分析系统技术（Function Analysis System Technique，FAST），即利用功能之间的上下位关系和并列关系进行整理。功能整理，主要按照“目的—手段”的逻辑关系来进行，如图 8 – 6 所示。

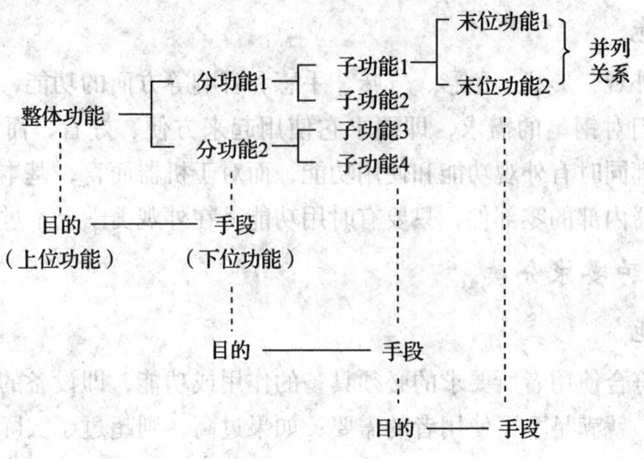

图 8-6　功能系统图

按照以上原理，我们可以绘出平屋顶功能系统图，如图 8-7 所示。

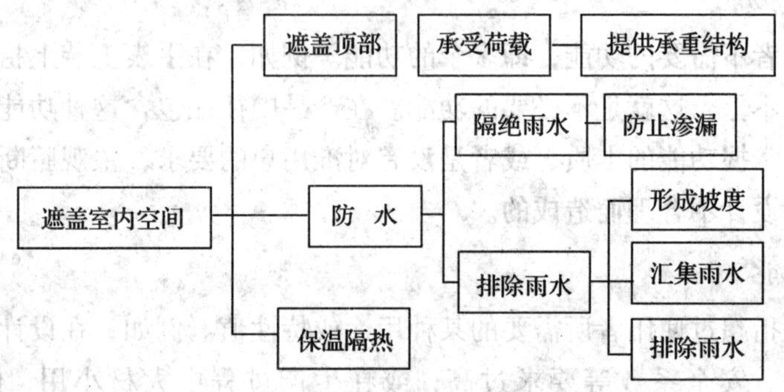

图 8-7　平屋顶功能系统图

四、功能分析的方法

功能分析的基本方法是：针对分析的对象，提出合乎逻辑的逐步深入的一连串问题；通过对这些问题的解答，最后得出功能最佳、成本最低的方案，也就是"价值"最高的结果。所提出的问题可以归纳为五个：

1）价值分析的对象是什么？

2）它是干什么用的（功能是什么）？

3）它的成本是多少？

4）有无其他方法实现相同的功能？

5）新方案的成本是多少？

五、功能评价

功能评价是根据功能系统图，在同一级的各功能之间，运用一定的技法，计算并比较多个功能价值的大小，从而寻找功能与成本在量上不匹配的具体改进目标以及大致经济效果的过程。

（一）功能评价的目的

1. 找出低价值功能区域或功能单元

即从众多的价值工程对象中进一步缩小范围，选定价值工程的重点对象，并定出需要改进的具体课题和先后次序。

2. 定出目标成本

就是在分析对象改进后，成本能降低到的程度。即为功能设置的成本目标值，也称为预计成本。目标成本的确定要考虑许多制约条件，如市场情况、竞争对手情况以及本企业的技术和管理水平等。通过功能评价能定出目标成本的大致范围。

3. 取得工作的动力

通过科学分析，明确了改进的课题，看到了改进的潜力，对即将取得的经济效益已初步估算出来时，人们必将为实现这一目标而努力工作。

（二）功能评价的程序

确定功能评价的一般步骤是：

1）确定对象的功能评价值；

2）计算对象功能的目前成本；

3）计算分析对象的价值；

4）计算成本改进期望值；

5）根据对象价值的高低及成本降低期望值的大小，确定改进的对象及优先次序。

（三）功能评价的方法

1. 功能成本法

确定功能评价值可以用功能成本法。功能成本法一方面要计算各功能的实际成本 C_p，另一方面需确定实现功能的最低成本，即目标成本 C_m。

$$价值系数（V）=\frac{目标成本（C_m）}{实际成本（C_p）}$$

目标成本确定有三种方法。

（1）方案估算法

在几个可行方案中选取最低的成本作为 C_m。

（2）最低现状成本法

以同类产品中成本最低的作为功能评价标准。用这个预先制定的成本标准求出不同功能程度的指标 C_m，如图 8－9 所示。

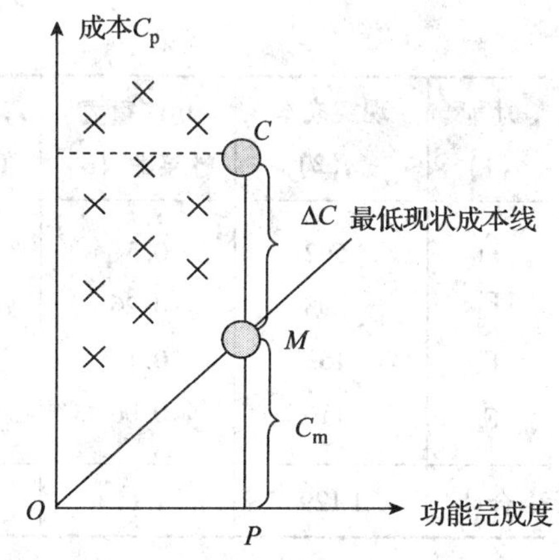

图 8－8 最低现状成本法示意图

最低线状成本线反映了实际生产中不同功能水平的最低成本 C_m，C_m 在功能水平 P 上不应大于 M 点的成本值。

(3) 比率法（DARE 法）

举例说明，步骤如下。

设某新设备共有 FA1、FA2、FA3、FA4、FA5 五个功能领域，其重要性关系为：

1）FA1 的重要性为 FA2 的 2 倍；

2）FA2 的重要性为 FA3 的 0.5 倍；

3）FA3 的重要性为 FA4 的 3 倍；

4）FA4 的重要性为 FA5 的 1.5 倍。

具体如表 8－10 所示。

表 8－10 功能评价表

功能领域	重要性互比值	修正重要性互比值	重要程度系数	功能评价值（目标成本）/元
FA1	2.0	4.50	4.50/13.75=0.33	0.33×100=33
FA2	0.5	2.25	0.16	16
FA3	3.0	4.50	0.33	33
FA4	1.5	1.50	0.11	11
FA5	—	1.00	0.07	7
合计	—	13.75	1.00	100

若该产品目标成本为 100 元，则各功能领域的目标成本可根据其重要性来进行分配。再如某老产品改进设计，现实成本已知（假定为 1 129 元）。将已知现实成本分摊到各功能上去，再根据功能评价值求价值系数及成本降低值。具体计算如表 8－11 所示。

表 8－11 功能评价计算表

（单位：元）

功能 (1)	现实成本 C_i(2)	功能重要性系数 (3)	功能评价值 F_i (4)	价值系数 V_i [(4) / (2)]	成本降低期望值 ΔC_i[(2)－(4)]	改善优先次序
F_1	562	0.51	459	0.817	103	2
F_2	298	0.26	236	0.798	64	3
F_3	153	0.17	153	1.000	0	
F_4	116	0.06	54	0.509	62	1
合计	1 129	1.00	900	—	229	

2. 功能指数法

$$价值指数(V_i)=\frac{功能指数 F_i}{成本指数 C_i}$$

确定功能指数的方法有以下几种。

(1) 强制确定法(01、04 评分法)

04 评分法与01 评分法相似，但其评分标准不同：① 非常重要的一方4 分，另一方则0 分；② 比较重要的一方3 分，另一方则1 分；③ 两者相同重要，则各得2 分。

【例2】 各种功能的重要性关系为：F_3 相对于 F_4 很重要；F_3 相对于 F_1 较重要；F_2 和 F_5 同样重要；F_4 和 F_5 同样重要。用04 评分法计算各功能的权重填写表格，见表8－12所示。

表8－12　各功能权重表

功能	F_1	F_2	F_3	F_4	F_5	得分	功能指数
F_1	×	3	1	3	3	10	0.25
F_2	1	×	0	2	2	5	0.125
F_3	3	4	×	4	4	15	0.375
F_4	1	2	0	×	2	5	0.125
F_5	1	2	0	2	×	5	0.125
$\sum$	—					40	1.000

(2) 多比例评分法

多比例评分法是强制法的延伸。在对比评分时，按(0，1)、(0.1，0.9)、(0.2，0.8)、(0.3，0.7)、(0.4，0.6)、(0.5，0.5)这六种比例来评定功能指数。

(3) 比率法(DARE 法)

价值计算与分析：

$$V=\frac{F}{C}=\frac{C_m}{C_p}$$

三种情况：$V<1$，作为功能改进对象；$V>1$，作为一般性考虑对象；$V=1$，不作为功能改进对象。

第四节　方案创新与评价

一、方案创新的方法

功能评价决定了VE 对象和其目标成本，回答了“它的成本是多少”“它的价值是多少”的问题。现在就应转入方案创新阶段，以回答“有无其他方法实现这个功能”，因此在方案创造阶段，要充分发挥VE 人员的创造精神，尽可能多地提出改进设想和构思设计，以便从中挑出最优方案。只有把所有可能的方案提出来，做到整体详尽，才可能做到择优。

激发方案创造的办法很多。在进行群体决策之前，群体的组织与问题准备非常重要，组织者讨论问题应该清楚界定，参与人员应该是了解情况的专家或者利益相关者。

（一）头脑风暴法

头脑风暴法（Brain Storming）最早由奥斯本（A. F. Osborn）于20世纪50年代提出。头脑风暴法是指让人敞开思想、畅所欲言的一种方法，这种方法的主要特点是把有关的人员召集在一起，让他们就某一专门问题无拘束地发表意见。这种聚会有一些规定，不允许对别人提出的意见进行反驳，即使是提出极其荒谬的意见也不允许反驳。在这样的聚会上也不作结论，鼓励大胆自由地思考问题，思路越广越受欢迎，意见提得越多也越受欢迎。但允许人们经过协商联合提出某种意见。

采用这种方法人数不可过多，以十几个人为宜，时间不可过长，以半小时至1小时为宜。这种方法据统计每小时可产生60～150项建议，比一般方法多70%。尽管其中有若干方案可能毫无意义，不切实际，甚至荒唐可笑，但也有可能很有价值，很有创见。

一般来说，采用这种方法应针对比较单一明确的问题。如果问题涉及面很广，因素很多，则应把复杂问题分解为单一性的小问题。这种方法的优点是使人解放思想，敢于大胆地想问题；缺点是整理意见、分析意见要花很多时间。

从头脑风暴法中还派生出另一各种方法，叫做反向头脑风暴法。它的作用是让人们对某个方案只提批评意见，尽量挑毛病，甚至吹毛求疵，从而根据批评意见修改这个方案，使之尽量达到完美程度。

（二）德尔菲法

德尔菲法（Delphi Method）是一种集中各方专家的意见，预测未来事件的方法，最初是由美国兰德公司和道格拉斯公司共同提出的。这种方法的程序如下。

1）就预测内容写成若干条含义明确的问题，规定统一的评估方法。

2）根据情况，选择有关专家数十人，将上述问题邮寄给他们，征求他们的意见。各专家互相之间不沟通，对专家的姓名要保密，避免因专家意见彼此不同而产生消极影响。

3）将专家的意见收集起来，对每一问题进行统计处理，找出答案中的中位数和分布情况。

4）将统计结果再反馈给专家，每个专家根据统计结果，考虑其他专家的意见，对自己的建议进行修改，但全部过程都需保密。

5）将修改过的意见再寄给专家，这样经过几次反复，取得比较一致的意见。

由此可见，德尔菲法也可称为有控制的反馈法。采用这种方法要求征求意见的问题需明确具体，问题不可过多，如实地反映专家意见，问题不能带有编拟者的主观倾向性。这种方法的好处在于：一方面，被调查者彼此不见面，不了解真名实姓，避免产生相互之间的消极影响；另一方面，经过几次反馈，意见比较集中，便于决策者下决心。我国一些研究机构也曾用德尔菲法对国内的情况进行预测，效果很好。

（三）提喻法

提喻法（Synectics）是由哥顿（W. J. Gordon）提出的，故又称哥顿法。其做法是邀请5~7人参加会议进行讨论，但讨论的问题与即将进行决策的方案没有直接关系，而是运用类比的方式进行讨论。类比的方式是多种多样的，如拟人类比、象征类比、幻想类比等。如果问题是研究某种夜视仪，则可邀请专家来讨论猫头鹰眼睛的夜视功能。如果问题是某项人事任命问题，则可讨论担任某种职务的人员需要具备什么品质的问题。采用这种类比的方式，把熟悉的事情变成陌生的事情有助于人们摆脱思维框架的束缚，充分利用自己的想象力开拓新的思路。

（四）方案前提分析法

方案前提分析法（Strategic Assumption Analysis）与提喻法相类似。它并不直接讨论有待解决的备选方案本身，而是讨论这些方案所依据的前提。下面举一个例子来说明。

某个小型机械厂今年试产一批洗衣机，虽然不十分畅销，但都卖出去了。明年怎么办？为此提出了三种备选方案：第一个方案是按设计批量生产；第二个方案是修改原设计方案，待制订出新的设计方案后再投产；第三个方案是不生产洗衣机，改为生产其他机械产品。

这里虽然有三个备选方案，但它们都是根据需求量、用户对质量的要求和本厂设计能力来考虑的。需求量会迅速增加是三个方案的共同前提，没有差别，故可不必讨论。余下有四个前提假设需要讨论：

前提1，用户对洗衣机的质量和性能的要求会迅速提高；

前提2，用户对洗衣机的质量和性能的需求在几年内不会有很大变化；

前提3，本厂完全有能力在短期内设计出满足用户的新型洗衣机；

前提4，本厂无力在短期内设计出新型洗衣机。

前提1、2和3、4分别是同一问题的两种相反的假设。通过讨论，如果1和3前提成立，当采用第二种方案；如果1和4前提成立，则应选第三个方案；如果前提2能够成立，则选第一个方案。

方案前提分析法有时不仅要讨论方案的前提，而且还要讨论方案前提的前提，使讨论步步深入。这种方法有下述几个优点。

1）参加备选方案讨论的专家，往往也是这些方案的提出者。如果讨论方案本身，他们往往要尽量证明自己提出的方案是正确的，因而不能客观地分析问题。

2）如果参加讨论的人数较多，意见很杂，则难于解决意见分歧。在这种情况下，往往采取调和折中的方案，而不是正确的方案。分析方案的前提则比较容易集中正确的意见，从而得出正确的方案。

3）由于深追方案的前提，可以对方案的论据了解得更透彻、更深入，从而增加选择方案的把握。

（五）非交往型程式化决策法

此法的程序及其设计的依据如下。

1）主持者向与会者通知开会地点与时间，但不告知议题。这是因为根据调研，获通知者大多不能作认真准备，只是忙于自己的业务，想到会上见机行事。

2）与会者到齐后，主持者宣布议题，一般每次只议一个题目，解决一个问题，通常不超过2小时。

3）主持专家宣布全体进行“沉默准备”，发给每人纸笔，并规定时限（10～20分钟）。此时规定不允许互相交谈，每人埋头就议题准备意见。在此条件下，人们不能不认真思考准备。据统计，在同样人数条件下，就同一议题，传统常规决策法一般可得7～8项意见或方案，此法则可得17～21项。

4）到指定时间后，每人依次宣读自己准备好的意见，但每轮只读一条，并由记录员将发言要点记在大家可见的黑板或大白纸上。每轮发言的起点及顺序由主持者随机指定（包括他本人在内）。这样做，可使每人获得均等发言机会，不致或不易发生个人主宰会议等现象。记录要点是因为方案很多，不记下则易疏漏。这样逐轮依次发言，至每人备妥的意见全都陈述完为止。

5）大家对不明白处提出问题，由原提议者解释澄清。但提问者不得对对方意见进行评价或批评，解答者不得鼓吹，只就事论事地予以补充说明。这便可避免因感情对立造成对抗与僵局。相信每人都会冷静思考，并具有自己的分析判断力。

6）每个人将各备选方案，按照各自对其质量高低的判断，列出顺序。如备选意见过多，主持者可限定选取方案数量（如共有18条方案，可令只选10条较佳者）。

7）记录员对每条意见获票数进行统计，写在黑板上。获票最多者即为群体决策。如是拟定解决某问题的措施，则主持者可酌情决定入选标准，如获票过半者即入选，成为群体选定的措施。

（六）电子会议

最新的方案创新策方法是将名义群体法与尖端的计算机技术结合在一起的电子会议（Electronic Meeting）。多达50人围坐在一张马蹄形的桌子旁，这张桌子上除了一系列的计算机终端外别无他物。他们把自己的回答打在计算机屏幕上。个人评论和票数统计都投影在会议室内的屏幕上。电子会议的主要优点是匿名、诚实和快速。决策参与者能不透露姓名地打出自己所要表达的任何信息，一敲键盘即显示在屏幕上，使所有人都能看到。它还使人们充分地表达他们的想法而不会受到惩罚，它消除了闲聊和讨论偏题，且不必担心打断别人的“讲话”。

专家们声称电子会议比传统的面对面会议快一半以上。例如，菲尔普斯道奇矿业公司（Phelps Dodge Mining）用此方法将原来需要几天的年计划会议缩短到12小时。但是电子会议也有缺点。那些打字快的人使得那些口才虽好但打字慢的人相形见绌；再有，这一过程缺乏面对面的口头交流所传递的丰富信息。不过。由于此项技术尚处于起步阶段，可以预计，未来的群体决策很可能会广泛地使用电子会议技术。

总之，为了使群体决策达到更好的效果，以上方法都有参考意义。这里还应指出，群体决策的方法并非只限于上述几种，还有其他方法，本书不另详述。

二、方案评价

方案评价分为概略评价和详细评价，这两种评价都有自己的技术、经济和社会三方面的评价，最后综合起来再对方案进行综合评价。

概略评价主要是在方案创造阶段对提出的许多设想，进行初略评价，目的是从许多设想方案中选出价值较高的方案，作为具体方案的基础。

详细评价主要是对具体制定的方案进行详细的评价，从中选择最优方案。目的是对许多改进方案提供全面、准确、可靠的评价依据，正式提交审查。

技术评价主要围绕“功能”进行评价，内容是所提方案能否实现所需功能以及实现程度。经济评价是围绕着成本进行评价。社会评价是针对方案给社会带来的利益或影响进行评价。综合评价也叫价值评价，是在技术评价、经济评价、社会评价基础上进行的整体评价。

【例3】 某监理工程师针对设计院提出的某商住楼，提出了A、B、C三个方案，进行技术经济分析和专家调整后得出如表8-13所示数据。

表8-13 三方案功能数据表

方案功能	方案功能得分			方案功能重要程度
	A	B	C	
F_1	9	9	8	0.25
F_2	8	10	10	0.35
F_3	10	7	9	0.25
F_4	9	10	9	0.10
F_5	8	8	6	0.05
单方造价	1 325	1 118	1 226	1.00

问题

在表8-14中计算方案成本系数、功能系数和价值系数，并确定最优方案。

表 8-14 三方案功能数据比较

方案	单方造价	成本系数	功能系数	价值系数	最优方案
A	1 325	0. 361	0. 332	0. 92	
B	1 118	0. 305	0. 333	1. 09	B
C	1 226	0. 334	0. 335	1. 00	
合计	3 669	1. 000	1. 000	—	—

解答

(1) 计算功能得分：

$$\phi_A = 9\times0.25+8\times0.35+10\times0.25+9\times0.1+8\times0.05=8.85$$

同理

$$\phi_B = 8.90$$

$$\phi_C = 8.95$$

(2) 功能总得分：

$$8.85+8.9+8.95=26.7$$

(3) 功能系数：

$$F_A=\frac{8.85}{26.7}=0.332$$

同理

$$F_B=\frac{8.9}{26.7}=0.333$$

$$F_C=\frac{8.95}{26.7}=0.335$$

(4) 成本系数：

$$C_A=\frac{1\ 325}{3\ 669}=0.361$$

同理

$$C_B=0.305$$

$$C_C=0.334$$

(5) 价值系数：

$$V_A=\frac{F_A}{C_A}=\frac{0.332}{0.361}=0.92$$

同理

$$V_B=1.09$$

$$V_C=1.00$$

$$\max\{V_i\}=V_B=1.09$$

因此 B 方案为最优方案。

本章小结

价值工程就是以“必要的功能”与“最低寿命成本”两个因素的结合，在工程经济分析中，它是一种理念，是一种思维方式，是一种建造原则。价值工程的工作程序分为三个阶段七个步骤，它以功能分析为核心，以产品、工艺技术等为研究对象，以有组织的集体创造活动为基础，以提高产品价值为目标。本章阐述了价值工程的基本概念和特征，详细介绍了开展价值工程活动的内容和各种方法。

思考与练习

1. 什么是价值工程？提高产品价值的途径有哪些？价值工程有哪些特点？

2. 简述价值工程的实施步骤。

3. 选择价值分析对象的一般原则是什么？常用哪些方法？

4. 某工程项目设计人员根据业主的使用要求，提出三个设计方案，有关专家决定从五个方面（分别以 $F_1 \sim F_5$ 表示）对不同方案的功能进行评价，并对各功能的重要性分析如下：F_3 相对于 F_4 很重要，F_3 相对于 F_1 较重要，F_2 和 F_5 同样重要，F_4 和 F_5 同样重要。各方案单位面积造价及专家对三个方案满足程度的评分结果如表 8－15 所示。

表 8－15　某工程项目功能评分表

	A	B	C
F_1	9	8	9
F_2	8	7	8
F_3	8	10	10
F_4	7	6	8
F_5	10	9	8
单位面积造价/元	1 680	1 720	1 590

问题：

（1）试用 04 评分法计算各功能的权重。

（2）用功能指数法选择最佳方案（要列式计算）。

5. 在确定某一设计方案后，设计人员按限额设计要求，确定建安工程目标成本额为 14 000 万元。然后以主要分部工程为对象进一步展开价值工程分析。各分部工程评分值及目前成本如表 8－16 所示，试分析各功能项目的功能指数、目标成本（要求列式计算）及应降低额，并确定功能改进顺序。

表 8－16　某工程功能评分及目前成本

功能项目	功能得分	目前成本/万元
A. ±0.00 以下工程	21	3 854
B. 主体结构工程	35	4 633
C. 装饰工程	28	4 364
D. 水电安装工程	32	3 219

问题：

（1）编制功能权重计算表。

表 8-17　某项目功能权重计算表

项目	F_1	F_2	F_3	F_4	F_5	得分	权重
F_1							
F_2							
F_3							
F_4							
F_5							
合　计							

（2）编制某项目成本改进计算表。

表 8-18　某项目成本改进计算表

方案	功能指数	目前成本	目标成本	应降低额	功能改进顺序
A.　±0.00 以下工程					
B.　主体结构工程					
C.　装饰工程					
D.　水电安装工程					

第九章　设备更新方案的比选

学习目的和学习要求

通过学习本章，了解设备磨损的种类和更新意义；熟悉设备更新的程序，掌握经济寿命的计算方法，并能通过经济寿命计算分析做出是否应该更新设备的决策。同时本章还对设备租赁进行了介绍。

案例导引

16万元买了一辆轿车，开1个月后能卖多少钱？现在是信息时代，科技发展很快，设备更新也快，那么作为企业的设备是否要更换呢？企业是自负盈亏的，必须考虑运营成本。某企业5年前购置一设备，价值75万元，当时预计使用寿命15年，残值为零。该设备采用直线法折旧，目前已计提折旧25万元，账面净值50万元。利用这一设备，企业每年消耗的生产成本为70万元，产生的销售额为100万元。现在市场上推出了一种新设备，价值120万元，使用寿命10年，预计10后残值20万元。该设备由于技术先进，效率较高，预期可使产品销售量由原来的每年100万元增加到110万元，同时可使生产成本由每年70万元下降为50万元。如果现在将设备出售，估计售价为10万元。问该企业是否应用新设备替换旧设备？

第一节　设备更新概述

设备是现代工业生产的重要物质和技术基础。进行设备更新是发展生产力、改善产品质量、促进技术进步、提高劳动生产率、提高经济效益的重要手段，设备更新问题对企业的生存和发展非常重要。如果设备更新决策失误，不但达不到预期的目的，还会增加企业负担，阻碍生产力的发展。为此，必须对设备整个运行期间的经济技术状况进行分析和研究，以便做出正确的更新决策。

一、设备更新的概念

设备更新，从广义上讲是指用新的设备替代技术上或经济上不宜继续使用的旧设备，或用先进的技术对原有设备进行局部改造；狭义上仅指以新设备替代旧设备。设备更新决策主要研究以下两个问题：一是决定是否更新，即继续使用旧设备还是更换新设备。二是决定选择什么样的设备来更新。

设备更新，包括设备大修、设备更换、设备更新和设备现代化改装。所谓设备大修，是指通过零件更换和修复，全部或大部分恢复设备的原有性能；所谓设备更换，也称原型更新，是指以与设备性能相同的新设备更换旧设备；所谓设备更新，是指以结构更先进、功能更完善、性能更可靠，生产效率更高、产品质量更好、产品成本更低的新设备代替已磨损不能继续使用或虽可继续使用，但在经济上、对环境影响上，继续使用已不合理的旧设备；所谓设备现代化技术改装，是指通过设备现代化技术改造改善原设备的性能，提高生产能力和劳动生产率，降低使用费用等。实际上，设备更新的决策是在继续使用旧设备还是购置新设备之间的互斥选择。

二、设备更新的意义

设备更新和技术改造是一个国家经济发展的关键要素，各种机器设备的质量和技术水平也是衡量一个国家工业化水平的重要标志。从发达国家经济发展的经验，尤其是近几十年日本的经济发展可以看出，积极采用新技术、新设备可使一个国家的经济力量突飞猛进。在我国，有一些大型企业基本上是20世纪中叶建成的，由于不重视技术改造和设备更新，导致企业长期陷入高耗费、低质量和产品落后的窘境，严重阻碍了我国经济的发展。老企业的设备更新和技术改造，在我国是一项十分重要而又迫切的任务。

（一）设备更新是促进科学技术和生产发展的重要因素

设备是工业生产的物质基础，落后的技术装备必将限制科学和生产的高速发展。科学技术的进步促使生产设备不断改进和提高，生产设备是科学技术发展的结晶。随着科学技术的迅速发展，新技术、新材料、新工艺、新设备不断涌现，沿用陈旧工艺的老设备在产品质量、数量等方面已缺乏竞争力。因此要依靠更新设备来实现高产、优质、低成本，取得较好的经济效益。

（二）设备更新改造是获得最佳经济效益的有效途径

设备更新改造，技术水平提高以后，可使生产率和产品质量大幅度提高，并使产品成本和工人劳动强度降低。同时为适应新产品高性能的要求，也必须采用高性能的设备。

（三）设备更新改造是扩大再生产、节约能源的根本措施

我国能源的有效利用率比先进国家低20%左右，设备效率低、能耗高。更新设备可以有效地节约能源，同时满足市场日益增长的需要，扩大短线对路产品的生产能力，因此我们必须采用更为先进的高效率、高精度设备，来提高产品产量、质量和降低成本。

（四）设备更新改造是搞好环境保护及改善劳动条件的主要方法

生产中常见的污染物的跑、冒、漏及噪声等会对环境造成污染，劳动条件恶劣，使工人劳动强度加大。大多数这方面的问题可通过改造和更新设备得到解决。

三、设备更新的程序

科学地更新应在全面系统了解企业现有设备的性能、服务年限、残值以及目前市场上同类设备的价格、技术进步等情况后，根据企业自身的经济实力和行业内其他企业的设备使用情况，分轻、重、缓、急，有重点地进行设备更新。

（一）设备更新经济分析一般需要解决的问题

1）设备的磨损通过大修理进行补偿在经济上是否合理。

2）对企业来说，设备使用多少年最经济合理。

3）什么时间更新设备最合适。

4）用什么方式更新设备最经济合理。

无论解决哪个问题，设备更新的经济分析都是一个对多个方案进行比较，选择优化方案的过程。

（二）设备更新一般应遵循的程序（见图9－1）

1）确定目标：确定分析的具体设备。

2）收集资料：收集设备磨损程度、费用、价值等资料。

3）计算经济寿命，确定最佳更新时间。

4）拟定更新的方式。

5）选择最佳更新方式。

6）实施。

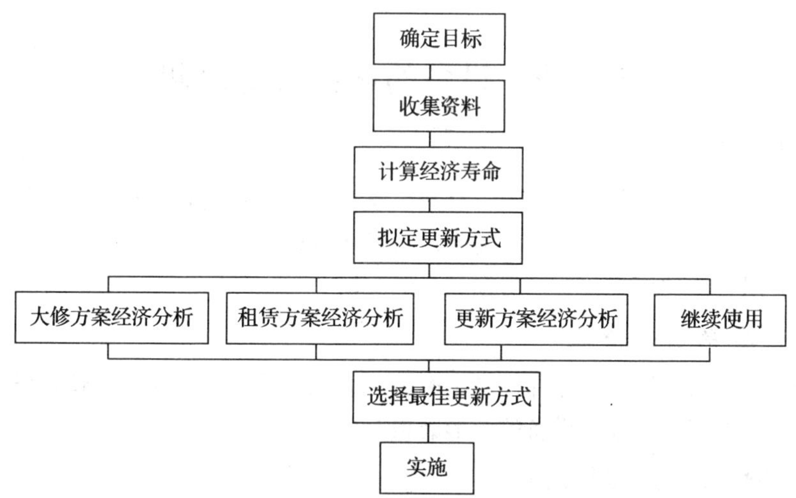

图9－1 设备更新分析程序

四、设备更新的原则

设备是企业生产的重要物质条件，企业为了进行生产，必须花费一定的投资，用以购置各种机器设备。从战略上讲，设备更新是一项很重要的工作。因为一台设备经过多次修理，可以在更长的时间里勉强使用，这样长期使用设备，不进行更新，意味着这么长的时间里技术没有进步，它是生产发展的严重障碍。由于科学技术在日新月异地发展，一些工业发达的国家都很重视设备更新。但由于各国的工业基础不同，装备政策不同，因此更新的具体做法也不相同。设备更新的经济分析就是不同方案的比选，其基本原理和评价方法与互斥型方案的比选相同。但在设备的更新方案比选时，应遵循以下原则。

（一）不必考虑沉没成本

在进行方案比选时，原设备的价值应按目前实际价值计算，而目前的账面价值是不考虑其沉没成本的。例如，某设备 3 年前购置的原始成本是 30 万元，目前的账面价值是 18 万元，现在的净残值仅为 8 万元。在进行设备更新时，3 年前的原始成本 30 万元是过去发生的，与现在的决策无关，因此是沉没成本。目前该设备的价值等于现在的净残值 8 万元。

（二）客观正确地描述新旧设备的现金流量

应该站在一个客观的立场上，遵循供求均衡的原则来考虑设备目前的价值（或净残值）。只有这样，才能客观、正确地描述新、旧设备的现金流量。如新、旧设备进行比较时，不能把卖旧设备的收入作为新设备的现金流入，而应把卖旧设备这笔收入列入购买旧设备的现金流量中。

（三）以剩余经济寿命为基准的逐年滚动比较

在确定最佳更新时机时，应首先计算现有设备的剩余经济寿命和新设备的经济寿命，然后利用逐年滚动计算方法进行比较。

第二节　设备的磨损及寿命期

一、设备的磨损

磨损是设备陈旧落后的主要原因，有磨损就有补偿。补偿有三种形式：修理、更新和改造。这三种方式采用哪种较好，就需要进行经济分析。

设备的磨损有两种形式：有形磨损和无形磨损。

（一）设备的有形磨损

机械设备在力的作用下，零部件产生摩擦、振动、疲劳等现象，致使设备的实体产生磨损，称为设备的有形磨损。设备的有形磨损有以下两种形式。

1. 第Ⅰ种形式的有形磨损

设备在使用过程中，由于各种力的作用，使零部件产生实体磨损，导致零部件的尺寸、形状和精度发生改变，直至损坏。

2. 第Ⅱ种形式的有形磨损

设备在闲置过程中，由于自然力的作用而丧失了工作精度和使用价值。

当设备磨损到一定程度时，设备的使用价值降低，使用费用提高。要消除这种磨损，可通过修理来恢复，但修理费应小于新机器的价值。当磨损达到丧失工作能力时，即经过修理也不能达到恢复功能时，则需用新的设备来代替原有的设备。

设备的磨损程度是衡量使用设备经济性的基础。

（二）设备的无形磨损

所谓设备的无形磨损，是指由于科学进步而不断出现性能更加完善、生产效率更高的设备，使原有的设备价值降低，或者是生产同样结构设备的价值不断降低而使原有的设备贬值。无形磨损也称为经济磨损。

无形磨损也有以下两种形式。

1. 第Ⅰ种无形磨损

由于相同结构设备生产价值的降低而产生原有设备价值的贬值。在这种无形磨损形式下，设备的结构性能并未改变，但由于技术的进步、工艺的改善、成本的降低、劳动生产率的不断提高，使生产这种设备的劳动耗费相应降低，而使原有设备贬值。但设备的使用价值并未降低，设备的功能并未改变，不存在提前更换设备的问题。

2. 第Ⅱ种无形磨损

由于不断出现技术上更加完善、经济上更加合理的设备，使原有设备显得陈旧落后，因此产生经济磨损。这种无形磨损的出现，不仅使原设备的价值相对贬值，而且使用价值也受到严重的冲击，如果继续使用原有设备，会相对降低经济效益，这就需要用更新的设备代替原有设备。但是否更换，取决于是否有更新的设备及原设备贬值的程度。

二、设备磨损的补偿

设备受到磨损需要补偿，磨损形式不同，补偿方式也不同。补偿方式一般有修理、现代化改装和更新。有形磨损的补偿可以是修理或更新；无形磨损的补偿可以是现代化改装或更新。补偿分为局部补偿和完全补偿：修理、改装属于局部补偿；更新属于完全补偿。设备的磨损形式与补偿方式的相互关系如图 9－2 所示。

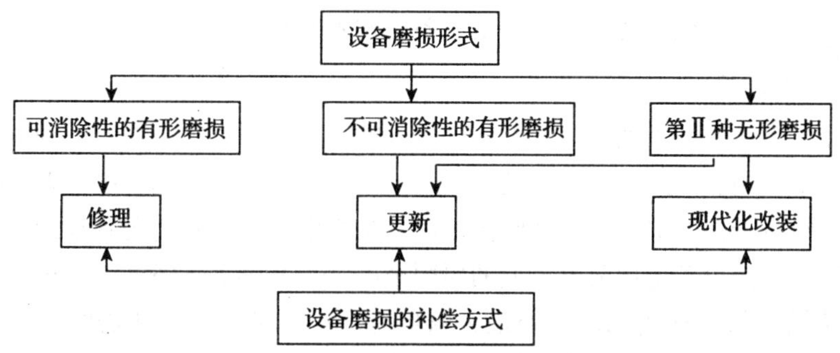

图 9－2 设备磨损及补偿方式

（一）设备修理

设备修理是通过调整、修复或更换磨损的零部件的办法，恢复设备的精度、生产率，恢复零部件及整机的全部或接近全部的功能，以达到出厂标准或精度检查标准。设备中小修是通过调整、修复或更换易损件的办法，达到工艺要求。

（二）设备更新

设备更新主要是以结构更先进、技术更完善、效率更高、性能更好、耗费更低、外观更新颖的设备，代替落后、陈旧，存在第Ⅱ种无形磨损，在经济上不宜继续使用的设备。这是实现企业技术进步、提高经济效益的主要途径。亦可用结构相同的新设备去代替遭受严重有形磨损而不能继续使用的设备，但在科学技术飞速发展的今天，不宜过多采用，否则会导致企业技术停滞。

（三）设备现代化改装

设备现代化改装是对设备的结构作局部的改进和技术上的革新，如增添新的、必需的零部件，以增加设备的生产功能和效率为主，此处不作详细介绍。

三、设备的寿命

由于磨损的存在，设备的使用价值和经济价值会逐渐消逝，因而设备具有一定的寿命。根据对设备考察角度的不同，可将设备寿命划分为以下几个范畴。

（一）自然寿命

自然寿命也称物理寿命，是由有形磨损所决定的设备的使用寿命，指一台设备从全新状态开始使用，产生有形磨损，造成设备逐渐老化、损坏，直至报废所经历的全部时间。正确使用、维护保养、计划检修可以延长设备的自然寿命，但不能从根本上避免其磨损。任何一台设备磨损到一定程度时，必须及时进行修理或更新。

（二）技术寿命

由于科学技术的迅速发展，会不断出现比现有设备技术更先进、经济性更好的新型设备，从而使现有设备在自然寿命尚未结束前就被淘汰。技术寿命是指一台设备可能在市场上维持其价值的时间。也就是说一台设备从开始使用到因技术落后而被淘汰为止所经历的时间，也叫设备的技术老化周期。技术寿命的长短主要取决于科学技术进步的速度，与有形磨损无关。通过现代化改装，可以延长设备的技术寿命。

（三）经济寿命

当设备处于自然寿命后期，由于设备老化，磨损严重，需要花费大量的维修费用才能保证设备的正常使用，因此，从经济性考虑，要对维修费用加以限制，从而截止自然寿命，这便产生经济寿命的概念。所谓经济寿命，是指由设备开始使用到继续使用不经济所经历的时间，是根据设备使用成本最低的原则来确定的。设备的经济寿命可根据设备年均总成本（或费用）最低或年均净收益最大来确定。比如某建筑企业需购买一台绞车，显然，这台绞车使用时间越长，平均每年分摊的购置费用就越小，仅从这点而论，使用时间越长越好；可是从另一方面看，设备的修理保养费用和使用费用（电费、润滑材料费等）随着使用年限的加长而增加。因此，随着使用年限增长而每年分摊的设备投资费用的降低值会被越来越高的修理保养费和使用费所抵消，在这个变化过程中，一定有某一时点，会使年度总成本最低。年度总成本最低时的设备使用寿命即为该设备的经济寿命。经济寿命是由有形磨损和无形磨损共同决定的，在设备更新分析中，它是确定最优设备更新期的主要依据。

（四）折旧寿命

折旧寿命，指按照国家有关部门规定的设备使用年限计算折旧费的年限。设备折旧寿命介于技术寿命和自然寿命之间，其长短取决于国家的财政政策和折旧政策。

四、设备的折旧

（一）折旧的概念

折旧是指由于设备会发生磨损，为使再生产过程不断延续下去，就要将设备因磨损而失去的价值逐渐转移到产品成本中去，并从产品销售收入中收回。这种计入成本回收的设备的转移价值称为折旧费。

因此，从价值角度看，折旧可以看做是设备性能衰退和过时引起损失转移到产品价值中的等量价值。从会计角度看，折旧可以看做是设备在寿命期内注销的设备成本。

从经济分析的角度看：① 折旧应与设备的有形磨损和无形磨损挂钩，这使采用加速折旧变得合理；② 因为折旧费的特点是免税和分期获得，故早期快速折旧意味着企业早期税赋减少，设备投资风险损失减少，而且折旧基金在设备更新期达到之前可用于再投资，从而直接影响企业的实际投资效益。因此对折旧的研究也成为技术经济学研究的重要内容。

折旧费的大小通常用折旧率计算。折旧率是设备年折旧额占设备价值的百分比，合理制定设备的折旧率不仅是正确计算成本的根据，而且是促进设备技术发展、技术进步，有利于设备更新的政策问题。如果折旧率过低，则将人为地扩大利润，夸大积累，会使设备得不到及时更新；反之则会人为地增加成本，影响资金的正常积累，妨碍扩大再生产。

由此可见，合理的折旧制度、正确的折旧率，对提高项目的收益，加速资金周转，增强企业自我改造和发展的能力，促进技术进步等都有着重要的意义。此外，从宏观上看，正确合理的折旧有利于保证国家税收，促进经济发展。

（二）折旧方法的选择

在一般情况下，不同的折旧方法有其所适用的条件。

1. 直线折旧法

1）资产效益的降低是时间流逝的函数，而不是适用状况的函数。

2）利息因素可忽略不计。

3）在资产使用年限中，修理、维护费用、操作效率均基本不变。

2. 快速折旧法

1）修理和维护费是递增的。

2）收入和操作效率是递减的。

3）承认固定资产在使用过程中所实现的利息因素。

4）后期收入难以预计。

由于固定资产到了后期，需要修理的次数逐渐增多，发生事故的风险逐渐增大，因而使用时间减少，收入随之减少；另外，由于操作效率通常都会降低，导致产品产量减少，质量下降，也会使收入减少；此外，效率降低还会造成燃料、人工成本升高，乃至原材料使用上的浪费；加上修理和维护费不断增加，以及设备陈旧，竞争乏力，均会使资产的净收入在后期少于前期。因而在大多数情况下，选择快速折旧法是合理的。

五、设备的经济寿命

（一）设备寿命期限的影响因素

影响设备寿命的因素较多，主要包括设备的技术构成、设备成本、生产产品类型、操作水平和维护质量。

（二）经济寿命周期的计算

从图9－3可以看出，在A点年度总成本最小，设备的经济寿命就是N_0年。

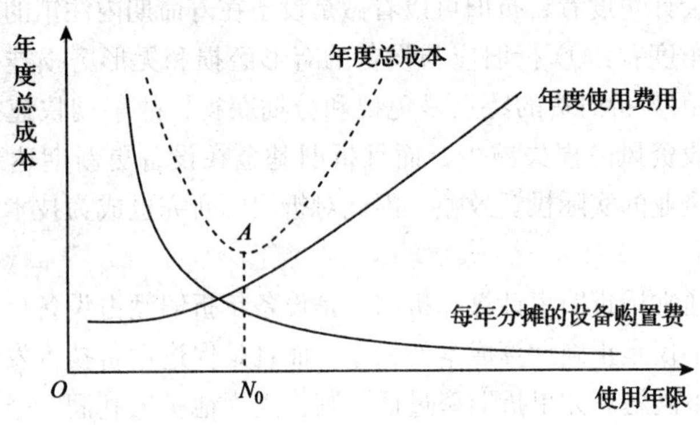

图9－3　设备年度总成本曲线

3. 设备年度总成本的计算

设备的年度总成本，一般来说包括两部分，即每年分摊的设备购置费和设备的年度使用费。每年分摊的设备购置费是指设备的原始费用扣除设备更新时的预计净残值后分摊到设备使用各年上的费用。设备的年度使用费包括设备的运行费和维修费。

一般来说，新设备的一次性支出较大，年使用费较低；旧设备的一次性支出较小，年使用费较高。所以旧设备是否需要更新，需要权衡利弊得失，全面比较。

（一）每年分摊的设备购置费的计算

如以P代表机械设备一次性投资支出，F代表设备净残值，n代表使用年限，i代表利率，则每年分摊的设备购置费可以表示为：

静态模式下（不考虑资金时间价值）$\dfrac{(P-F)}{n}$；

动态模式下（考虑资金时间价值）$\left[P-F\left(\dfrac{P}{F},i,\ n\right)\right]\left(\dfrac{A}{P},i,\ n\right)$。

【例1】 一台设备的一次性支出为10 000元，估计可用10年，10年末的估计净残值为1 000元，投资年利率为10%，则每年分摊的购置费用是多少？

不考虑资金时间价值的年购置成本$=\dfrac{10\,000-1\,000}{10}=900$（元）

考虑资金时间价值的年购置成本

$$=\left[10\,000-1\,000\times\left(\frac{P}{F},10\%,\ 10\right)\right]\left(\frac{A}{P},10\%,\ 10\right)$$

或 $=10\,000\times\left(\frac{P}{A},\ 10\%,\ 10\right)-1\,000\times\left(\frac{A}{F},\ 10\%,\ 10\right)$

$=1\,564.30$（元）

（二）年度使用费的计算

设备的年度使用费由年运行费（人工、材料、动力、机油等消耗）和维修费用组成。

如果以 C 代表年度费用，O 代表年运行费用，M 代表年度维修费用，当不考虑资金时间价值时，有

$$C=\frac{P-F}{n}+O+M$$

从上式可知，设备更新的最佳时间取决于设备的经济寿命，而设备的经济寿命的长短主要取决于年度总成本的变化，当设备 P、F、n 一定时，设备每年分摊的设备购置费基本也一定，年度总成本的变化主要取决于年度使用费的变化。年度使用费的变化通常分为三种情况：固定不变的、不规则的以及不断增加的。

通常，设备在使用过程中逐渐磨损，其性能和工作效率逐年变化。为了恢复其正常功能，必须进行维护和修理，而且维护和修理费用随着设备使用年限的增加是逐年增加的，所以年度使用费用是逐年增加的。由于年度使用费用逐年上升，在设备的使用年限中才存在一个年度总成本最小的年份，才能计算出设备的经济寿命。

（三）设备经济寿命计算

确定设备经济寿命的方法仍然从静态模式和动态模式两方面进行。

1. 静态模式下设备经济寿命的计算

静态模式下，是指不考虑资金时间价值的基础上计算设备的经济寿命。

在此方式下，假设设备的年使用费用呈线性增长，即每年增加一个固定额，则其经济寿命的计算式为

$$n=\sqrt{\frac{2\ (P-m)}{q}}$$

式中 P——设备的原始价值；

m——设备的净残值；

q——使用费的年增加额。

【例2】 已知一设备，其原始价值为10 000元，预计残值为500元，使用费用第1年为300元，以后每年增加100元。求其经济寿命。

解答

$$n=\sqrt{\frac{2\times(10\,000-500)}{100}}=13.78\ （年）$$

2. 动态模式下设备经济寿命的计算

动态模式下，设备经济寿命的确定要考虑资金的时间价值。设备的年度使用费依然是不断增长的，但逐年的增长额是不规则的，其年末残值也是变化的，则其年度费不能用公式来表示。一般根据企业的记录或者对实际情况进行预测，然后用列表法求经济寿命。

【例3】 某设备目前实际价值为30 000元，有关数据如表9－1所示，假设利率为6%，求该设备在动态模式下的经济寿命。

表9－1 设备各年使用费及残值表 （单位：元）

使用时期	第1年	第2年	第3年	第4年	第5年	第6年	第7年
使用费用	5 000	6 000	7 000	9 000	11 500	14 000	17 000
年末残值	15 000	7 500	3 750	1 875	1 000	1 000	1 000

解答

考虑了时间价值的经济寿命的计算（见表9－2）。

表9－2 考虑资金时间价值因素设备经济寿命的计算表

使用时期	年度使用费/元	现值系数	年度使用费现值/元	累计使用费现值/元	资本回收额系数	等值的年度使用费/元	年末残值/元	每年分摊的购置费/元	年度总成本/元
a	b	c	d	e	f	g	h	i	j
第1年	5 000	0.943 4	4 717	4 717	1.060 0	5 000	15 000	16 800	218 000
第2年	6 000	0.890 0	5 340	10 057	0.545 4	5 485.1	7 500	12 721.5	18 206.6
第3年	7 000	0.839 6	5 877.2	5 877.2	0.374 1	5 961.0	3 750	10 045.1	16 006.1
第4年	9 000	0.792 1	7 128.9	23 063.1	0.288 6	6 656.0	1 875	8 229.4	14 885.4
第5年	11 500	0.747 3	8 594	31 657.1	0.237 4	7 515.4	1 000	6 944.6	14 460.0
第6年	14 000	0.705 0	9 870	41 527.1	0.203 4	8 446.6	1 000	5 958.6	14 405.2
第7年	17 000	0.665 1	11 306.7	52 833.8	0.179 1	9 462.5	1 000	5 253.9	14 716.4

表中：

$$d = bc$$

$$e = \sum d_n$$

$$g = fe$$

$$i = f(30\,000 - ch)$$

$$j = g + i$$

从表中最后一列可以看出，年度费用最小为14 405.2元，即设备使用6年最经济。

第三节 设备更新决策

设备更新是指对正在使用中的设备进行更换。对企业来说，设备更新决策是很重要的。如果由于机器暂时的故障就将现有的设备进行草率处理，或者片面追求现代化，在企业资金紧张的情况下购买最新设备，可能造成企业流动资本的严重不足，使企业陷入经营危机。相反，当竞争对手积极利用现代化设备降低成本和提高产品质量时，企业还在依靠低效率的设备进行生产，企业最终也必将为此付出代价，甚至可能导致破产。因此，应该怎样进行更新和什么时候进行更新，该选择何种更新方案，是十分重要的。企业在进行设备更新时，应首先系统、全面地了解现有设备的性能、服务年限、磨损程度、技术进步等情况，然后有重点、有区别地对待。

对于新、旧设备而言，其在费用方面具有不同的特点。新设备的特点是原始费用高，但运行和维修费用低，而旧设备恰恰相反。某台设备是否更新、何时更新，选用何种设备更新，既要考虑技术发展的需要，又要考虑经济效益。这就需要对设备更新方案进行比选。设备更新方案的比选的基本原理和评价方法与互斥性投资方案比选相同。但在实际比选时，它还具有两个特点：① 通常，我们假定设备产生的收益相同，因而在进行方案比选时只对其费用进行比较；② 由于不同的设备方案的使用寿命不同，因此，通常都采用年度使用费进行比较，即采用年度总成本比较法。

一、设备的更新

（一）设备原型更新的经济分析

某些设备在整个使用期内并不会过时，即在一定时期内还没有更先进的设备出现。在这种情况下，设备在使用过程中避免不了有形性磨损的作用，结果引起设备的维修费，特别是大修理费用以及其他运行费用的不断增加，这时立即进行原型设备替换，能保证在经济上合算，这就是原型更新的问题。原型设备的更新通常由设备的经济寿命决定，即当设备运行到设备的经济寿命时，立即进行更新。

设备原型更新的经济分析首先要计算设备的经济寿命，以经济寿命来决定设备是否需要更新，它适用于长期生产同一类型产品的企业进行周期性更换设备。在比较方案时应注意设备经济寿命计算中的两种特殊情况：① 如果一台设备在整个使用期间，其年度使用费和残值不变，那么，其使用的年限越长，年度费用越低，即它的经济寿命等于它的服务年限。② 如果一台设备目前的估计残值和未来的估计残值相等，而年度使用费用逐年增加，最短的寿命（一般为1年）就是它的经济寿命。

【例4】 某企业在3年前投资20 000元安装了一套设备，根据设计要求该设备还可使用5年，其年度使用费用估计第一年为14 500元，以后逐年增加500元。现在又出现了一种新设备，原始费用为10 000元，年度使用费用第一年为9 000元，以后每年增加1 000元，新设备的使用寿命估计为10年。均无残值，利率为12%。该企业是否应对现有设备进行更新？

由于原设备3年前投资20 000元属于沉没成本，且目前和未来的残值均为零，因此没有每年分摊的设备购置费，其年度总成本即等于年度使用费用，由于旧设备的年度使用费用是逐年增加的，因而其年度总成本也是逐年增加的。因此，为了使年度总成本最小，经济寿命应该取尽可能短的时间，即1年。根据计算公式可以计算出新设备的经济寿命（见表9－3）。

表9-3 新设备年度总成本计算表 (单位：元)

使用时期	每年分摊的设备购置费	年度使用费	年度总成本
第1年	11 200	9 000	20 200
第2年	5 917	9 470	15 387
第3年	4 164	9 920	14 084
第4年	3 292	10 360	13 652
第5年	2 774	10 775	13 549
第6年	2 432	11 170	13 602

表中可以看出，第5年的年度总成本最低，即新设备的经济寿命为5年。

旧设备经济寿命1年，新设备经济寿命5年时的年度总成本。

旧设备年度总成本 = 14 500（元/年）

$$新设备年度总成本 = 10\,000\times\left(\frac{A}{P},12\%,5\right)+\left[9\,000\times\left(\frac{P}{F},12\%,1\right)+10\,000\times\left(\frac{P}{F},12\%,2\right)+11\,000\times\left(\frac{P}{F},12\%,3\right)+12\,000\times\left(\frac{P}{F},12\%,4\right)+13\,000\times\left(\frac{P}{F},12\%,5\right)\right]\times\left(\frac{A}{P},12\%,5\right)=13\,549\ （元/年）$$

依据上述计算，该企业应对原有设备进行更新。

设备在使用过程中，其性能一般会逐年降低。设备性能降低的表现主要有：运行费用过多、维修费用增加、废品率上升和附加设备费用增加等。当设备使用费用增加时，就需要对设备进行更新分析。

（二）设备新型更新的经济分析

在技术不断进步的条件下，由于无形磨损的作用，很可能在设备尚未使用到其经济寿命期，就已经出现了价格更低的同型设备或工作效率更高和经济效益更好的新型同类设备，这时就要分析继续使用原有设备和购置新设备两种方案，确定设备是否更新。

【例5】 某企业5年前购置一设备，价值75万元，购置时预期使用寿命15年，残值为零。直线法折旧，目前已折旧25万元，账面净值50万元。利用这一设备，企业每年的生产成本为70万元，销售额为100万元。现在市场上推出一种新设备，价值120万元，使用寿命10年，预计残值为20万元。使用该设备预计销售额可达110万元，年生产成本为50万元。如果现在将旧设备出售，估计售价为10万元。问折现率为10%时，是否应该用新设备替换旧设备？

现以不更新设备，保留原设备为方案1；更新原设备，购置新设备为方案2。根据方案比较的特点和原则，原设备的投资及第5年末的账面余额均为沉没成本，评价时不用考虑，原设备在第5年末出售可得10万元，即为原设备继续使用的投资。因此，方案1又可叙述为：以10万元的价格购入设备，使用10年，年成本70万元，无残值。两方案的现金流量如图9-4和图9-5所示。

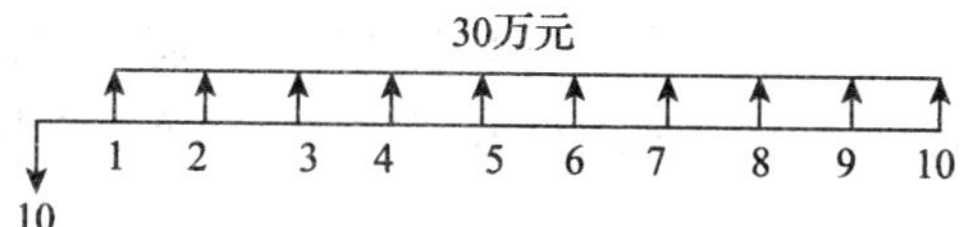

图 9－4　方案 1 的现金流量

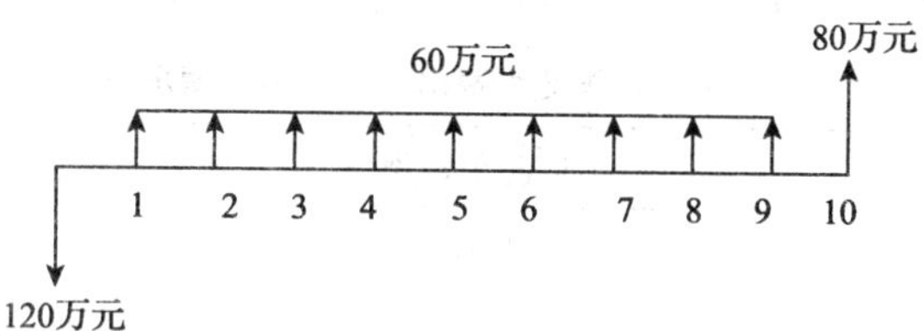

图 9－5　方案 2 的现金流量

方案的净现值为：

$$NPV_1 = -10 + 30 \times \left(\frac{P}{A}, 10\%, 10\right) = 174.35 \text{（万元）}$$

$$NPV_2 = -120 + 60 \times \left(\frac{P}{A}, 10\%, 10\right) + 20 \times \left(\frac{P}{F}, 10\%, 10\right) = 256.41 \text{（万元）}$$

结论：$NPV_2 > NPV_1$，因此应选择方案 2，即更新原设备，购置新设备。

在比较设备更新方案时，对于旧设备不能按设备的原值计算，而应按照目前重置价值计算。旧设备的净残值，也只能在尚能使用年限内扣除。只有这样，才能使旧设备与新设备站在同一起点，有可比性。

假如例 5 中设备使用 5 年后，还值 4 000 元，尚能使用 5 年。5 年后残值为 1 000 元，年使用费为 1 200 元。现在市场上出现了一种生产能力相同的新设备，一次性支出为 12 000元，估计可用 12 年，残值为 1 000 元，年使用费为 600 元。现对比两个方案：甲方案继续使用旧设备；乙方案将旧设备出售，购买新设备，年投资利率为 10%。则

甲方案：

旧设备年度总成本 = 每年分摊的购置费 + 年使用费

$$= \left[4\,000 - 1\,000 \times \left(\frac{P}{F}, 10\%, 5\right)\right]\left(\frac{A}{P}, 12\%, 5\right) + 1\,200$$

$$= 2\,091.40 \text{（元）}$$

乙方案：

旧设备年度总成本

$$= \left[12\,000 - 1\,000\left(\frac{P}{F}, 10\%, 12\right)\right]\left(\frac{A}{P}, 10\%, 12\right) + 600$$

$$= 2\,314.8 \text{（元）}$$

对比甲、乙两个方案，可知甲方案旧设备年度总成本低于新设备年度总成本。说明从经济上来看，仍可继续使用旧设备，不必进行设备更新。

二、设备最佳更新周期的确定

机械设备随着使用磨损和自然损耗，它的维修等使用费用会逐年增加。如果继续使

用，就会使机械设备使用成本太高，在经济上不大合算，需要进行更新。那么旧机械设备究竟在什么时候更新最为合算？这就要通过采用新设备和继续使用旧设备的年度总成本的比较才能确定。

【例6】 假如某施工企业有一台旧设备，目前的残值为8 000元，估计尚可使用3年，如继续使用旧设备，各年使用费用和年末残值如表9－4所示。

表9－4 各年使用费用和年末残值情况表 (单位：元)

继续使用时期	年使用费用	年末残值
第1年	3 000	5 500
第2年	4 000	3 500
第3年	5 000	2 000

现有一种新设备，如果用它来更新，它的一次性投资支出为33 000元，经济寿命为10年，10年末的残值为3 000元，这台设备的年使用费用为1 500元，如果投资年利率为8%，问该企业的旧设备是否需要更新？如要更新，选择何时最好？

解答

在这种情况下，我们首先要计算新旧设备的年度总成本。

新设备的年度总成本

$=\left[33\,000-3\,000\times\left(\frac{P}{F},8\%,10\right)\right]\left(\frac{A}{P},8\%,10\right)+1\,500$

$=6\,210$（元）

或 $33\,000\times\left(\frac{A}{P},8\%,10\right)-3\,000\times\left(\frac{A}{F},8\%,10\right)+1\,500=6\,210$（元）

旧设备的年度总成本

$=\left[8\,000-2\,000\times\left(\frac{P}{F},8\%,3\right)\right]\left(\frac{A}{P},8\%,3\right)+\left[3\,000\times\left(\frac{P}{F},8\%,1\right)+4\,000\times\left(\frac{P}{F},8\%,2\right)+5\,000\times\left(\frac{P}{F},8\%,3\right)\right]\left(\frac{A}{P},8\%,3\right)=6\,444.98$（元）

从上面计算可知，旧设备在继续使用3年的情况下，它的年度总成本比新设备使用10年的年度总成本要高，旧设备应进行更新。那么在什么时候更新最好呢？

一般可先计算旧设备继续使用1年的总成本。

旧设备继续使用1年的总成本

$=8\,000\times\left(\frac{A}{P},8\%,1\right)-5\,500\times\left(\frac{A}{F},8\%,1\right)+3\,000=6\,140$（元）

$6\,140<6\,210$，故保留1年使用旧设备是经济的。

再计算旧设备继续使用2年的年度总成本。

旧设备继续使用2年的年度总成本

$=5\,500\times\left(\frac{A}{P},8\%,1\right)-3\,500\times\left(\frac{A}{F},8\%,1\right)+4\,000=6\,440$（元）

由于旧设备第2年继续使用的年度总成本高于新设备的年度总成本，因此，该企业这台旧设备应在继续使用 1 年后更新。

第四节 设备租赁决策

一、概念

（一）设备租赁的定义

设备租赁是随着企业资产所有权和使用权的分离应运而生的设备使用形式，它是指设备使用者（承租人）按照合同规定向设备所有者（出租人）租借设备，并按期支付一定的租金而取得设备使用权的经济活动。它是设备投资的一种方式。

对于承租人来说，设备租赁与设备购买相比的优越性在于以下四点：

1）可以节省设备投资，在资金不足或借款受限制的情况下，也能使用设备；

2）可加快设备更新，避免技术落后的风险；

3）可避免通货膨胀的冲击，减少投资风险；

4）可获得良好的技术服务，提高设备的利用率，从而获得更多的收益。

其不足之处在于以下三点：

1）在租赁期间承租人对租用设备无所有权，只有使用权，故承租人无权随意对设备进行改造，不能处置设备，也不能用于担保和抵押贷款；

2）设备租赁的总费用比购买设备费用高；

3）租赁合同严格规定毁约要赔偿损失，罚款较多。

（二）设备租赁的形式

设备租赁一般有融资租赁和经营租赁两种形式。

1. 融资租赁

融资租赁又称财务租赁，是一种融资和融物相结合的方式，它指出租方和承租方共同承担确定时期的租让和付费义务，不得任意终止和取消租赁合同。这种租赁方式，是以融资和对设备的长期使用为前提的。设备由承租方选定，设备的性能、维修保养和老化都由承租方承担。对于承租人来说，融资租入的设备属于固定资产，可以计提折旧计入企业成本，而租赁费一般不能直接计入企业成本，应由企业税后支付。但租赁费中的利息和手续费可在支付时计入成本。这种租赁方式主要是为了解决企业大型贵重设备和长期资产的需要。

2. 经营租赁

经营租赁是一种传统的设备租赁方式。出租者除向承租者提供租赁物外，还承担租赁设备的保养、维修、老化、贬值以及不再续租的风险。这种租赁方式带有临时性，因而租金较高。承租者一般用这种方式租赁技术更新较快、租期较短的设备，承租设备的使用期也短于设备的寿命期；并且经营租赁设备的租赁费计入企业成本，可减少企业所得税。临时使用的设备通常采用这种方式。

由于租赁具有把融资和融物结合起来的特点，这使得租赁能够提供及时而灵活的资金融通方式，使企业取得设备进行生产经营的一种重要手段。

二、设备租赁的经济分析

企业在决定进行设备投资之前，必须充分考虑影响设备购置与租赁方案的主要因素，才能获得最佳的经济效益。

（一）影响设备购置和租赁的主要因素

影响设备购置和租赁的主要因素包括以下几点：

1）项目的寿命期；

2）设备的价格；

3）企业是需要长期占有设备，还是短期需要这种设备；

4）设备的经济寿命；

5）设备技术过时风险的大小；

6）租赁期长短；

7）设备租金额；

8）租金的支付方式；

9）租赁机构的信用度、经济实力以及与承租人配合的情况。

（二）设备租赁经济分析

设备租赁经济分析的步骤如下：

1）根据企业生产经营目标和技术状况，提出设备更新的投资建议；

2）拟定若干设备投资、更新方案，包括购买方案、租赁方案；

3）定性分析筛选方案，包括分析企业财务能力，分析设备技术风险、使用、维修等特点；

4）定量分析并优选方案，结合其他因素，做出租赁还是购买的投资决策。

设备租赁的经济分析是对设备租赁和设备购置进行经济比选，也是互斥方案选优问题，其方法与设备更新方案选择无实质上差别。故可运用费用现值法、费用年值法、*NPV*法等进行选优。

经营性租入设备的净现金流量为：

净现金流量 = 销售收入 - 经营成本 - 租赁费 - 销售税金及附加 -（销售收入 - 经营成本 - 租赁费 - 销售税金及附加）× 所得税率

融资性租入设备的现金净流量为：

现金净流量 = 销售收入 - 经营成本 - 租赁费 - 销售税金及附加 -（销售收入 - 经营成本 - 租赁费 - 租赁费中的手续费和利息 - 销售税金及附加）× 所得税率

在相同条件下，购置设备方案的现金净流量为：

现金净流量 = 销售收入 - 经营成本 - 设备购置费 - 销售税金及附加 -（销售收入 - 经营成本 - 折旧费用 - 利息 - 销售税金及附加）× 所得税率

在假设所得到的设备的收入相同的条件下，最简单的方法是将租赁成本和购买成本进行比较。根据互斥方案比选的差量原则，只需比较它们之间的差异部分。从上面两式可以看出，只需比较两者现金净流量的差异部分，亦即比较：

经营性设备租赁：所得税率×租赁费－租赁费

融资性设备租赁：所得税率×（折旧费－租赁费中的手续费和利息）－租赁费

设备购置：所得税率×（折旧＋利息）－设备购置费－贷款利息

【例7】 企业需要某种设备，其购置费为100 000元。如果借款购买，则每年需要按10%利率等额支付本利和，借款期和设备使用期均为5年，期末设备残值为3 000元。这种设备也可采用经营租赁方式租入，每年租赁费30 000元。企业所得税率为25%，采用直线法提取折旧，基准贴现率为10%。试分析企业是采用购置方案，还是租赁方案。

解答

1. 企业采用购置方案

（1）计算年折旧费：

$$\text{年折旧费} = (100\,000 - 3\,000) = 19\,400\ (\text{元})$$

（2）计算年借款利息：

$$\text{各年支付的本利和}\ A = 100\,000 \times \left(\frac{A}{P}, 10\%, 5\right) = 26\,380\ (\text{元})$$

表9－5 各年剩余本金和还本付息金额 （单位：元）

计算期	剩余本金	还款金额	其中支付利息
第1年	100 000	26 380	10 000
第2年	83 620	26 380	8 362
第3年	65 602	26 380	6 560
第4年	45 782	26 380	4 578
第5年	23 980	26 380	2 398

（3）计算设备购置方案的现值：

当借款购买时，企业可将所支付的利息及折旧从成本中扣除而免税，并且可以回收残值。因此，借款购买设备的成本现值需扣除折旧和支付利息的免税金额。

$$P = 100\,000 - 19\,400 \times 0.25 \times \left(\frac{P}{A}, 10\%, 5\right) - 10\,000 \times 0.25 \times \left(\frac{P}{F}, 10\%, 1\right) - 8\,362 \times 0.25 \times \left(\frac{P}{F}, 10\%, 2\right) - 6\,560 \times 0.25 \times \left(\frac{P}{F}, 10\%, 3\right) - 4\,578 \times 0.25 \times \left(\frac{P}{F}, 10\%, 4\right) - 2\,398 \times 0.25 \times \left(\frac{P}{F}, 10\%, 5\right) - 3\,000 \times 0.25 \times \left(\frac{P}{F}, 10\%, 5\right) = 88\,720.7\ (\text{元})$$

2. 计算设备租赁方案的现值

当租赁设备时，承租人可以将租金计入成本而免税，故计算设备租赁方案的成本现值时需扣除免税金额。

$P=30\,000\times\left(\frac{P}{A},10\%,5\right)-30\,000\times0.25\times\left(\frac{P}{A},10\%,5\right)=30\,000\times3.791-7\,500\times3.791=113\,730-28\,432.5=85\,297.5$（元）

所以从企业角度出发，应该选择租赁设备的方案。

【例8】 企业需要某种设备，可以考虑用自有资金购买，购置费为10 000元，也可以融资租赁，年租赁费1 600元（其中利息部分200元），此设备的寿命10年，期满无残值。当设备投入使用后，可带来年销售收入6 000元，销售税金及附加为600元，年经营成本为1 200元，采用直线法折旧，所得税率为25%，基准收益率为10%。要求比较购置方案与租赁方案。

1. 企业如果购置该设备

年折旧额 $=\frac{10\,000}{10}=1\,000$（元）

年净利润 $=(6\,000-1\,200-600-1\,000)\times(1-25\%)=2\,400$（元）

年现金净流量 $=2\,400+1\,000=3\,400$（元）

净现值 $=3\,400\times\left(\frac{P}{A},10\%,10\right)-10\,000=10\,891.64$（元）

2. 企业租赁该设备

年折旧额 $=\frac{10\,000}{10}=1\,000$（元）

年净利润 $=(6\,000-1\,200-600-1\,000-200)\times(1-25\%)=2250$（元）

年现金净流量 $=2\,250+1\,000-(1\,600-200)=1\,850$（元）

净现值 $=1\,850\times\left(\frac{P}{A},10\%,10\right)-10\,000=1\,367.51$（元）

从计算结果可知，租赁方案净现值高于购置方案净现值，故租赁方案优于购置方案。

本章小结

设备更新问题在工程经济中，一直是一个涉及面较广的论题。本章所论述的设备更新的经济分析，是指设备在使用过程中，由于有形磨损和无形磨损的作用，致使其功能受到一定的影响，因而需要以结构更加先进、技术更加完善、生产效益更高的设备去替代原有的设备。

设备的更新源于设备的磨损，磨损的形式以及如何进行补偿是设备更新分析首先应该了解的；继而要掌握设备经济寿命的概念、不同模式下设备经济寿命的求解以及设备经济寿命的确定对设备更新分析的作用。

设备更新的经济分析中不同方案比选的基本原理和评价方法与互斥性方案比选相同，但在实际比选时，还应注意设备更新方案比选的特点和原则。

本章从设备原型更新和新型关系两方面进行阐述。原型设备更新是简单更新，主要是解决设备的损坏问题，不具有共性技术的性质。新型更新是以结构更先进、技术更完善、效率更高、性能更好、能源和原材料消耗更少的新型设备来替换那些技术上陈旧、经济上不宜继续使用的旧设备。通常所说的设备更新主要是指新型设备更新。

是购买设备合算，还是租赁设备合算，取决于两种方案经济上的比较，其比较的原则和方法与一般互斥性方案的比较并无实质性的差别。

思考与练习

1. 有形磨损和无形磨损有什么区别？
2. 试述设备的补偿方式。
3. 简述设备的自然寿命、技术寿命和经济寿命。
4. 简述设备折旧的概念。
5. 如何确定设备最优更新期？
6. 某施工企业正在考虑是否更新已用了 2 年的旧设备。该设备目前的残值为 16 000 元，由于施工工艺的更新，这台设备最多能使用 3 年，如继续使用，各年使用费和年末残值估计如下：

继续使用时期	年使用费用（元）	年末残值（元）
第 1 年	4 000	10 000
第 2 年	5 000	4 000
第 3 年	6 000	2 000

现有一种新设备，如用它来更新，它的一次性投资支出为 6 0000 元，产量较旧设备增加 100%，即年产量由 1 000 m^3 增加到 2 000 m^3。新设备的经济寿命为 5 年，残值为 8 000 元，年使用费 6 800 元，投资年利率为 10%。

要求：

（1）计算新设备单位产量等额年成本；

（2）计算旧设备单位产量等额年成本；

（3）旧设备应否更新？如果更新，应在何时更新？

第十章　生产成本控制与分析

学习目的和学习要求

通过学习本章，了解成本控制的要求和内容，熟悉标准成本的测算；掌握成本控制的重点和成本差异分析的方法和内容。

第一节　生产成本控制

一、生产成本控制的概念

产品成本是一项重要的综合性经济指标，它反映企业各项工作和经营管理的经济效益，如劳动生产率的高低、原材料消耗的多少、机器设备的使用效率、废品率的高低等，都会在成本中反映出来。加强成本控制，不断降低成本，是加快企业生产发展的重要途径，是为国家增加积累的重要来源，是降低产品价格的重要前提。

成本控制包括生产过程前的控制和生产过程中的控制。生产过程前的成本控制，主要是在产品研制和设计过程中，对产品的设计、工艺、工艺装备、材料选用等进行技术经济分析和价值分析，用最低的成本实现产品的必要功能，以符合预期目标成本的要求。生产过程中的成本控制，即生产成本控制，就是在产品制造过程中，对成本形成的各因素按照一定的控制标准，严格加以监督，发现偏差及时采取有效措施加以纠正，使生产过程中各种资源的消耗和费用开支限制在预先规定的标准范围之内。

伴随着社会主义市场经济的发展，企业间的竞争也在发展。企业要生存和发展，必须提高产品的竞争能力。体现产品竞争能力的标志是产品设计、产品质量和产品成本。实现有效的成本控制是增强企业竞争能力的一个重要方面。

二、生产成本控制的程序和要求

（一）生产成本控制的程序

1. 制定成本控制标准

成本控制标准包括生产费用预算、成本计划标准、各种费用开支限额、工时定额、材料能源等各种消耗定额，以及产品、部件和零件的目标成本等，这些都是控制成本的准绳，也是检查和评价的依据。

2. 揭示成本差异

将实际发生的生产费用与成本控制标准比较，找出成本差异。对成本差异分析要经常化、系统化，不仅要检查指标成本的执行情况，而且要检查和监督影响指标的各种原因和条件，如设备、工艺、工具、工人技术水平、工作环境等。

3. 及时纠正偏差

对揭示出来的实际成本和标准成本的差异，要及时查明原因，并采取有效措施加以纠正。对可能发生的偏差要采取预防性措施，以保证按照标准开支各项生产费用。同时，要根据存在的潜力，对标准进行修订，更有效地控制生产费用的支出。对一些重大差异，一般要按下列步骤进行纠正：提出课题—决定对策—确定方案实施方法及负责执行的部门或人员—执行方案—检查实施结果。

（二）生产成本控制的基本要求

1. 生产成本控制必须贯穿于生产活动的全过程

生产活动的任何过程都要支付一定的费用，都有降低成本的潜力。要严格遵守费用标准，建立严格的费用审批制度，一切费用预算在开支前都要经过申请，批准后才能支付，以保证费用的使用效率。健全原始记录和数据的传递程序，充实和完善计量设施，做好各项定额的修订，健全定额管理制度。

2. 生产成本控制必须实行全员控制

每个员工的活动都要支出一定的费用，都应承担成本责任，每个员工的工作效率和工作质量直接影响成本水平，降低成本的目标只有成为全体员工的奋斗目标，才有可能实现。因此，必须建立严格的分级归口控制责任制。企业要将成本计划中所规定的各项指标，按其性质和内容进行层层分解，逐级落实到各车间、班组和职能科室，实行分级归口控制，形成一个上下左右、纵横交错、人人负责的成本控制系统。

3. 生产成本控制必须抓事前控制

生产成本控制的目的是实现目标成本，制定目标成本属于事前控制。目标成本包括：设计目标成本、费用预算、材料定额、工时定额、工艺成本、工序成本、零部件成本，等等。这些目标成本与成本降低目标都是通过费用标准的制定落实到各有关部门。在标准制定过程中，要发挥各部门的积极性，提出有措施保证的费用标准。成本水平在很大程度上取决于标准制定过程的工作水平。标准制定是从设计过程开始的，设计过程有很大的降低成本的潜力。

三、生产成本控制的内容

（一）控制设计成本

控制生产成本必须从设计成本控制开始。所谓设计成本，不是指产品设计过程中的各种消耗，而是指按产品设计方案生产产品的预计成本。设计上的浪费是先天性的浪费，设计不合理，将来投产后会对产品成本产生长期不利影响。因此，在产品设计过程中，事前就要主动地控制产品成本，即控制设计成本。国外资料曾对企业一般产品生产的设计与开发、生产准备与加工、材料与构件购买、管理与销售四阶段工作所占的时间比例（成本来源）及对产品产生的影响（成本确定）进行了定量分析，产品设计与开发在生产中所占时间虽只有6%，但对产品成本影响却占70%，设计阶段决定了产品的工作原理、零件数量、结构尺寸、材料选用，直接影响加工方法、使用性能，因此对产品成本影响最大，应大力开展价值工程活动，进行成本控制，使之符合目标成本要求。降低设计成本应从节约和减少设计时间着手，如采用计算机辅助设计、运用相似方法进行系列设计等；降低材料成本，如采用新型廉价材料，采用节约材料结构等；降低生产准备成本，主要从增加批量着手，如尽量使类似零件的尺寸相同，在统一产品或不同产品上采取同样零件，建立相似零件的零件族，采用成组加工工艺，尽量采用标准件或批量生产的外购件，采用模块化设计等；降低加工成本，如设计合理的结构，采用无屑加工，以焊代铸，合理降低公差要求等；降低装配成本，如选用便于装配的结构，便于自动装配，采用组合结构等。

（二）控制资源耗费

资源耗费是构成产品成本的基本原因，对成本高低有决定性的影响，必须严格控制。

1. 控制材料消耗

控制材料消耗的标准是标准成本、标准定额或由计划制定的消耗量。要对材料入库、出库，生产下料，材料补领，余料退库，残料收回等环节，严格实行计量检验，要及时发现和解决采购不合理、用料不经济、领发不严格、回收无制度、废料多、单耗高等问题。技术施工员要严格按图样、工艺、工装要求进行操作，实行首件检查，防止成批报废。设备员要按工艺规程要求，监督设备维修和使用情况，不符合要求不能开工生产。材料员要按规定的品种、规格、材料，实行限额发料，监督领料、补料和退料等制度的进行。生产调度员要控制生产批量，合理下料、合理投料，监督计量标准的执行。如果发现问题，要分析对比、追踪原因，并会同有关人员和部门提出改进措施。

2. 控制劳动消耗

控制劳动消耗的标准是人员定额、工资奖金限额和工时消耗定额。根据生产任务合理安排和使用劳动力，实行定员定额，控制各项产品的实际工时消耗。劳资员对生产现场的工时定额、出勤率、工时利用率、劳动组织的调整、奖金和津贴等进行监督和控制。生产调度员要监督作业计划的合理安排、合理投产、合理派工，控制窝工、停工、加班加点等。

3. 控制生产设备

要准确计算和科学审定设备需要量，对现有设备要合理配置，提高使用率和完好率，充分发挥其效能。

（三）控制费用开支

控制费用开支的标准是计划或预算以及有关的费用开支标准。费用开支不仅在绝对数上不得突破计划或预算标准，在内容上也要符合规定，严格遵守开支范围和开支标准。有定额的按定额控制，没有定额的按每项费用预算进行控制。

（四）控制产品质量

要大力推行全面质量管理，以工程质量和工作质量来保证产品质量。要事前控制废品的发生，事中严格实行质量检查，事后进行质量分析。

对以上各项资源和费用的控制，不仅要有专人负责和监督，而且要求资源的使用者和费用发生的执行者实行自我控制，并在责任制中加以规定。要把日常控制和定期控制结合起来，日常控制的特点是具有及时性和针对性，有效性强；定期控制的特点是具有全面性和系统性，综合性强。

第二节 标准成本

一、标准成本的作用与分类

标准成本出现于20世纪初的美国，它是为了克服实际成本计算无法满足管理成本所必要的信息而提出的。最早采用的标准成本是为了克服生产效率低，根据可能达到的作业标准事先制定出成本，并把实际成本与标准成本相对比，以寻求提高经营效率的途径。经过几十年的努力，在西方企业中逐步发展和完善起来的标准成本系统，包括标准成本计算、成本差异分析和成本差异处理三个有机组成部分。利用标准成本系统可对成本进行有效的控制。

所谓的标准成本，是指在现有的生产技术水平和有效的经营管理条件下，经过努力而应达到的先进可靠的成本标准，是一种预期的成本目标。

（一）标准成本的作用

1. 用于控制成本

标准成本是控制成本的准绳。实际成本与标准成本之间的差异额称为成本差异。实际成本超过标准成本，成本差异表现为正数，称为不利差异或逆差；反之，如果实际成本低于标准成本，成本差异表现为负数，称为有利差异或顺差。成本差异如果出现有利差异，则表示经营成果优于预定目标，而不利差异则表明经营的结果不如预期的目标。成本差异的方向和幅度，提示管理人员进一步去寻找实际成本脱离标准成本的原因和经济责任，并采取相应的措施，及时消除生产经营中各种不正常的可控制的低效能因素，以避免不利差异的再度出现，并使有利差异得到再现和扩深，从而对成本实行控制。在推行经济责任制的过程中，加强成本差异分析，可以激励员工的成本意识和责任感，从而积极地挖掘降低成本的潜力，全面提高生产经营效果。

2. 用于决策

由于在标准成本中已剔除了各种不合理的因素，所以标准成本又可用来作为经营决策的依据。

3. 能减少成本核算的工作量

采用标准成本系统，能简化成本核算。不采用标准成本系统时，每批产品的材料成本、人工成本都要按实际发生的金额，分别记入有关的成本账户中，账务处理工作极为繁杂。采用标准成本系统后，对生产产品发生的材料、人工成本都改为用一种相同的数额进行记账，账务处理大为简化。

（二）标准成本的分类

1. 按标准成本适用期限的长短分类

（1）现时标准成本

现时标准成本原则上是短期性，一般为一个会计年度。它是根据下一个年度的生产条件、价格水平，为达到预期的成本目标，控制降低成本的潜力而设计、制定的标准成本。随着生产条件、价格水平以及实际成本和标准成本的差异超过5%等情况的变化，则应对现时标准成本进行相应的调整。

（2）基本标准成本

基本标准成本一经制定，除非产品结构和生产工艺等有较大变化，应保持多年不变，是比较长期的固定的标准成本。现代生产技术和管理水平发展到今天，基本标准成本在实际生产中应用得不多。

2. 按标准成本的效率水平分类

（1）理想标准成本

理想标准成本是以现有的生产技术和经营水平处于最佳状态为基础而确定的标准成本。采用这种标准成本意味着实际发生的成本应达到现有条件下的理想标准，不允许有一点人力或物力的浪费。目标高不可攀，会影响实现标准的信心，在实际生产中很少采用。

（2）过去平均业绩标准成本

过去平均业绩标准成本是以过去实际成本水平为基础而确定的标准成本。这种标准成本不考虑过去发生的浪费和低效率。成本的效率水平可能较低，不能调动员工的生产积极性，在实际中也很少采用。

（3）能实现良好业绩的标准成本

这种标准成本是根据已经达到的生产技术水平，以有效的经营管理条件为基础而确定良好的标准成本。它要求严格，但经过努力又是可以实现的。如果生产技术、经营管理条件有较大改变，则标准成本也随之进行相应的修订。这种标准成本应用较广泛，通常也称为预期标准成本。

二、标准成本的制定

标准成本的制定是一项比较困难的工作，不能定得太严，也不能太宽，太严则难以实现，会使员工丧失信心，太宽则不能激发其生产积极性。因此，标准成本的制定既要注意生产技术水平、经营管理水平等条件，又要注意科学性和先进性，以期能达到控制成本的目的。

工业企业产品的标准成本由直接材料、直接工资等直接费用和制造费用所组成。直接材料和直接工资的控制，大多采用标准成本，这是因为直接工资成本和直接材料成本的平均单位产品成本金额较大，容易分割也易于以标准成本进行控制。对于制造费用则通过制造费用预算进行控制，这是因为制造费用通常是根据许多较小的成本项目的组成，以会计期间内的预算总额来控制较为有利。

标准成本制定的基本形式是“数量”标准乘以“价格”标准。分别根据直接材料、直接工资的标准费用量，材料价格标准、工资率标准和制造费用的分配率标准进行具体计算。各项标准成本的制定要点如下。

（一）直接材料标准成本

直接材料是指在生产过程中直接消耗于产品生产的各种物资，包括生产经营过程中实际消耗的原材料、辅助材料、备品配件、外购半成品、燃料、动力、包装材料以及其他直接材料。

直接材料标准成本是由各种材料的标准消耗量和标准价格相乘确定的。

标准消耗量是在现有生产技术条件下，生产单位产品需要的材料数量，包括构成产品实体的材料和有助于产品形成的辅料，还需考虑其材料利用率；生产中必要的损耗以及不可避免的一定数量废品所需的材料。直接材料标准用量是按产品耗用的各种材料，根据科学的统计数据和技术分析为基础分别计算确定的。

标准价格是以订货合同的合同价格为基础，考虑到将来各种变动情况确定的购买材料应付给的，包括购价、运杂费、途中合理损耗、入库前的挑选费在内的购买材料价格。标准价格按材料种类分别计算。

（二）直接工资标准成本

直接工资是指生产过程中直接从事产品生产人员的工资性消耗。直接工资标准成本是根据由单位产品的标准工时与标准工资率相乘确定的。

标准工时是根据工业工程中时间研究与动作研究技术、统计数据，结合现有的生产技术条件确定的单位产品所需工时，包括对产品的直接加工工时，必要的间歇停工工时，以及不可避免的废品所用工时等。标准工时按产品的加工工艺过程分别计算，最后按产品汇总。

标准工资率是根据工资标准确定的，以每小时的工资单价表示。

（三）制造费用的标准成本

制造费用是指发生在生产单位的间接费用，包括发生在生产单位（如车间）的管理人员工资、员工福利费、生产单位建筑物及设备的折旧费、修理费、机物料消耗、低值易耗品、取暖费、水电费、办公费、差旅费、运输费、保险费、设计制图费、试验检验费、劳动保护费、修理期间的停工损失以及其他制造费用。

制造费用的标准成本是根据单位产品的标准工时与制造费用分配率标准相乘确定的。

产品标准工时是生产单位产品所需的直接人工小时或机器台时。

制造费用分配率标准是按固定费用与可变费用分别编制的制造费用预算，除以生产量标准所得的商。因为制造费用的标准成本应建立在企业现有生产能力充分利用的基础上，所以制造费用分配率按生产量标准计算。所谓生产量标准，是指企业利用现有生产能力可能达到的最高生产量，可用直接人工小时或机器台时表示。制造费用的小项目很多，一般按固定费用和可变费用分别来编制，其中可变费用要按不同的生产水平分别确定其消耗量，使制造费用预算用“弹性预算”形式表现。

三、新老产品标准成本的测算

（一）新产品标准成本的测算

新产品标准成本是指新产品投产后在正常生产经营条件下单位产品应达到的成本水平。测试新产品标准成本的方法很多，下面介绍其中两种。

1. 价格成本法

价格 P_i 可按下式求出：

$$
\begin{aligned}
P_i &= C_{总} + 单位产品目标利润 + 单位产品应纳税金 \\
&= \beta C
\end{aligned}
$$

式中 β——价格系数；

C——生产成本，元/台；

$C_{总}$——总生产成本费用，元/台。

$$\beta = \frac{P_i}{C}$$

价格系数 β 可根据企业产品的单价和具体的利润、税金、费用而求出。

有了 β 系数以后，标准成本 $C_{标}$ 可由下式求出：

$$C_{标} = \frac{P_M}{\beta}$$

P_M 可根据对国内外同类产品市场价格（元/台）的分析而确定的具有竞争力的未来价格。

2. 概算法

新产品成本可粗分为料（直接材料费）、工（直接人工费）、费（制造费用）三项要素。把这三项要素分项确定后再进行综合，其计算公式如下：

$$C = (M + L)(1 + \gamma)$$

式中 C——新产品单位生产成本；

M——单位新产品的材料费；

L——单位新产品直接人工费；

γ——单位新产品成本中制造费用占该产品料、工、费的百分比，可参考同类产品的实际数据确定。

（二）老产品标准成本的测算

在成本控制中通常把企业生产的老产品称为可比产品。可比产品的标准成本测算包括可比产品的成本降低率、降低额和单位成本的测算。

1. 可比产品成本降低率的测算

可比产品成本降低率是一个相对数，其表达式如下：

$$本期可比产品成本降低率=\frac{本期可比产品成本降低额}{上期单位产品成本\times本期总产量}\times100\%$$

可比产品成本降低率反映可比产品成本的降低速度（即比率）。可比产品成本降低速度主要取决于技术经济指标的变动，如单位产品材料、燃料、动力等物资消耗量的下降，物价的变动，产品产量的增长，劳动生产率的增长，废品损失的下降，制造费用的增减，以及工资水平的提高等。

测算可比产品成本降低率的步骤如下：

1）根据上期实际成本数据，计算各类费用在单位成本中所占比重，用百分比表示；

2）测算本期采用生产技术措施后，有关技术经济指标的变动比率，如材料、动力消耗降低率，用百分比表示；

3）分项测算各指标变动对本期成本降低的影响。

材料（能源）单位消耗定额降低对成本降低的影响 = 上期单位成本中材料（能源）费用比重 × 材料（能源）消耗定额降低百分比

$$工资费用变动对成本降低的影响=上期单位成本中工资费用比重\times\left(1-\frac{1+平均工资增长的百分比}{1+劳动生产率提高的百分比}\right)$$

$$制造费用变动对成本降低的影响=上期单位成本中制造费用比重\times\left(1-\frac{1+制造费用增长百分比}{1+产量增长的百分比}\right)$$

材料（能源）价格变动对成本降低的影响 = 上期单位成本中材料（能源）费用比重 × 材料（能源）价格变动的百分比

4）分项测算结果相加，求得本期产品成本降低率。

2. 可比产品成本降低额测算

计算公式如下：

$$本期可比产品成本降低额=上期可比产品单位成本\times本期可比产品成本降低率\times本期产量$$

3. 可比产品单位成本测算

计算公式如下：

$$本期可比产品单位成本=上期可比产品单位成本\times(1-本期可比产品成本降低率)$$

【例1】 某机械厂的甲产品是生产多年的老产品，去年单位成本为250元/台，其中材料费占75%，工资费占10%，制造费用占15%。该厂计划今年生产30台，并实施几项技术革新，预计产品产量增长20%，劳动生产率提高10%，材料单耗下降8%，平均工资提高6%，制造费用增加12%，试测算该产品计划成本降低率、降低额和单位产品成本。

解：

(1) 本期甲产品成本降低率为：

材料单耗变动对成本降低的影响 $=75\% \times 8\% =6\%$

工资水平变动对成本降低的影响 $=10\% \times (1-\frac{1+6\%}{1+10\%}) \approx 10\% \times 3.64\% =0.364\%$

制造费用变动对成本降低的影响 $=15\% \times (1-\frac{1+12\%}{1+20\%}) \approx 15\% \times 7\% =1.05\%$

本期甲产品成本降低率 $=6\% +0.364\% +1.05\% =7.414\%$

(2) 本期甲产品成本降低额 $=250 \times 7.414\% \times 30 =556.05$（元）

(3) 本期甲产品单位标准成本 $=250 \times (1-7.414\%) =231.47$（元/台）

第三节　生产成本的控制

一、生产成本的事前控制

生产成本的事前控制主要是标准的制定，如设计目标成本、费用预算、材料定额、工时定额、工艺成本、工序成本、零部件成本，等等。企业从生产经营的总目标出发，然后进行目标层层分解，落实到基层和个人。总目标指导分目标，分目标保证总目标，企业上下左右各自都有具体的目标，形成一个目标体系。目标就是活动所要求达成的成果，是企业及其内部在一定时期内努力奋斗的方向和要达到的具体目标。生产成本的事前控制就是目标控制。这阶段应做的工作有：建立组织系统，确定成本控制对象；健全用人制度，做到人尽其才；确定最佳作业方法；进行人员培训，提高职工素质；制定材料消耗标准或定额；编制制造费用预算；制定工时消耗标准或定额；确定材料单价和工资率；向员工公布规定的标准和限额；建立必要的奖惩制度等。

制定材料用量标准、价格标准、工时用量标准、工资单价标准、编制费用预算等都是事前控制应完成的工作。

费用预算最好按固定制造费用和可变制造费用分别编制。编制的方法有静态预算法、弹性预算法和零基预算法三种。

（一）静态预算法

静态预算法是以过去的实绩为基础，根据计划年度的需要决定增减编制而成。这种编制预算的方法，增加金额容易，减少金额难，易出现预算金额逐年膨胀的恶性循环。静态预算法是在企业既定生产经营规模下某一产销量来编制的，随着供、产、销具体情况的变化，固定的静态预算法已不适应要求，于是在西方企业中出现了弹性预算法。

（二）弹性预算法

所谓弹性预算法，是能适应企业计划期内任何业务活动水平的一种预算，能反映出某种业务活动水平的开支费用。其特点是：① 它是以某一“业务范围”为基础，而不是固定在某一业务水平的一种预算；② 它具有“动态”性质，即如果业务量发生变化，衡量尺度也随之调整。这种方法适应性较强，有利于加强成本控制。

（三）零基预算法

零基预算法是1968年在美国得克萨斯州仪器公司担任预算工作的比尔提出的。比尔的思路是不按过去的实践，而按照经营管理目标需要，以零为基点编制预算。这种方法不受现行预算金额多少的约束，以零为基础，根据实现经营目标的需要而编制，被公认为预算控制的新发展，且行之有效。缺点是事事从头来，势必增大编制预算的工作量。

二、生产成本的执行控制

（一）材料控制

材料是企业重要的流动资产，是进行产品生产所必需的生产要素之一，它在生产成本中占的比重较大，控制材料成本是一个很重要的方面。为了保证材料不至发生损毁、变质和短缺，必须健全材料的收发、领退、保管、清查等有关制度，保证材料的完整；要严格控制材料采购费用的发生情况，准确计算材料采购成本；要严格控制材料储备资金占用的变化，储备必要的材料对维持正常生产的连续进行是必须的，但储备资金占用不能过多，以加速流动资金的周转；要严格控制材料消耗的发生情况，降低成本和费用，材料消耗量过多的主要原因是材质不好，机器运转失常和操作失误等，应加强管理工作，最大限度地减少材料消耗。

（二）工时控制

工时分定额时间和非定额时间两大部分。定额时间是指在正常的生产技术组织条件下，工人为完成一定量的工作所必须消耗的时间，它由作业时间、布置工作的时间、休息及生理需要时间、准备终结时间四部分组成。非定额时间是指在一个工作班内因停工而损失的时间或执行非生产性工作所消耗的时间，它是不必要的时间消耗。定额时间应严格按照工时定额（或标准时间）来控制，非定额时间应尽量减少。为了充分发挥工时控制的效果，实际与标准工作时间的差异分析应逐日进行，并将分析结果公布于众，造成一种竞争气氛，有利于推动控制工作。差异分析由班组长掌握，根据日报或周报资料，采取改进和补救措施。

（三）材料价格控制

材料价格一般表现为企业在购进材料过程中的实际发生的成本，是根据材料采购过程中的实际耗费计算的。材料的计划价格是企业内部制定的，是在一定时期内计划要求达到的材料采购价格水平。材料计划价格一旦确定，在计划年度内一般不作更改。因此，它与材料采购的实际成本之间往往有一个差异，称为材料成本差异。材料价格控制就是要分析材料成本差异，提出改进措施，并将差异分析信息和结果于每月末上报有关领导。材料价格受客观因素影响很大，除市场价格外，其他影响因素，在很大程度上对采购部门来说仍然是可控的，如确定采购的经济批量，采用最经济的运输方式，使运输工具尽量满吨位，削减不必要的包装费用，选择合理的供应渠道等。

（四）工资率的控制

工资率是以工资单价表示的工资成本。造成实际工资率与标准工资率差异的原因是多种多样的。为了避免实际工资率突破标准，需要做多方面的工作，如注意消除高级工做低级工的工作，减少不必要的加班等。加班的原因通常是由于不均衡生产、生产安排不当、紧急订货、机器故障及停工待料等引起的，应避免或减少。

（五）制造费用的控制

制造费用中项目比较多，除少数项目可用数量标准作为控制的依据外，大多数项目无法用科学方法进行计算，只能用预算金额或耗用限制金额作为依据来进行控制。

第四节　生产成本差异的分析与计算

成本差异分析是对成本进行控制的一种有效方法，是建立在定量分析的基础上，从价格差异（简称价差）、数量差异（简称量差）入手，建立价差、量差的数学模型，进行成本差异分析。所谓成本差异，是指实际成本脱离标准成本的差额。成本差异是在生产过程中发生的，通过对差异的分析，能发现生产过程中的薄弱环节，找出产生差异的原因和责任，及时采取相应的措施，达到有效的成本控制。

一、直接材料成本差异的分析和计算

直接材料成本差异分为材料用量差异和材料价格差异两部分。其计算公式为：

$$材料用量差异=(实际用量-标准用量)\times 标准价格$$

$$材料价格差异=(实际价格-标准价格)\times 实际用量$$

$$材料成本差异=材料用量差异+材料价格差异$$

【例2】 生产某产品所耗甲材料的标准价格为8.0元/kg，实际价格为7.5元/kg，标准用量为6 000 kg，实际用量为5 400 kg。试计算材料成本差异。

解答

材料用量差异 $=(5\,400-6\,000)\times 8.0=-4\,800$（元）

材料价格差异 $=(7.5-8.0)\times 5\,400=-2\,700$（元）

材料成本差异 $=-4\,800+(-2\,700)=-7\,500$（元）

本例材料成本差异的值为负，表明材料成本差异是有利差异；如果材料成本差异的值为正，表明材料成本差异是不利差异。应该指出：成本差异是有利还是不利，不能单纯视

价差或量差的正或负而定，应视价差值和量差值相互抵消后为正还是负来判断。

造成材料用量差异的主要原因有：

1）生产技术上的原因，如产品设计的变更、制造工艺的改造等；

2）机器设备性能方面的原因，如个别设备性能不良，造成材料使用中的过量耗费等；

3）材料的质量、规格不符合要求，如材料进货质量不符合要求等；

4）工人操作技术水平的原因，如工人责任心不强、技术水平低等；

5）加工搬运中的损坏等。

形成材料价格差异的主要原因有：

1）购入材料价格的影响；

2）运输地点和运输方式差异的影响；

3）材料在途中损耗的影响；

4）材质优劣和采购费用高低的影响等。

由于材料大幅度涨价，且采购部门的采购渠道又无选择余地造成的成本差异不在此例。

通过对价差和量差的分析，有关部门应采取有效措施，扭转材料成本的不利差异。

二、直接人工成本差异的分析和计算

直接人工成本差异分为人工效率差异与工资率差异两部分。前者是直接人工成本的量差，后者是价差，其计算公式为：

$$\text{直接人工效率差异} = (\text{产品实际工时} - \text{产品标准工时}) \times \text{标准工资率}$$

$$\text{直接人工工资率差异} = \left(\frac{\text{实际工资额}}{\text{产品实耗工时}} - \frac{\text{计划工资额}}{\text{产品标准工时}}\right) \times \text{产品实际工时}$$

$$\text{直接人工成本差异} = \text{直接人工效率差异} + \text{直接人工工资率差异}$$

【例3】 某企业在报告期共计生产甲产品20 000件，实耗6 000工时，每件产品耗用0.3工时，实际发生的工资总额为6 000元，平均每工时实际工资率为1.00元，现行标准工资率为0.8元，单位产品的工时耗用标准为0.25工时，试计算该企业报告期内直接人工成本差异。

解答

$$\text{直接人工效率差异} = (6\,000 - 0.25 \times 20\,000) \times 0.8 = 800 \text{（元）（不利差异）}$$

$$\text{直接人工工资率差异} = \left(\frac{6\,000}{6\,000} - \frac{0.25 \times 0.8 \times 20\,000}{5\,000}\right) \times 6\,000 = 1\,200 \text{（元）（不利差异）}$$

$$\text{直接人工成本差异} = 800 + 1\,200 = 2\,000 \text{（元）（不利差异）}$$

人工绩效差异是考核每个工时生产能力的指标，是生产效率高低的具体表现。影响人工效率差异的主要原因有：

1）产品设计改进、工艺过程变化；

2）加工手段和设备状况的改变；

3）加工批量变动引起的准备时间长短的变化；

4）材料供应不合规格造成加工时间延长；

5）生产车间组织管理不善，造成工时浪费；

6）生产工人劳动纪律不严、劳动态度不好和熟练程度差造成的工时浪费；

7）技术革新措施应用好坏形成工时耗费的增减。

影响工资率的主要因素有：企业工资总额的变动和生产工时总额的变动。影响工资总额的因素是员工人数的增减、员工工资的调整、工资级别结构的变化、工资性津贴的变化、工龄的长短等；一线生产工时总额的因素是出勤率和工时利用率的高低。出勤率越高，生产性工时越多，生产工时总额就越大，小时工资率就越小。反之，出勤率和工时利用率越低，小时工资率就越大。

三、可变制造费用差异的分析和计算

可变制造费用差异是指一定产量下的实际可变制造费用与标准可变制造费用之间的差额。可变制造费用差异分为可变制造费效率差异和可变制造费开支差异两部分。其计算公式为：

可变制造费效率差异 =（产品生产实际工时 − 产品生产标准工时）× 可变制造费用标准分配率

可变制造费开支差异 =（可变制造费实际分配率 − 可变制造费标准分配率）× 产品实际工时

可变制造费用差异 = 可变制造费效率差异 + 可变制造费开支差异

式中的可变制造费分配率是指平均单位直接人工工时应负担的可变制造费用。

【例4】 某一企业，在报告期共生产甲产品20 000件，实耗6 000工时，单位产品的工时耗用标准为0.25工时，报告期共发生可变制造费用2 200元，可变制造费标准分配率为每直接人工工时0.4元。试计算该企业报告期的可变制造费用差异。

解答

可变制造费实际分配率 = 2 200/6 000 = 0.37（元/工时）

可变制造费效率差异 =（6 000 − 0.25 × 20 000）× 0.4 = 400（元）（不利差异）

可变制造费开支差异 =（0.37 − 0.4）× 6 000 = −180（元）（不利差异）

可变制造费用差异 = 400 +（−180）= 220（元）（不利差异）

可变制造费效率差异反映了工时利用对制造费用的影响，产生可变制造费用效率差异的主要原因是工时耗费的增减，如车间管理不善，劳动纪律松弛，技术革新开展不利，以及产品、工艺、设备的改变，材料供应不良等都会造成工时损失。

可变制造费开支差异反映了车间各项费用明细在用量方面的节约或浪费。对差异分析应按费用细目，逐一计算和分析，查明原因，采取相应的措施。

四、固定制造费用差异的分析和计算

固定制造费用差异是指一定时间的固定制造费与标准制造费之间的差额。由于固定制造费用具有在一定产量范围内不随产量变动而变化的特点，实际工时与计划工时不可能完全一致，会出现差异。当实际工时小于计划工时时，说明生产能力利用程度未能达到规定的水平，单位产出的固定制造费用就大；反之，则表明生产能力利用程度超过了计划规定水平，单位产出的固定制造费用就小。因此，固定制造费用差异分析，除效率差异、开支差异外，还应分析能力差异。其计算公式为：

$$\text{固定制造费用效率差异}=(\text{产品生产实际工时}-\text{产品生产标准工时})\times\text{固定制造费用标准分配率}$$

$$\text{固定制造费用开支差异}=\text{实际固定制造费用}-\text{预算规定制作费用}$$

$$\text{固定制作费用能力差异}=\text{预算规定制造费用}-(\text{固定制造费用标准分配率}\times\text{产品生产实际工时})$$

$$\text{固定制造费用差异}=\text{固定制造费用效率差异}+\text{固定制造费用开支差异}+\text{固定制造费用能力差异}$$

其中，固定制造费用标准分配率 $=\dfrac{\text{预算规定制造费用}}{\text{计划工时}}$。

【例5】 某一企业，在报告期共生产甲产品20 000件，实耗6 000工时，单位产品的工时耗用标准为0.25工时，本期的固定制造费用预算为4 080元，计划工时为6 800工时，实际固定制造费用为4 800元。试计算该企业报告期的固定制造费用差异。

解答

固定制造费用标准分配率 $=\dfrac{4\,080}{6\,800}=0.6$（元/工时）

固定制造费用效率差异 $=(6\,000-0.25\times20\,000)\times0.6=600$（元）(不利差异)

固定制造费用开支差异 $=4\,800-4\,080=720$（元）(不利差异)

固定制作费用能力差异 $=4\,080-(0.6\times6\,000)=480$（元）(不利差异)

固定制造费用差异 $=600+720+480=1\,800$（元）(不利差异)

或 固定制造费用差异 = 实际固定制造费用 − 标准固定制造费用 $=4\,800-(0.6\times0.25\times20\,000)=1\,800$（元）

其中，标准固定制造费 = 标准分配率 × 标准工时。

固定制造费用效率差异是由于实际产量耗用的实际工时与应耗的标准工时不同而引起的。差异分析的重点应放在生产过程中的工时利用效率方面。

造成固定制造费用开支差异出现不利差异的原因，主要是各项计划外的开支失控。差异分析的重点应放在失控费用的分析上，对失控费用的分析应采用可控性与不可控性的分类分析方法。

固定制造费用能力差异是生产能力预期利用水平同实际利用水平不一致而引起的，影响能力差异的原因是多方面的，属于企业自身可控的有机器设备故障、生产组织不善造成的临时停工待料，工人水平低未能充分发挥设备的效能等；属于企业不可控的有市场不景气带来的产品滞销和开工不足、电力短缺造成的多次生产性停电、资金短缺无法及时购入生产资料、运输误期等宏观经营环境的影响。

本章小结

成本控制概念有广义和狭义之分，狭义的成本控制仅指生产过程的产品成本控制；广义的成本控制是对生产经营全过程的成本控制。本章着重于制造过程的生产成本控制，对生产成本控制的概念、程序、要求与内容进行一般概述。成本控制的目的是把实际成本与标准成本统一起来，把成本限制在标准成本以内，所以成本控制涉及标准成本的选择和建立。生产成本的控制，差异的计算分析是本章的重点。

思考与练习

1. 何谓生产成本控制？生产成本控制的程序分哪三步？
2. 简述标准成本的作用和制定要点。
3. 简述生产成本事前控制的工作内容。
4. 如何估算生产成本？
5. 简述生产成本的执行控制中各成本形成因素的控制方法。
6. 试计算和分析直接材料成本差异和直接人工成本差异。

第十一章　建设项目可行性研究与后评价

学习目的和学习要求

通过学习本章，了解可行性研究的概念与作用；理解可行性研究的阶段和工作程序及可行性研究报告的编制依据；掌握可行性研究的内容；了解建设项目后评价的概念、作用以及后评价与前评价的区别，掌握建设项目后评价的内容和方法。

第一节　可行性研究概述

一、建设项目的基本建设程序

（一）建设项目的概念

建设项目是指需要一定量的投资，经过决策和实施（设计、施工等）的一系列程序，在一定的约束条件下（主要是限定的资源和时间）以形成固定资产为明确目标的一次性任务（或活动）。

建设项目是项目中最重要的一类。一个建设项目就是一项固定资产投资项目，既有基本建设项目，如新建、扩建等扩大生产能力的建设项目；又有技术改造项目，即以节约、增加产品品种、提高质量、治理“三废”、劳动安全为主要目的的项目。

（二）建设项目的特点

根据我国对建设项目的有关规定并参照世界各国有关建设项目管理资料，构成建设项目的主要条件和特点有以下几点。

1）在一个总体设计和初步设计范围内，由一个或若干个相互有内在联系的单项工程（或单位工程）组成的，行政上实行统一管理，经济上实行统一核算的建设单位。

2）在一定约束条件下，以形成固定资产为特定目标。约束条件包括：时间约束，即一个建设项目有合理的建设工期目标；资源约束，即一个建设项目有一定的投资总量目标；质量约束，即一个建设项目有预期的生产能力、技术水平或使用效益目标。

3）过程的一次性和成果的单件性。建设项目的活动过程既不同于一般工业生产的那种大批量重复性生产过程，也不同于企事业单位或政府机关的那种周而复始的行政管理过程。它一般都具有特定的开头、展开和结尾，整个过程一次过去，基本没有简单的重复。建设项目活动的成果即建筑产品具有单件性，每个建筑产品都是与众不同的，世界上没有两个完全相同的建筑产品。

4）在投资建设过程中都必须依次经过项目成立、可行性研究、评价、决策、设计、项目实施、竣工投产、总结评价等阶段。

（三）项目建设程序

建设项目的建设程序，是指在项目建设工作中必须遵循的先后次序，是建设项目从决策、设计、施工到竣工验收、投入生产或交付使用的整个工作过程中各个阶段的工作顺序。它是工程建设过程客观规律的反映，是建设项目科学决策和顺利进行的重要保证。

项目建设过程是一种把投资转化为固定资产的经济活动，这一活动横纵向联系、内外部联系均比较复杂，涉及面广，环节多，是一种多行业、多部门密切配合的综合性比较强的经济活动。因此，在建设过程中，包含着紧密相连、环环相扣，有其前后顺序和阶段的过程，不同阶段有着不同的内容，既不允许混淆，又不允许颠倒与跳跃。因此，建设项目必须有组织有计划地按顺序进行。

按照我国现行规定，项目建设程序可依分为七个阶段，如图 11－1 所示。

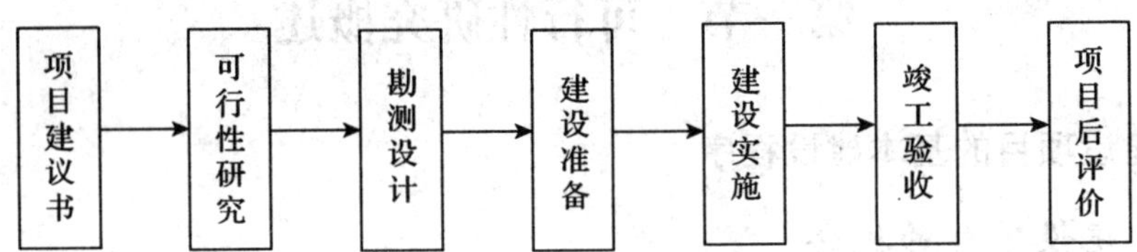

图 11－1　项目基本建设程序

1. 项目建议书

项目建议书是投资者（业主）根据国民经济、社会发展和行业、地区发展规划的要求，结合资源条件和市场调查及预测等，对准备建设的项目提出的轮廓性设想和建议，是向国家提出项目建设的建议性文件。项目建议书一般由专业机构和专业人员在调查研究、收集资料和综合分析的基础上提出的。它是拟建项目的轮廓设想，主要申述项目申报的理由及主要依据、项目的市场需求、生产建设条件、投资概算以及简单的经济效益和社会效益情况。项目建议书须经各级计划部门汇总、平衡、审批，项目建议书获批准即为立项，意味着可以进行详细的可行性研究工作，但并不表明项目非上不可，项目建议书不是项目的最终决策。

2. 可行性研究

项目建议书一经批准，即可着手开展项目可行性研究工作。可行性研究是投资前期工作的中心环节，是项目决策的依据。可行性研究的目的是论证项目是否值得建设、技术上是否可靠、经济上是否合理。可行性研究内容包括：选定建设地点、研究建设条件、分析生产成本和利润、预测投资收益等。

3. 勘测设计

勘测是指设计前和设计过程中所要进行的勘察、调查、测量工作。

设计是对拟建工程的实施在技术上和经济上所进行的全面而详细的安排。设计工作是分阶段、逐步深入地进行的。大中型建设项目一般采用两阶段设计，即初步设计、施工图设计。重大或特殊项目可采用三阶段设计，增设技术设计阶段。

初步设计主要研究拟建项目在技术上的可靠性和经济上的合理性，对设计的项目作出基本技术决定，并通过编制总概算确定总的建设费用和主要技术经济指标。技术设计主要对初步设计中的重大技术问题进一步开展工作，在进行科研、试验、设备试制取得可靠数据和资料的基础上，具体地确定初步设计中所采用的工艺、土建结构等方面的主要技术问题，并编制修正总概算。施工图设计是按照初步设计或技术设计所确定的设计原则、结构方案和控制性尺寸，根据建筑安装施工和非标准设备制造的需要，绘制施工详图，并编制施工图预算。

4. 建设准备

建设准备工作的目的是保证施工建设顺利进行，防止疏忽和遗漏，避免施工建设停工带来损失。建设准备工作主要包括：征地、拆迁和施工场地平整；完成施工用的水、电、路、通信等工程；组织设备、材料订货；组织监理、施工招标，选定监理单位和施工单位等；制订年度建设计划。

5. 建设实施

各项建设准备工作作好后，经批准开工，便进入了建设实施阶段，即施工阶段。在该阶段，建设单位按项目管理的要求，组织好施工单位的施工和设备、材料的供应，协调好工程建设的外部环境；监理单位根据项目建设的有关文件和各类工程承包合同，做好对工程的投资、进度和质量的控制、协调和管理；承包商（包括建筑安装施工、设备制造、材料供应等单位）根据承包合同的约定和承诺，全面履行各项合同义务，保质、保量、按时完成工程建设任务。

该阶段还要做好生产准备工作，比如按计划要求培训管理人员和工人，组织生产人员参加主要设备和工程的安装、调试，在投产前熟悉工艺流程和操作技术。

6. 竣工验收

竣工验收是项目建设全过程的最后一环，是全面考核建设成果、检验设计和施工质量的重要步骤，是确认建设项目能否动工的关键环节，同时也是由基本建设转入生产或使用的标志。竣工验收工作一般可分为单项工程验收和整个项目验收两个阶段进行：每一个单项工程完工后，由建设单位或监理单位组织验收；整个建设项目全部建设完成后，则应根据国家对竣工验收的规定组织验收。

7. 项目后评价

在项目建成投产并达到设计生产能力后（一般为项目建成后 1 ~3 年），通过对项目前期工作、项目实施、项目运营情况的综合研究，分析项目建成后的实际情况与预测情况的差距及其原因，从而吸取经验教训，为今后改进项目的准备、决策、实施、管理、监督等工作提供依据，并为提高项目投资效益提出切实可行的对策措施。

二、工程项目可行性研究的概念和作用

工程项目可行性研究是一种包括机会研究、初步可行性研究、可行性研究和项目评估与决策四个阶段的系统投资决策分析研究方法，其目的是在项目投资决策前，对拟建项目的所有方面（包括工程技术、经济、财务、生产、销售、环境、法律等）进行全面、综合

的调查研究，对备选方案从技术的先进性、生产的可行性、建设的可能性、经济的合理性等进行比较评价，从中选出最佳方案。它是一种对工程项目建设投资决策前进行技术经济分析、论证的科学方法和有效手段，也是保证项目建设以最小的投资耗费取得最佳的经济效果，实现建设项目在技术上先进、经济上合理和建设上可行的科学方法。

（一）可行性研究的主要作用

1. 作为经济主体投资决策的依据

可行性研究对与建设项目有关的各个方面都进行了调查研究和分析，并以大量数据论证了项目的必要性、可实现性及实现后的结果，项目投资者或政府主管部门正是根据项目可行性研究的评价结果，并结合国家财政经济条件和国民经济长远发展的需要，才能做出是否应该投资和如何进行投资的决定。

2. 作为编制设计文件的依据

在可行性研究报告中，对项目选址、建设规模、主要生产流程、设备选型和施工进度等方面都做了较详细的论证研究，为设计文件的编制提供了依据。

3. 作为筹集资金和向银行申请贷款的依据

可行性研究报告详细预测了项目的财务效益、经济效益和贷款偿还能力。银行通过审查项目可行性研究报告，确认了项目的经济效益水平、偿债能力和风险状况，才能做出是否同意贷款的决定。

4. 与项目协作单位签订经济合同的依据

根据批准的可行性研究报告，项目法人可以与有关协作单位签订原材料、燃料、动力运输、土建工程、安装工程、设备购置等方面的合同或协议。

5. 作为向当地政府、规划部门、环境保护部门申请有关建设许可文件的依据

项目在建设中和投产后对市政建设、环境及生态都有影响，因此项目的开工建设须得到当地市政、规划和环保部门的认可。在可行性研究报告中，对项目选址、总图布置、环境及生态保护方案等诸方面都做了论证，为申请和批准建设执照提供了依据。

6. 作为施工组织、工程进度安排及竣工验收的依据

可行性研究报告对施工组织、工程进度安排及竣工验收等工作都有明确的要求，所以它是检查施工进度及工程质量的依据。

7. 作为项目科研试验、机构设置、职工培训、生产组织的依据

根据批准的可行性研究报告，进行与建设项目有关的生产组织工作，包括设置相应的组织机构，进行职工培训及合理的组织生产等工作安排。

8. 作为对项目考核和后评价的依据

工程项目竣工、正式投产后的生产考核应以可行性研究所制定的生产纲领、技术标准及经济效果指标作为考核标准。

（二）可行性研究的主要内容

建设工程项目可行性研究是在投资决策前，对项目有关的社会、经济和技术等各方面

情况进行深入细致的调查研究；对各种可能拟定的建设方案和技术方案进行认真的技术经济分析与比较论证；并对项目建成后的经济效益进行科学的预测和评价。在此基础上，综合研究、论证建设项目的技术先进性、适用性、可靠性，经济合理性、有利性，以及建设可能性、可行性。由此确定该项目是否投资和如何投资，或是就此终止不投资，还是继续投资使之进入项目开发建设的下一阶段等结论性意见，为项目决策部门对项目投资的最终决策提供科学依据和作为开展下一步工作的基础。

建设工程项目的可行性研究的内容，因项目的性质不同、行业特点不同而有所差别。按照原国家发展计划委员会审定（计办投资〔2002〕15 号）颁布的《投资项目可行性研究指南》的规定，建设项目可行性研究一般包括如下基本内容：

1）项目兴建的理由与目标，包括项目兴建理由、项目预期目标、项目建设基本条件；

2）市场分析与预测，包括市场预测内容、市场现状调查、产品供需预测、价格预测、竞争力分析、市场风险分析、市场调查与预测方法；

3）资源条件评价，包括资源开发利用的基本要求和资源评价；

4）建设规模与产品方案，包括建设规模方案选择、产品方案选择、建设规模与产品方案比选；

5）厂址选择，包括厂址选择的基本要求、厂址选择研究内容、厂址方案比选；

6）技术方案、设备方案和工程方案，包括技术方案选择、主要设备方案选择、工程方案选择、节能措施以及节水措施；

7）原材料燃料供应，包括主要原材料供应方案、燃料供应方案以及主要原材料燃料供应方案比选；

8）总图运输和公用与辅助工程，包括总图布置方案、场内外运输方案以及公用工程与辅助工程方案；

9）环境影响评价，包括环境影响评价基本要求；环境条件调查；影响环境因素分析以及环境保护措施；

10）劳动安全卫生与消防，包括劳动安全卫生和消防设施；

11）组织机构与人力资源配置，包括组织结构设置及其适应性分析、人力资源配置以及员工培训；

12）项目实施进度，包括建设工期和实施进度安排；

13）投资估算，包括建设投资估算内容、建设投资估算方案、流动资金估算、债务资金筹措以及融资方案分析；

14）融资方案；

15）财务评价；

16）国民经济评价；

17）社会评价；

18）风险分析；

19）研究结论与建议。

第二节 可行性研究的程序

一、可行性研究阶段的划分

根据可行性研究深度的不同，可以把可行性研究分为投资机会研究、初步可行性研究、详细可行性研究、项目评估与决策四个阶段（见表11－1）。

表11－1 可行性研究阶段的划分

	阶段名称	投资误差范围	研究所需时间	研究费用占投资总额的比重
1	投资机会研究	-30%～+30%	1～3个月	0.20%～1.00%
2	初步可行性研究	-20%～+20%	3～5个月	0.25%～1.25%
3	详细可行性研究	-10%～+10%	6个月以上	小项目1.00%～3.00% 大中型项目0.80%～1.00%
4	项目评价与决策	-10%～+10%		

（一）投资机会研究

投资机会研究也可称为投资机会鉴定，其主要任务是为建设项目的投资方向和设想提出建议和计划，初步选择项目，即在确定的地区和部门内，根据自然资源、市场需求、国家产业政策和国际贸易等各方面的情况，通过调查、预测和分析研究，选择建设项目，寻找投资的有利机会。

投资机会研究可分为一般机会研究与具体项目机会研究两类。

1. 一般机会研究

一般机会研究是一种全方位的搜索过程，需要进行广泛的调查，收集大量的数据。一般机会研究又分为以下三类。

（1）地区机会研究

地区机会研究即通过调查分析地区的基本特征、人口及人均收入、地区产业结构、经济发展趋势、地区进出口结构等状况，研究、寻找某一特定地区内的投资机会。

（2）部门机会研究

部门机会研究即通过调查分析产业部门在国民经济中的地位和作用、产业规模和结构、各类产品的需求及其增长率等状况，研究、寻找某一特定产业部门的投资机会。

（3）资源开发机会研究

资源开发机会研究即通过调查分析资源的特征、资源的储量、可利用和已利用状况、利用该项资源的产品需求和限制条件等情况，研究、寻找开发某项资源的投资机会。

2. 具体项目机会研究

在一般机会研究初步筛选投资方向和投资机会后，需要进行具体项目的投资机会研究。具体项目机会研究比一般机会研究较为深入、具体，需要对项目的背景、市场需求、资源条件、发展趋势以及需要的投入和可能的产出等方面进行准备性调查、研究和分析。

一般情况下，机会研究阶段所估算的项目投资额和生产成本的精度大控制在±30%，所需的时间一般为1～3个月，所需费用占投资总额的0.2%～1%。

（二）初步可行性研究

许多项目在进行机会研究后，还不能决定取舍，这就需要进行初步可行性研究。初步可行性研究也称为预可行性研究，是在机会研究的基础上，对项目方案进行初步的技术、财务、经济分析和初步的社会、环境评价，对项目是否可行做出初步判断。它的主要任务有：

1）分析机会研究的结论，并在详细调查资料的基础上做出投资决策；

2）确定是否应进行下一步的详细可行性研究；

3）确定有哪些关键问题需要进行辅助性专题研究；

4）判断项目的设想是否具有生命力，能否获得理想的效益。

初步可行性研究的主要研究内容包括：

1）项目建设的必要性和依据；

2）市场分析与预测；

3）产品方案、拟建规模和厂址环境；

4）生产技术和主要设备；

5）主要原材料的来源和其他建设条件；

6）项目建设与运营的实施方案；

7）投资初步估算、资金筹措与投资使用计划初步方案；

8）财务效益和经济效益的初步分析；

9）环境影响和社会效益的初步评价以及投资风险的初步分析。

初步可行性研究是机会研究和详细可行性研究之间的一个阶段。它与机会研究的区别主要在于所获资料的详细程度不同。如果机会研究有足够的资料数据，也可以越过初步可行性研究，直接进入详细可行性研究；如果机会研究对项目有关资料不足，获利情况不明显，就要进行初步可行性研究来判断项目是否值得投资。

初步可行性研究的时间一般需要3～5个月，投资估算的精度要求在-20%～+30%之间，研究费用占总投资的0.25%～1.25%。

（三）详细可行性研究

详细可行性研究也称为最终可行性研究或技术经济可行性研究，是可行性研究的主要阶段，它是工程项目投资决策的基础。详细可行性研究为项目投资决策提供技术、经济、社会、环境和法律方面的可行状况，并为项目具体实施提供科学依据。它的主要任务是对项目进行深入的技术、经济论证，确定项目方案的可行性，并提出结论性意见。它的重点是对项目进行财务效益和经济效益评价，经过多方案的比较选择最佳方案，确定项目投资的最终可行性和选择依据标准。

详细可行性研究的投资估算精度要求在±10%以内；对于小型项目，研究时间一般为半年至1年，研究费用占总投资的1.0%~3.0%；对于大中型项目，研究时间一般为1~2年，研究费用占总投资的0.8%~1.0%。

（四）项目评估与决策

这一阶段主要由投资决策部门或由投资决策部门组织咨询公司或相关专家，代表项目业主或出资人对建设项目可行性研究报告进行全面的审核和再评价。其主要任务是对拟建项目的可行性研究报告提出最终评价意见，确定最佳投资方案。

投资决策部门的评估与决策是在项目可行性研究报告基础上进行的，其内容包括：

1）全面审核可行性研究报告中反映的各项情况是否属实；

2）分析项目可行性研究报告中各项指标计算是否正确，包括各种参数、基础数据、定额费率的使用是否合理等；

3）从企业、国家和社会等方面综合分析和判断项目的经济效益和社会效益；

4）分析判断项目可行性研究的可靠性、真实性和客观性，对项目做出最终的投资决策；

5）提出项目评估报告。

项目评估和决策阶段所解决的主要问题包括：

1）项目建设的必要性评价即项目的建设是否有必要，生产规模应多大；

2）项目建设和生产条件的评价即项目应建在何处，采用何种技术、工艺和设备；

3）项目的技术评价即项目是否具备必需的技术条件和能力，以何种方式获取相应的技术；

4）项目的效益评价即项目或企业的财务效益和经济费用效益如何，不确定性怎样。

二、可行性研究的工作程序

（一）签订委托协议

可行性研究编制单位与委托单位，就项目可行性研究工作的范围、重点、深度要求、完成时间、费用预算和质量要求交换意见，并签订委托协议，据以开展可行性研究各阶段的工作。

（二）组建工作小组

编制单位根据委托项目可行性研究的工作量、内容、范围、技术难度、时间要求等组建可行性研究工作小组。工作小组内部还可以根据工作内容分为若干个专业组，各专业组的协调工作一般由总工程师、总经济师负责。

（三）制订工作计划

工作计划的内容包括研究工作的范围、重点、深度、进度安排、人员配备、费用预算及报告大纲等，并与委托单位交换意见。

（四）调查研究，收集资料

各专业组根据工作大纲的要求进行实地调查，收集有关资料。通过向市场和社会、行业主管部门、项目所在地区以及项目涉及的有关企业和单位等方面的调查，收集项目建设、生产运营等方面所必需的信息资料和数据。

（五）方案编制与优化

在调查研究收集资料的基础上，对项目的建设规模与产品方案、场址选择、技术方案、设备方案、工程方案、原材料供应方案、总图布置与运输方案、公用工程与辅助工程方案、环境保护方案、组织机构设置方案、实施进度方案以及项目投资与资金筹措方案等，进行方案论证、比选与优化，提出推荐方案。

（六）项目评价

项目评价是对投资方案进行环境评价、财务评价、国民经济评价、社会评价及风险分析，以判别项目的环境可行性、经济可行性、社会可行性和抗风险能力，其中经济评价是可行性研究的核心部分。当有关评价指标结论不足以支持项目方案成立时，应对原设计方案进行调整或重新设计。

（七）编写报告

由各专业组分工编制各专业方案报告，经项目负责人衔接、协调和综合后，提出由可行性研究报告初稿。经委托单位审核，修改完善后，向委托方提出正式的可行性研究报告。

三、可行性研究报告的编制依据

编制可行性研究报告的主要依据有如下几条。

1）国民经济发展的长远规划、国家经济建设的方针、任务和技术经济政策。按照国家经济发展的长远规划、经济建设的方针和政策及地区和部门发展规划，确定项目的投资方向和规模，提出需要进行可行性研究的项目建议书。在宏观投资意向的控制下来安排微观的投资项目，并结合市场需求，有计划地统筹安排好各地区、各部门的企业的产品生产和协作配套，搞好综合平衡。

2）对于大中型骨干建设项目，必须具有国家批准的资源报告、国土开发整治规划、区域规划、工业基地规划。交通运输项目，要有相关的江河流域规划与路网规划。

3）项目建议书和委托单位的要求。项目建议书是做各项准备工作和进行可行性研究的重要依据，只有经国家计划部门同意，并列入建设前期工作计划后，方可开展可行性研究的各项工作。建设单位在委托可行性研究任务时，应向承担可行性研究工作的单位，提出对建设项目的目标和要求，并说明有关市场、原料、资金来源以及工作范围等情况。

4）有关自然、地理、气象、水文、地质、经济、社会、环保等方面的基础资料。

5）有关工程技术经济方面的规范、标准、定额资料等，以及国家正式颁布的技术法规和技术标准。这些都是考察项目技术方案的基本依据。

6）国家或有关主管部门颁发的有关项目评价的基本参数和指标，如国家基准收益率、行业基准收益率、外汇影子汇率、价格换算参数等。

7）其他相关依据资料。

第三节 建设项目后评价

建设项目的可行性研究作为项目前期工作的重要组成部分，对项目或方案进行环境评价、财务评价、国民经济评价、社会评价及风险分析，以判别项目的环境可行性、经济可行性、社会可行性和抗风险能力。但是，可行性研究是在项目建设前期进行的，其分析判断是否准确，项目的实际经济效果究竟如何，这都需要在项目竣工投产后根据实际数据资料进行的再评价来检验，这种再评价就是项目后评价。

一、建设项目后评价概述

（一）建设项目后评价的概念和目的

建设项目后评价是指在项目建成竣工验收并运行一段时间（一般 2 年或达到设计生产能力）后，对该项目的立项、决策、设计、实施和运营，以及项目的经济效益、社会效益和环境效益等进行系统、客观的分析和总结。通过对项目的检查总结，确定投资预期的目标是否达到，项目或规划是否合理有效，项目的主要效益指标是否实现，通过分析评价找出成败的原因，总结经验教训，并通过及时有效的信息反馈，为未来项目的决策和提高完善投资决策管理水平提出建议，同时也为被评项目实施运营中出现的问题提出改进建议，从而达到提高投资效益的目的。

项目后评价的目的是通过对项目实施过程结果及其影响进行调查研究和全面系统回顾，与项目决策时确定的目标以及技术、经济、环境、社会指标进行对比，找出差别与变化，分析成败的原因，总结经验，汲取教训，得到启示。并通过及时有效的信息反馈，对项目实施运营中出现的问题提出对策，为未来新项目的决策和投资决策管理水平的完善和提高提出建议，进而达到提高投资效益的目的。

（二）项目后评价与前评价的区别

项目前评价与后评价是同一对象的不同过程，它们既相互联系又相互区别。它们在评价内容上互相兼顾，但在评价目的和作用、评价阶段、评价依据和标准、评价内容和评价主体等方面又有明显的区别。

1. 评价目的和作用不同

可行性研究阶段的前评价目的在于分析项目建设的必要性和可能性，评价项目经济上的合理性，其作用是直接为项目投资决策提供依据。后评价侧重于项目投资全过程的实际情况与预计情况进行比较研究，查找项目成功或失败的原因，目的是总结经验教训，为以后提高项目管理水平和制订科学的投资计划提供依据，这对于实现投资项目的最优控制、提高项目投资决策的科学性都将起到重要作用。

2. 评价阶段不同

项目前评价是在项目决策阶段进行，为项目的投资决策服务的。它主要运用有关评价理论和预测方法，对项目的前景做全面的技术经济预测分析。而项目的后评价，通常选择在项目建成投产并运行一段时间（一般 2 年或达到设计生产能力）后进行。

3. 评价依据、标准不同

项目前评价主要依据历史资料和经验性资料，按照国家及有关部门颁布的定额标准、经济评价方法和参数进行评价。项目后评价依据项目实施中和投产后的实际数据和项目后续年限的预测数据，对其技术、设计实施、产品市场、成本和效益进行系统的调查分析与评价，并与前评价中相应的内容进行对比分析，找出两者差距，分析其原因和影响因素，提出相应的补救措施，从而提出改进项目前评价和其他各项工作的建议措施。

4. 评价内容不同

项目前评价主要分析研究项目市场需求、建设条件、工程技术方案、项目的实施计划和项目的经济效益及社会效益等，对项目建设必要性和可能性进行评价，对项目未来经济效益进行预测。后评价主要内容包括对项目决策目标、项目准备工作、项目实施效率、项目实际运营状况、影响效果、可持续性等进行深入分析。

5. 评价主体不同

项目前评价由项目发起者、投资主体（投资者）、贷款决策机构或项目审批部门组织实施。而后评价以投资运行的监督管理机构或决策的上一级机构为主，会同计划、财政、审计、银行、设计等相关部门进行。

（三）项目后评价的作用

随着我国经济体制改革的深入，开展项目后评价显得尤为重要。项目后评价对检验工程项目管理工作质量，总结工程项目决策的经验教训，提高项目决策和实施管理水平，实现投资决策的程序化、科学化、民主化和规范化，具有十分重要的意义。

1. 总结项目管理的经验教训，提高项目管理水平

工程项目管理是一项十分复杂的活动，它涉及政府主管部门、业主、勘察设计、施工、监理、制造、物资供应、银行等许多部门。项目能否顺利完成并取得预期的工程经济效果，不仅取决于项目自身因素，而且还取决于这些部门之间的协作关系。项目后评价通过对已建成项目实际情况的分析研究，可以检验工程项目前评估的理论和方法是否合理，决策是否科学，总结项目管理经验，指导未来项目管理活动，从而提高项目管理水平。

2. 提高项目决策科学化水平，降低项目的风险程度

项目前评价是项目投资决策的依据，但前评价中所作的预测是否准确，需要后评价来检验。通过建立完善的项目后评价制度和科学的方法体系，一方面可以增强前评价人员的责任感，促使评价人员努力做好前评价工作，提高项目预测的准确性；另一方面可以通过项目后评价的反馈信息，及时纠正项目决策中存在的问题，从而提高未来项目决策的科学化水平。

3. 为政府制订投资计划、政策提供依据

通过项目后评价能够发现宏观投资管理中的不足，从而使政府能及时地修正某些不适应经济发展的技术政策，修订某些已经过时的指标参数。同时，政府还可以根据后评价所反馈的信息，合理确定投资规模和投资流向，协调各产业、各部门之间及其内部的各种比例关系，并运用法律的、经济的、行政的手段，建立必要的法令、法规、制度和机构，促

进投资项目的良性循环。

4. 对项目建成后的经营管理进行诊断，提出完善项目的建议方案

项目后评价是在项目运营阶段进行的，因而可以分析和研究项目投产初期和达产时期的实际情况，比较实际情况与预测情况的偏离程度，探索产生偏差的原因，提出切实可行的措施，从而促使项目运营状态正常化，充分发挥项目的经济效益和社会效益。

（四）建设项目后评价的内容

建设项目后评价的主要内容包括项目目标后评价、项目前期工作后评价、项目实施后评价、项目运营后评价、项目影响后评价以及项目持续性评价六个方面的内容。

1. 项目目标后评价

项目目标后评价是把项目实际产生的经济、技术指标与项目审批决策时确定的目标进行比较，评定项目目标是否实现或实现程度。如果项目的预定目标未全面实现，需分析未能实现的原因，并提出补救措施。目标评价的另一项任务，是对项目目标的正确性、合理性及实践性进行分析和评价。有些项目原定的目标不明确，或不符合实际情况，项目实施过程中可能会发生重大变化，如政策性变化或市场变化等，项目后评价要给予重新分析和评价。

2. 项目前期工作后评价

项目前期工作的质量对项目成功与否影响重大，因此前期工作的后评价是整个项目后评价的重点。其任务是评价项目前期工作的实绩，分析和总结项目前期工作的经验教训。其目的在于分析研究前期工作失误在多大程度上导致项目实际效果与预测目标的偏差以及原因，从而为今后加强项目前期工作的管理积累经验。

项目前期工作后评价包括以下内容：

1）项目筹备工作的评价；
2）项目决策的评价；
3）厂址选择的评价；
4）征地拆迁工作的评价；
5）勘察设计工作的评价；
6）委托施工的评价；
7）土地开发工作的评价；
8）资金筹措情况的评价；
9）物资落实情况的评价。

3. 项目实施后评价

项目实施后评价的任务是评价项目在实施过程中，设计施工、资金供应使用、设备采购、竣工验收和生产准备的情况，分析偏离预期目标的原因，总结项目实施管理中的经验教训，并提出改进措施。其目的在于分析和研究项目实际投资效益与预计投资效益的偏差在多大程度上是由项目实施过程造成的，原因何在。

项目实施后评价包括以下内容：

1）项目的立项、准备和评估；

2）项目的内容和建设规模；

3）施工项目组织与管理的评价；

4）项目建设资金供应与使用情况的评价；

5）项目建设工期的评价；

6）项目进度和实施情况；

7）项目投资控制情况；

8）项目质量和安全情况；

9）项目变更情况的评价；

10）项目竣工验收的评价；

11）项目生产能力和单位生产能力投资的评价。

4. 项目运营后评价

项目运营阶段是实现和发挥项目投资效益的阶段，在整个项目的生命期内占有十分重要的地位。项目运营的后评价是通过项目投产后的有关实际数据资料或重新预测的数据，研究建设项目实际投资效益与预测情况或其他同类项目投资效益的偏离程度及其原因，系统地总结项目投资的经验教训，并为进一步提高项目投资效益提出切实可行的建议。

项目运营后评价包括以下内容：

1）项目经营管理状况的评价；

2）项目产品方案的评价；

3）项目达产年限的评价；

4）项目经济效益的评价，包括项目财务后评价、项目国民经济后评价、综合评估等内容。

5. 项目影响后评价

项目影响后评价主要包括经济影响后评价、环境影响后评价和社会影响后评价。

（1）经济影响后评价

经济影响后评价主要分析评价项目对所在地区、所处行业、国家产生的经济方面的影响。进行经济影响后评价时，注意与项目效益评价中的国民经济再评价区分开来，避免重复计算。评价的内容主要包括分配、就业、国内资源成本、技术进步等。由于经济影响再评价的部分因素难以量化，一般只能作定性分析，一些国家和组织把这部分内容并入社会影响再评价的范畴。

（2）环境影响后评价

环境影响后评价是指遵照国家环保法的规定，根据国家和地方环境质量标准和污染物排放标准以及相关产业部门的环保规定，重新审查项目环境影响的实际结果，审核项目环境管理的决策、规定、规范、参数的可靠性和实际效果，对未来环境影响进行预测。主要包括污染控制评价、对地区环境质量的影响评价、自然资源的利用和保护、对生态平衡的影响、环境管理等内容。项目环境影响后评价，应侧重分析随着项目的进程和时间的推进所发生的变化。

（3）社会影响后评价

社会影响后评价是对项目在社会经济及发展方面有形和无形的效益与结果的一种分

析，重点评价项目对国家（或地区）社会发展目标的贡献和影响，以及项目本身和对周围地区的影响，主要包括就业影响、居民生活条件和生活质量影响、地区收入分配影响、项目受益范围及受益程度、对地方社区发展的影响、当地政府和居民的参与度等。

6. 项目持续性评价

项目持续性评价是指对项目的既定目标是否能按期实现，项目是否可以持续保持较好的效益，项目业主是否愿意并可以依靠自己的能力继续实现既定的目标，项目是否具有可重复性等方面做出评价。

项目效益的持续发挥受管理组织、财务、技术和社会文化、生态环境，以及经济、政治等因素的制约，因此仅从项目实施的情况得出的评价结论是不够全面的，还应预测分析项目在未来运营中实现既定目标以及持续发挥效益的可能性和发展趋势。

项目持续性评价主要包括政府政策因素评价、组织管理因素评价、经济财务因素评价、技术因素评价、社会文化因素评价、环境和生态因素评价等内容。

二、建设项目后评价的程序和方法

（一）建设项目后评价的程序

建设项目后评价工作程序如下。

1. 接受后评价任务、签订工作合同或评价协议

一般说来，作为后评价实施单位，自己没有选择评价项目的权利。在计划经济年代，后评价项目由上级主管部门布置或下达。在市场经济年代，后评价单位可以从上级主管部门接受后评价任务委托，也可去中介市场承揽后评价业务。后评价单位接受和承揽到后评价任务以后，首要任务就是与业主或上级签订评价合同或相关协议，以明确各自在后评价工作中的权利和义务。

2. 成立后评价小组，制订评价计划

后评价合同或协议签订后，后评价单位就应及时任命项目负责人，成立后评价小组，制订后评价计划。工程项目后评价是一项较为复杂的工作，评价小组工作人员应具有良好的职业道德和较强的责任心，并具有较高的业务水平。就知识结构而言，工作人员应包括以下几类专家：经济学专家、工程技术专家、投资管理专家、生产经营管理专家、市场预测专家和统计分析专家等。后评价计划必须说明评价对象、评价内容、评价方法、评价时间、工作进度、质量要求、经费预算、专家名单、报告格式等。

3. 设计调查方案，聘请有关专家

调查是评价的基础，调查方案是整个调查工作的行动纲领，它对于保证调查工作的顺利具有重要的指导作用。调查方案主要包括调查内容、调查计划、调查方式、调查对象、调查经费以及调查指标体系等内容。

4. 阅读文件、收集资料

在确定调查方案后，根据被评项目文件，评价小组要收集与未来评价有关的资料，如项目的建设、运营、效益、影响资料以及国家和行业有关的规定和政策等。

5. 进行调查

在收集项目资料后，必须去现场调查，了解项目的宏观和微观情况。

6. 分析资料，形成报告

在阅读文件和现场调查的基础上，要对已获得的大量信息进行分析，编写项目后评价报告。项目后评价报告是调查研究工作最终成果的体现，是工程项目实施过程阶段性或全过程的经验教训汇总，同时又是反馈评价信息和经验教训的主要文件形式。

7. 提交后评价报告

后评价报告草稿完成后，送项目评价执行机构高层领导审查，并向委托单位简要通报报告的主要内容，必要时可召开小型会议研讨有关分歧意见。

（二）建设项目后评价的方法

建设项目后评价工作包含的内容十分广泛，分析方法从总体上说是定量和定性相结合，其中主要的分析方法有对比分析法、逻辑框架法和成功度评价法等。其中对比分析法是一种相对比较的方法；逻辑框架法是一种综合系统地研究和分析问题的思维框架模式；成功度评价法是以项目的目标和效益为核心进行全面系统评价的方法。

1. 对比分析法

对比分析法是建设项目后评价的常用方法，又分为前后对比法和有无对比法。

（1）前后对比法

前后对比法是将项目可行性研究和评估时所预测的效益和项目竣工投产运行后的实际结果相比较，找出差异和原因。这种对比用于提示项目的计划、决策和实施的质量，是项目过程评价应遵循的原则。

（2）有无对比法

有无对比法是将项目投产后实际发生的情况与没有运行投资项目可能发生的情况进行对比，以度量项目的真实效益、影响和作用。对比的重点主要是分清项目自身的作用和项目以外的作用。这种对比用于项目的效益评价和影响评价。对比的关键是要求投入的代价与产出的效果口径一致，即所度量的效果要真正归因于有此项目。有无对比法需要大量可靠的数据，最好有系统的项目监测资料，也可引用当地有效的统计资料。在进行对比时，先要确定评价内容和主要指标，选择可比的对象，用科学的方法收集资料，通过建立对比表来进行分析。

2. 逻辑框架法

逻辑框架法是美国国际开发署在1970年开发并使用的一种设计、计划和评价的工具。目前大部分国际组织把该方法作为援助项目的计划、管理和后评价的主要方法。逻辑框架法不是一种机械的方法或程序，而是一种综合、系统地研究问题的思维框架模式，这种方法有助于对关键因素和问题做出合乎逻辑的分析。概括来说，逻辑框架法是一种概念化论述项目的方法，即用一张简单的框图来清晰地分析一个复杂项目的内涵和关系，使之更易理解。逻辑框架法是将几个内容相关、必须同步考虑的动态因素组合起来，通过分析其间的逻辑关系，从设计、策划到目的、目标等方面来评价一项活动或项目。

逻辑框架法为项目计划者和评价者提供一种分析框架，用以确定工作的范围和任务，并通过对项目目标和达到目标所需的手段进行逻辑关系的分析。

（1）逻辑框架法的基本模式

逻辑框架法的核心是事物层次间的因果逻辑关系的分析，即“如果”提供了某种条件，包括事物内在的因素和事物所需的外部条件，“那么”就会产生某种结果。逻辑框架法的模式是一个 4×4 的矩阵，如表 11－2 所示。

表 11－2　逻辑框架法模式表

层次描述	客观验证指标	验证方法	重要外部条件
目标/影响	目标指标	监测和监督手段及方法	实现目标的主要条件
目的/作用	目的指标	监测和监督手段及方法	实现目的的主要条件
产出/结果	产出物定量指标	监测和监督手段及方法	实现产出的主要条件
投入/措施	投入物定量指标	监测和监督手段及方法	实现投入的主要条件

（2）目标层次

逻辑框架汇总了项目实施活动的全部要素，并按宏观目标、具体目标、产出和投入的层次归纳了投资项目的目标及其因果关系，见表 11－3。

表 11－3　项目后评价逻辑框架表

项目描述	可客观验证的指标			原因分析		项目可持续能力
	原定指标	实现指标	差别或变化	内部原因	外部条件	
宏观目标						
直接目标						
产出						
投入						

1）宏观目标。项目的宏观目标即宏观计划、规划、政策和方针等所指向的目标，该目标可通过几个方面的因素来实现。宏观目标一般超越了项目的范畴，是指国家、地区、部门或投资组织的整体目标。这个层次目标的确定和指标的选择一般由国家或行业部门选定，一般要与国家发展目标相联系，并符合国家产业政策、行业规划等的要求。

2）具体目标。具体目标也叫直接目标，是指项目的直接效果，是项目立项的重要依据，一般应考虑项目为受益目标群体带来的效果，主要是社会和经济方面的成果和作用。这个层次的目标由项目实施机构和独立的评价机构来确定，目标的实现由项目本身的因素来确定。

3）产出。产出是指项目“干了些什么”，即项目的建设内容或投入的产出物。一般要提供可计量的直接结果，要直截了当地指出项目所完成的实际工程（如港口、铁路、输变电设施、气井、城市服务设施等），或改善机构制度、政策法规等。在分析中应注意，在产出中项目可能会提供的一些服务和就业机会，往往不是产出而是项目的目的或目标。

4）投入。该层次是指项目的实施过程及内容，主要包括资源和时间等的投入。

以上四个层次由下而上形成了三个垂直逻辑关系。第一级是资源投入与产出之间的关系；第二级是产出与社会或经济的变化之间的关系；第三级是项目的目的对整个地区或整个国家更高层次目标的贡献关联性。垂直逻辑分清了项目层次关系，每个层次水平方向的逻辑关系则由客观的验证指标、指标的验证方法和重要的假定条件组成，从而形成了表 11－3中的逻辑框架。其中客观验证指标包括数量、质量、时间和人员客观的可度量的验证指标，一般每项指标应具有三个数据：原有预测值、实际完成值、预测和实际间的差距值。

由于逻辑框架法能更明确地阐述项目设计者的意图，分析各评价层次的因果关系，明确描述后评价与其他项目阶段的联系，并适应不同层次的管理需要，所以，目前它已成为国内外项目后评价的主要方法。

3. 成功度评价法

成功度评价法即所谓的打分评价法，它是以逻辑框架法分析的项目目标的实现程度和经济效益分析的评价结论为基础，以项目的目标和效益为核心进行全面系统的评价方法。此方法是依靠评价专家或专家组的经验，根据项目各方面的执行情况，并通过系统准则或目标判断表来评价项目总体的成功程度。

成功度评价如表 11－4 所示，对其中各项内容做了如下说明。

（1）评定项目指标

评定具体项目的成功度时，选择与项目相关的评价指标。

（2）项目相关重要性

项目相关重要性分为重要、次重要和不重要三级。评价人员应根据具体项目的类型和特点，确定出各项指标与项目相关的重要性程度。

（3）评定等级

项目成功度评价等级划分为 A、B、C、D、E 五级。

A（成功）：充分实现或超出目标，相对成本而言，总体效益非常大；

B（基本成功）：目标大部分实现，相对成本而言，总体效益较大；

C（部分成功）：部分目标实现，相对成本而言，取得了一定效益；

D（不成功）：实现的目标很少，相对成本而言，取得的效益很小或不重要；

E（失败）：未实现目标，相对成本而言，亏损或者没有取得效益，项目放弃。

表 11－4 项目成功度评价表

评价项目指标	项目相关重要性	评价等级
宏观目标和产业政策		
决策及其程序		
布局与规模		
项目目标及市场		
设计与技术装备水平		

续表

评价项目指标	项目相关重要性	评价等级
资源和建设条件		
资金来源和融资		
项目进度及其控制		
项目质量及其控制		
项目投资及其控制		
项目经营		
机构和管理		
项目财务效益		
项目经济效益和影响		
社会和环境影响		
项目可持续性		
项目总评		

本章小结

作为固定资产投资前期工作的重要组成部分，建设项目的可行性研究和项目后评价正在我国全面推行并起到一定的作用。建设项目的可行性研究是项目前期的主要工作内容，也是决定投资成败的关键环节，对于项目的科学决策有着至关重要的作用。

工程项目后评价是指工程项目竣工投产后并运营一段时间后，对已经完成的项目的目标、前期准备、实施、运营、影响以及持续性进行系统、客观的分析和评价的技术经济活动。工程项目后评价是整个工程项目管理工作的延伸，通过工程项目后评价可以全面地总结工程管理中的经验和教训，并为以后改进工程管理和制订科学的投资计划与政策反馈信息提供依据，这对提高工程管理水平将起到重要作用。

本章主要介绍了可行性研究的概念、作用、编制步骤、编制依据及主要内容、后评价与前评价的区别、作用、内容以及方法。

思考与练习

1. 什么是基本建设项目和基本建设程序？
2. 可行性研究作用是什么？其基本内容有哪些？
3. 建设项目后评价的程序是什么？
4. 建设项目后评价与项目前评价的区别是什么？
5. 建设项目后评价的作用是什么？
6. 建设项目后评价的内容是什么？
7. 建设项目后评价的评价方法有哪些？

附录一　间断复利系数表

1%的复利系数表

年	一次支付		等额系列支付			
	终值系数	现值系数	年金终值系数	年金现值系数	资本回收系数	偿债基金系数
n	$\frac{F}{P}, i, n$	$\frac{P}{F}, i, n$	$\frac{F}{A}, i, n$	$\frac{P}{A}, i, n$	$\frac{A}{P}, i, n$	$\frac{A}{F}, i, n$
1	1.010	0.990 1	1.000	0.991 0	1.010 0	1.000 0
2	1.020	0.980 3	2.010	1.970 4	0.507 5	0.497 5
3	1.030	0.970 6	3.030	2.940 1	0.430 0	0.330 0
4	1.041	0.961 0	4.060	3.902 0	0.256 3	0.246 3
5	1.051	0.951 5	5.101	4.853 4	0.206 0	0.196 0
6	1.062	0.942 1	6.152	5.795 5	0.172 6	0.162 6
7	1.702	0.932 7	7.214	6.728 2	0.148 6	0.138 6
8	1.083	0.923 5	8.286	7.651 7	0.130 7	0.120 7
9	1.094	0.914 3	9.369	8.566 0	0.116 8	0.106 8
10	1.105	0.905 3	10.426	9.471 3	0.105 6	0.095 6
11	1.116	0.896 3	11.567	10.367 6	0.096 5	0.086 5
12	1.127	0.887 5	12.683	11.255 1	0.088 9	0.078 9
13	1.138	0.878 7	13.809	12.133 8	0.082 4	0.072 4
14	1.149	0.870 0	14.974	13.003 7	0.076 9	0.066 9
15	1.161	0.861 4	16.097	13.865 1	0.072 1	0.062 1
16	1.173	0.852 8	17.258	14.719 1	0.068 0	0.058 0
17	1.184	0.844 4	18.430	15.562 3	0.063 4	0.054 3
18	1.196	0.836 0	19.615	16.398 3	0.061 0	0.051 0
19	1.208	0.827 7	20.811	17.226 0	0.058 1	0.048 1
20	1.220	0.819 6	22.019	18.045 6	0.055 4	0.045 4
21	1.232	0.811 4	23.239	18.857 0	0.053 0	0.043 0
22	1.245	0.803 4	24.472	19.660 4	0.050 9	0.040 9
23	1.257	0.795 5	25.716	20.455 8	0.048 9	0.038 9
24	1.270	0.787 6	26.973	21.243 4	0.047 1	0.037 1
25	1.282	0.779 8	28.243	22.023 2	0.045 4	0.035 4
26	1.295	0.772 1	29.526	22.795 2	0.043 9	0.033 9
27	1.308	0.764 4	30.821	23.559 6	0.042 5	0.032 5
28	1.321	0.756 8	32.129	24.316 5	0.041 1	0.031 1
29	1.335	0.749 4	33.450	25.065 8	0.039 9	0.029 9
30	1.348	0.741 9	34.785	25.807 7	0.038 8	0.028 8
31	1.361	0.734 6	36.133	26.542 3	0.037 7	0.027 7
32	1.375	0.727 3	37.494	27.269 6	0.036 7	0.026 7
33	1.389	0.720 1	38.869	27.989 7	0.035 7	0.025 7
34	1.403	0.713 0	40.258	28.702 7	0.034 8	0.024 8
35	1.417	0.705 0	41.660	29.408 6	0.034 0	0.024 0

3%的复利系数表

年	一次支付		等额系列支付			
	终值系数	现值系数	年金终值系数	年金现值系数	资本回收系数	偿债基金系数
n	$\frac{F}{P}, i, n$	$\frac{P}{F}, i, n$	$\frac{F}{A}, i, n$	$\frac{P}{A}, i, n$	$\frac{A}{P}, i, n$	$\frac{A}{F}, i, n$
1	1.030	0.970 9	1.000	0.970 9	1.030 0	1.000 0
2	1.061	0.942 6	2.030	1.913 5	0.522 6	0.492 6
3	1.093	0.915 2	3.091	2.828 6	0.353 5	0.323 5
4	1.126	0.888 5	4.184	3.717 1	0.269 0	0.239 0
5	1.159	0.862 6	5.309	4.579 7	0.218 4	0.188 4
6	1.194	0.837 5	6.468	5.417 2	0.184 6	0.154 6
7	1.230	0.813 1	7.662	6.230 3	0.160 5	0.130 5
8	1.267	0.789 4	8.892	7.019 7	0.142 5	0.112 5
9	1.305	0.766 4	10.159	7.786 1	0.128 4	0.098 4
10	1.344	0.744 1	11.464	8.530 2	0.117 2	0.087 2
11	1.384	0.722 4	12.808	9.252 6	0.108 1	0.078 1
12	1.426	0.701 4	14.192	9.954 0	0.100 5	0.070 5
13	1.469	0.681 0	15.618	10.645 0	0.094 0	0.064 0
14	1.513	0.661 1	17.086	11.296 1	0.088 5	0.058 5
15	1.558	0.641 9	18.599	11.937 9	0.083 8	0.053 8
16	1.605	0.623 2	20.157	12.561 1	0.079 6	0.049 6
17	1.653	0.605 0	21.762	13.166 1	0.076 0	0.046 0
18	1.702	0.587 4	23.414	13.753 5	0.072 7	0.042 7
19	1.754	0.570 3	25.117	14.323 8	0.069 8	0.039 8
20	1.806	0.553 7	26.870	14.877 5	0.067 2	0.037 2
21	1.860	0.537 6	28.676	15.415 0	0.064 9	0.034 9
22	1.916	0.521 9	30.537	15.936 9	0.062 8	0.032 8
23	1.974	0.506 7	32.453	16.443 6	0.060 8	0.030 8
24	2.033	0.491 9	34.426	16.935 6	0.059 1	0.029 1
25	2.094	0.477 6	36.495	17.413 2	0.057 4	0.027 4
26	2.157	0.463 7	38.553	17.876 9	0.055 9	0.025 9
27	2.221	0.450 2	40.710	18.327 0	0.054 6	0.024 6
28	2.288	0.437 1	42.931	18.764 1	0.053 3	0.023 3
29	2.357	0.424 4	45.219	19.188 5	0.052 1	0.022 1
30	2.427	0.412 0	47.575	19.600 5	0.051 0	0.021 0
31	2.500	0.400 0	50.003	20.000 4	0.050 0	0.020 0
32	2.575	0.388 3	52.503	20.388 8	0.049 1	0.019 1
33	2.652	0.377 0	55.078	20.765 8	0.048 2	0.018 2
34	2.732	0.366 1	57.730	21.131 8	0.047 3	0.017 3
35	2.814	0.355 4	60.462	21.487 2	0.046 5	0.016 5

4%的复利系数表

年份	一次支付		等额系列支付			
	终值系数	现值系数	年金终值系数	年金现值系数	资本回收系数	偿债基金系数
n	$\frac{F}{P}, i, n$	$\frac{P}{F}, i, n$	$\frac{F}{A}, i, n$	$\frac{P}{A}, i, n$	$\frac{A}{P}, i, n$	$\frac{A}{F}, i, n$
1	1. 040	0. 961 5	1. 000	0. 961 5	1. 040 0	1. 000
2	1. 082	0. 924 6	2. 040	1. 886 1	0. 530 2	0. 490 2
3	1. 125	0. 889 0	3. 122	2. 775 1	0. 360 4	0. 320 4
4	1. 170	0. 854 8	4. 246	3. 619 9	0. 275 5	0. 235 5
5	1. 217	0. 821 9	5. 416	4. 451 8	0. 224 6	0. 184 6
6	1. 265	0. 790 3	6. 633	5. 242 1	0. 190 8	0. 150 8
7	1. 316	0. 759 9	7. 898	6. 002 1	0. 166 6	0. 126 6
8	1. 396	0. 730 7	9. 214	6. 738 2	0. 148 5	0. 108 5
9	1. 423	0. 702 6	10. 583	7. 435 1	0. 134 5	0. 094 5
10	1. 480	0. 675 6	12. 006	8. 110 9	0. 123 3	0. 083 3
11	1. 539	0. 649 6	13. 486	8. 760 5	0. 114 2	0. 074 2
12	1. 601	0. 624 6	15. 036	9. 385 1	0. 106 6	0. 066 6
13	1. 665	0. 600 6	16. 627	9. 985 7	0. 100 2	0. 060 2
14	1. 732	0. 577 5	18. 292	10. 563 1	0. 094 7	0. 054 7
15	1. 801	0. 555 3	20. 024	11. 118 4	0. 090 0	0. 050 0
16	1. 873	0. 533 9	21. 825	11. 652 3	0. 085 8	0. 045 8
17	1. 948	0. 513 4	23. 698	12. 165 7	0. 082 2	0. 042 2
18	2. 026	0. 493 6	25. 645	12. 659 3	0. 079 0	0. 039 0
19	2. 107	0. 474 7	27. 671	13. 133 9	0. 076 1	0. 036 1
20	2. 191	0. 456 4	29. 778	13. 509 3	0. 073 6	0. 033 6
21	2. 279	0. 438 8	31. 969	14. 029 2	0. 071 3	0. 031 3
22	2. 370	0. 422 0	34. 248	14. 451 1	0. 069 2	0. 029 2
23	2. 465	0. 405 7	36. 618	14. 856 9	0. 067 3	0. 027 3
24	2. 563	0. 390 1	39. 083	15. 247 0	0. 065 6	0. 025 6
25	2. 666	0. 375 1	41. 646	15. 622 1	0. 064 0	0. 024 0
26	2. 772	0. 306 7	44. 312	15. 982 8	0. 062 6	0. 022 6
27	2. 883	0. 346 8	47. 084	16. 329 6	0. 061 2	0. 021 2
28	2. 999	0. 333 5	49. 968	16. 663 1	0. 060 0	0. 020 0
29	3. 119	0. 320 7	52. 966	16. 987 3	0. 058 9	0. 018 9
30	3. 243	0. 308 3	56. 085	17. 292 0	0. 057 8	0. 017 8
31	3. 373	0. 296 5	59. 328	17. 588 5	0. 056 9	0. 016 9
32	3. 508	0. 285 1	62. 701	17. 873 6	0. 056 0	0. 016 0
33	3. 648	0. 274 1	66. 210	18. 147 7	0. 055 1	0. 015 1
34	3. 794	0. 263 6	69. 858	18. 411 2	0. 054 3	0. 014 3
35	3. 946	0. 253 4	73. 652	18. 664 6	0. 0. 36	0. 013 6

5%的复利系数表

年	一次支付		等额系列支付			
	终值系数	现值系数	年金终值系数	年金现值系数	资本回收系数	偿债基金系数
n	$\frac{F}{P}, i, n$	$\frac{P}{F}, i, n$	$\frac{F}{A}, i, n$	$\frac{P}{A}, i, n$	$\frac{A}{P}, i, n$	$\frac{A}{F}, i, n$
1	1.050	0.952 4	1.000	0.952 4	1.050 0	1.000
2	1.103	0.907 0	2.050	1.859 4	0.537 8	0.487 8
3	1.158	0.863 8	3.153	2.723 3	0.367 2	0.317 2
4	1.216	0.822 7	4.310	3.546 0	0.282 0	0.232 0
5	1.276	0.783 5	5.526	4.329 5	0.231 0	0.181 0
6	1.340	0.746 2	6.802	5.075 7	0.197 0	0.147 0
7	1.407	0.710 7	8.142	5.786 4	0.172 8	0.122 8
8	1.477	0.676 8	9.549	6.463 2	0.154 7	0.104 7
9	1.551	0.644 6	11.027	7.107 8	0.140 7	0.090 7
10	1.629	0.613 9	12.587	7.721 7	0.129 5	0.079 5
11	1.710	0.584 7	14.207	8.306 4	0.120 4	0.070 4
12	1.796	0.556 8	15.917	8.863 3	0.112 8	0.062 8
13	1.886	0.530 3	17.713	9.393 6	0.106 5	0.056 5
14	1.980	0.505 1	19.599	9.898 7	0.101 0	0.051 0
15	2.079	0.481 0	21.597	10.379 7	0.096 4	0.046 4
16	2.183	0.458 1	23.658	10.837 3	0.093 2	0.043 2
17	2.292	0.436 3	25.840	11.274 1	0.088 7	0.038 7
18	2.407	0.415 5	28.132	11.689 6	0.085 6	0.035 6
19	2.527	0.395 7	30.539	12.085 3	0.082 8	0.032 8
20	2.653	0.376 9	33.066	12.462 2	0.080 3	0.030 3
21	2.786	0.359 0	35.719	12.821 2	0.078 0	0.028 0
22	2.925	0.341 9	38.505	13.163 0	0.076 0	0.026 0
23	3.072	0.325 6	41.430	13.488 6	0.074 1	0.024 1
24	3.225	0.310 1	44.502	13.798 7	0.072 5	0.022 5
25	3.386	0.295 3	47.727	14.094 0	0.071 0	0.021 0
26	3.556	0.281 3	51.113	14.375 3	0.069 6	0.019 6
27	3.733	0.267 9	54.669	14.634 0	0.068 3	0.018 3
28	3.920	0.255 1	58.403	14.898 1	0.067 1	0.017 1
29	4.116	0.243 0	62.323	15.141 1	0.066 1	0.016 1
30	4.322	0.231 4	66.439	15.372 5	0.065 1	0.015 1
31	4.538	0.220 4	70.761	15.592 8	0.064 1	0.014 1
32	4.765	0.209 9	75.299	15.802 7	0.063 3	0.013 3
33	5.003	0.199 9	80.064	16.002 6	0.062 5	0.012 5
34	5.253	0.190 4	85.067	16.192 9	0.061 8	0.011 8
35	5.516	0.181 3	90.320	16.374 2	0.061 1	0.011 1

6%的复利系数表

年	一次支付		等额系列支付			
	终值系数	现值系数	年金终值系数	年金现值系数	资本回收系数	偿债基金系数
n	$\frac{F}{P}, i, n$	$\frac{P}{F}, i, n$	$\frac{F}{A}, i, n$	$\frac{P}{A}, i, n$	$\frac{A}{P}, i, n$	$\frac{A}{F}, i, n$
1	1.060	0.943 4	1.000	0.943 4	1.060 0	1.000
2	1.124	0.890 0	2.060	1.833 4	0.545 4	0.485 4
3	1.191	0.839 6	3.184	2.670 4	0.374 1	0.314 1
4	1.262	0.729 1	4.375	3.456 1	0.288 6	0.228 6
5	1.338	0.747 3	5.637	4.212 4	0.237 4	0.177 4
6	1.419	0.705 0	6.975	4.917 3	0.203 4	0.143 4
7	1.504	0.665 1	8.394	5.582 4	0.179 1	0.119 1
8	1.594	0.627 4	9.897	6.209 8	0.161 0	0.101 0
9	1.689	0.591 9	11.491	6.807 1	0.147 0	0.087 0
10	1.791	0.558 4	13.181	7.360 1	0.135 9	0.075 9
11	1.898	0.526 8	14.972	7.886 9	0.126 8	0.066 8
12	2.012	0.497 0	16.870	8.383 9	0.119 3	0.059 3
13	2.133	0.468 8	18.882	8.852 7	0.113 0	0.053 0
14	2.261	0.442 3	21.015	9.295 6	0.107 6	0.047 6
15	2.397	0.417 3	23.276	9.712 3	0.103 0	0.043 0
16	2.540	0.393 7	25.673	10.105 9	0.099 0	0.039 0
17	2.693	0.371 4	28.213	10.477 3	0.095 5	0.035 5
18	2.854	0.350 4	30.906	10.827 6	0.092 4	0.032 4
19	3.026	0.330 5	33.760	11.158 1	0.089 6	0.029 6
20	3.207	0.311 8	36.786	11.469 9	0.087 2	0.027 2
21	3.400	0.294 2	39.993	11.764 1	0.085 0	0.025 0
22	3.604	0.277 5	43.329	12.046 1	0.083 1	0.023 1
23	3.820	0.261 8	46.996	12.303 4	0.081 3	0.021 3
24	4.049	0.247 0	50.816	12.550 4	0.079 7	0.019 7
25	4.292	0.233 0	54.865	12.783 4	0.078 2	0.018 2
26	4.549	0.219 8	59.156	13.003 2	0.076 9	0.016 9
27	4.822	0.207 4	63.706	13.210 5	0.075 7	0.015 7
28	5.112	0.195 6	68.528	13.406 2	0.074 6	0.014 6
29	5.418	0.184 6	73.640	13.590 7	0.073 6	0.013 6
30	5.744	0.174 1	79.058	13.764 8	0.072 7	0.012 7
31	6.088	0.164 3	84.802	13.929 1	0.071 8	0.011 8
32	6.453	0.155 0	90.890	14.084 1	0.071 0	0.011 0
33	6.841	0.146 2	97.343	14.230 2	0.070 3	0.010 3
34	7.251	0.137 9	104.184	14.368 2	0.069 6	0.009 6
35	7.686	0.130 1	111.435	14.498 3	0.069 0	0.009 0

7%的复利系数表

年	一次支付		等额系列支付			
	终值系数	现值系数	年金终值系数	年金现值系数	资本回收系数	偿债基金系数
n	$\frac{F}{P}, i, n$	$\frac{P}{F}, i, n$	$\frac{F}{A}, i, n$	$\frac{P}{A}, i, n$	$\frac{A}{P}, i, n$	$\frac{A}{F}, i, n$
1	1.070	0.934 6	1.000	0.934 6	1.070 0	1.000
2	1.145	0.873 4	2.070	1.808 0	0.553 1	0.483 1
3	1.225	0.816 3	3.215	2.623 4	0.381 1	0.311 1
4	1.311	0.762 9	4.440	3.387 2	0.295 2	0.225 2
5	1.403	0.713 0	5.751	4.100 2	0.243 9	0.173 9
6	1.501	0.666 4	7.153	4.766 5	0.209 8	0.139 8
7	1.606	0.622 8	8.645	5.389 3	0.185 6	0.115 6
8	1.718	0.528 0	10.260	5.971 3	0.167 5	0.097 5
9	1.838	0.543 9	11.978	6.515 2	0.153 5	0.083 5
10	1.967	0.508 4	13.816	7.023 6	0.142 4	0.072 4
11	2.105	0.475 1	15.784	7.498 7	0.133 4	0.063 4
12	2.252	0.444 0	17.888	7.942 7	0.125 9	0.055 9
13	2.410	0.415 0	20.141	8.357 7	0.119 7	0.049 7
14	2.597	0.387 8	22.550	8.745 5	0.114 4	0.044 4
15	2.759	0.362 5	25.129	9.107 9	0.109 8	0.039 8
16	2.952	0.338 7	27.888	9.446 7	0.105 9	0.035 9
17	3.159	0.316 6	30.840	9.763 2	0.102 4	0.032 4
18	3.380	0.295 9	33.999	10.059 1	0.099 4	0.029 4
19	3.617	0.276 5	37.379	10.335 6	0.096 8	0.026 8
20	3.870	0.258 4	40.996	10.594 0	0.094 4	0.024 4
21	4.141	0.241 5	44.865	10.835 5	0.092 3	0.022 3
22	4.430	0.225 7	49.006	11.061 3	0.090 4	0.020 4
23	4.741	0.211 0	53.436	11.272 2	0.088 7	0.018 7
24	5.072	0.197 2	58.177	11.469 3	0.087 2	0.017 2
25	5.427	0.184 3	63.249	11.653 6	0.085 8	0.015 8
26	5.807	0.172 2	68.676	11.825 8	0.084 6	0.014 6
27	6.214	0.160 9	74.484	11.986 7	0.083 4	0.013 4
28	6.649	0.150 4	80.698	12.137 1	0.082 4	0.012 4
29	7.114	0.140 6	87.347	12.277 7	0.081 5	0.011 5
30	7.612	0.131 4	94.461	12.409 1	0.080 6	0.010 6
31	8.145	0.122 8	102.073	12.531 8	0.079 8	0.009 8
32	8.715	0.114 8	110.218	12.646 6	0.079 1	0.009 1
33	9.325	0.107 2	118.933	12.753 8	0.078 4	0.008 4
34	9.978	0.100 2	128.259	12.854 0	0.077 8	0.007 8
35	10.677	0.093 7	138.237	12.947 7	0.077 2	0.007 2

8%的复利系数表

年	一次支付		等额系列支付			
	终值系数	现值系数	年金终值系数	年金现值系数	资本回收系数	偿债基金系数
n	$\frac{F}{P}, i, n$	$\frac{P}{F}, i, n$	$\frac{F}{A}, i, n$	$\frac{P}{A}, i, n$	$\frac{A}{P}, i, n$	$\frac{A}{F}, i, n$
1	1.080	0.925 9	1.000	0.925 9	1.080 0	1.000 0
2	1.166	0.857 3	2.080	1.783 3	0.560 8	0.408 0
3	1.260	0.793 8	3.246	2.577 1	0.388 0	0.308 0
4	1.360	0.735 0	4.506	3.312 1	0.301 9	0.221 9
5	1.496	0.680 6	5.867	3.992 7	0.250 5	0.170 5
6	1.587	0.630 2	7.336	4.622 9	0.216 3	0.136 3
7	1.714	0.583 5	8.923	5.206 4	0.192 1	0.112 1
8	1.851	0.540 3	10.637	5.746 6	0.174 0	0.094 0
9	1.999	0.500 3	12.488	6.246 9	0.160 1	0.080 1
10	2.159	0.463 2	14.487	6.710 1	0.149 0	0.069 0
11	2.332	0.428 9	16.645	7.139 0	0.140 1	0.060 1
12	2.518	0.397 1	18.977	7.536 1	0.132 7	0.052 7
13	2.720	0.367 7	21.459	7.803 8	0.126 5	0.046 5
14	2.937	0.340 5	24.215	8.244 2	0.121 3	0.041 3
15	3.172	0.315 3	27.152	8.559 5	0.116 8	0.036 8
16	3.426	0.291 9	30.324	8.851 4	0.113 0	0.033 0
17	3.700	0.270 3	33.750	9.121 6	0.109 6	0.029 6
18	3.996	0.250 3	37.450	9.371 9	0.106 7	0.026 7
19	4.316	0.231 7	41.446	9.603 6	0.104 1	0.021 4
20	4.661	0.214 6	45.762	9.818 2	0.101 9	0.021 9
21	5.034	0.198 7	50.423	10.016 8	0.099 8	0.019 8
22	5.437	0.184 0	55.457	10.200 8	0.098 0	0.018 0
23	5.871	0.170 3	60.893	10.371 1	0.096 4	0.016 4
24	6.341	0.157 7	66.765	10.528 8	0.095 0	0.015 0
25	6.848	0.146 0	73.106	10.674 8	0.937	0.013 7
26	7.396	0.135 2	79.954	10.810 0	0.092 5	0.012 5
27	7.988	0.125 2	87.351	10.935 2	0.091 5	0.011 5
28	8.627	0.115 9	95.339	11.051 1	0.090 5	0.010 5
29	9.317	0.107 3	103.966	11.158 4	0.089 6	0.009 6
30	10.063	0.099 4	113.283	11.257 8	0.088 8	0.008 8
31	10.868	0.092 0	123.346	11.349 8	0.088 1	0.008 1
32	11.737	0.085 2	134.214	11.435 0	0.087 5	0.007 5
33	12.676	0.078 9	145.951	11.513 9	0.086 9	0.006 9
34	13.690	0.073 1	158.627	11.586 9	0.086 3	0.006 3
35	14.785	0.067 6	172.317	11.654 6	0.085 8	0.005 8

9%的复利系数表

年	一次支付		等额系列支付			
	终值系数	现值系数	年金终值系数	年金现值系数	资本回收系数	偿债基金系数
n	$\frac{F}{P}, i, n$	$\frac{P}{F}, i, n$	$\frac{F}{A}, i, n$	$\frac{P}{A}, i, n$	$\frac{A}{P}, i, n$	$\frac{A}{F}, i, n$
1	1.090	0.917 4	1.000	0.917 4	1.090 0	1.000 0
2	1.188	0.841 7	2.090	1.759 1	0.568 5	0.478 5
3	1.295	0.772 2	3.278	2.531 3	0.395 1	0.305 1
4	1.412	0.708 4	4.573	3.239 7	0.308 7	0.218 7
5	1.539	0.649 9	5.985	3.889 7	0.257 1	0.167 1
6	1.677	0.596 3	7.523	4.485 9	0.222 9	0.132 9
7	1.828	0.547 0	9.200	5.033 0	0.198 7	0.108 7
8	1.993	0.501 9	11.028	5.534 8	0.180 7	0.090 7
9	2.172	0.460 4	13.021	5.995 3	0.166 8	0.076 8
10	2.367	0.422 4	15.193	6.417 7	0.155 8	0.065 8
11	2.580	0.387 5	17.560	6.805 2	0.147 0	0.057 0
12	2.813	0.355 5	20.141	7.160 7	0.139 7	0.049 7
13	3.066	0.326 2	22.953	7.486 9	0.133 6	0.043 6
14	3.342	0.299 3	26.019	7.786 2	0.128 4	0.038 4
15	3.642	0.274 5	29.361	8.060 7	0.124 1	0.034 1
16	3.970	0.251 9	33.003	8.312 6	0.120 3	0.030 3
17	4.328	0.231 1	36.974	8.543 6	0.117 1	0.027 1
18	4.717	0.212 0	41.301	8.755 6	0.114 2	0.024 2
19	5.142	0.194 5	46.018	8.950 1	0.111 7	0.021 7
20	5.604	0.178 4	51.160	9.128 6	0.109 6	0.019 6
21	6.109	0.163 7	56.765	9.202 3	0.107 6	0.017 6
22	6.659	0.150 2	62.873	9.442 4	0.105 9	0.015 9
23	7.258	0.137 8	69.532	9.580 2	0.104 4	0.014 4
24	7.911	0.126 4	76.790	9.706 6	0.103 0	0.013 0
25	8.623	0.116 0	84.701	9.822 6	0.101 8	0.011 8
26	9.399	0.106 4	93.324	9.929 0	0.100 7	0.010 7
27	10.245	0.097 6	102.723	10.026 6	0.099 7	0.009 7
28	11.167	0.089 6	112.968	10.116 1	0.098 9	0.008 9
29	12.172	0.082 2	124.135	10.198 3	0.098 1	0.008 1
30	13.268	0.075 4	136.308	10.273 7	0.097 3	0.007 3
31	14.462	0.069 2	149.575	10.342 8	0.096 7	0.006 7
32	15.763	0.063 4	164.037	10.406 3	0.096 1	0.006 1
33	17.182	0.058 2	179.800	10.464 5	0.095 6	0.005 6
34	18.728	0.053 4	196.982	10.517 8	0.095 1	0.005 1
35	20.414	0.049 0	215.711	10.568	0.094 6	0.004 6

10%的复利系数表

年	一次支付		等额系列支付			
	终值系数	现值系数	年金终值系数	年金现值系数	资本回收系数	偿债基金系数
n	$\frac{F}{P}, i, n$	$\frac{P}{F}, i, n$	$\frac{F}{A}, i, n$	$\frac{P}{A}, i, n$	$\frac{A}{P}, i, n$	$\frac{A}{F}, i, n$
1	1.100	0.909 1	1.000	0.909 1	1.100 0	1.000 0
2	1.210	0.826 5	2.100	1.735 5	0.576 2	0.476 2
3	1.331	0.751 3	3.310	2.486 9	0.402 1	0.302 1
4	1.464	0.688 0	4.641	3.169 9	0.315 5	0.215 5
5	1.611	0.629 9	6.105	3.790 8	0.263 8	0.163 8
6	1.772	0.564 5	7.716	4.355 3	0.229 6	0.129 6
7	1.949	0.513 2	9.487	4.868 4	0.205 4	0.105 4
8	2.144	0.466 5	11.436	5.334 9	0.187 5	0.087 5
9	2.358	0.424 1	13.579	5.759 0	0.173 7	0.073 7
10	2.594	0.385 6	15.937	6.144 6	0.162 8	0.062 8
11	2.853	0.350 5	18.531	6.495 1	0.154 0	0.054 0
12	3.138	0.318 6	21.384	6.813 7	0.146 8	0.046 8
13	3.452	0.289 7	24.523	7.103 4	0.140 8	0.040 8
14	3.798	0.263 3	27.975	7.366 7	0.135 8	0.035 8
15	4.177	0.239 4	31.772	7.606 1	0.131 5	0.031 5
16	4.595	0.217 6	35.950	7.823 7	0.127 8	0.027 8
17	5.054	0.197 9	40.545	8.021 6	0.124 7	0.024 7
18	5.560	0.179 9	45.599	8.201 4	0.121 9	0.021 9
19	6,116	0.163 5	51.159	8.364 9	0.119 6	0.019 6
20	6.728	0.148 7	57.275	8.513 6	0.117 5	0.017 5
21	7.400	0.135 1	64.003	8.648 7	0.115 6	0.015 6
22	8.140	0.122 9	71.403	8.771 6	0.114 0	0.014 0
23	8.954	0.111 7	79.543	8.883 2	0.112 6	0.012 6
24	9.850	0.101 5	88.497	8.984 8	0.111 3	0.011 3
25	10.835	0.092 3	98.347	9.077 1	0.110 2	0.010 2
26	11.918	0.083 9	109.182	9.161 0	0.109 2	0.009 2
27	13.110	0.076 3	121.100	9.237 2	0.108 3	0.008 3
28	14.421	0.069 4	134.210	9.306 6	0.107 5	0.007 5
29	15.863	0.063 0	148.631	9.369 6	0.106 7	0.006 7
30	17.449	0.057 3	164.494	9.426 9	0.106 1	0.006 1
31	19.194	0.052 1	181.943	9.479 0	0.105 5	0.005 5
32	21.114	0.047 4	201.138	9.526 4	0.105 0	0.005 0
33	23.225	0.043 1	222.252	9.569 4	0.104 5	0.004 5
34	25.548	0.039 2	245.477	9.608 6	0.104 1	0.004 1
35	28.102	0.035 6	271.024	9.644 2	0.103 7	0.003 7

12%的复利系数表

年	一次支付		等额系列支付			
	终值系数	现值系数	年金终值系数	年金现值系数	资本回收系数	偿债基金系数
n	$\frac{F}{P}, i, n$	$\frac{P}{F}, i, n$	$\frac{F}{A}, i, n$	$\frac{P}{A}, i, n$	$\frac{A}{P}, i, n$	$\frac{A}{F}, i, n$
1	1.120	0.892 9	1.000	0.892 9	1.120 0	1.000 0
2	1.254	0.797 2	2.120	1.690 1	0.591 7	0.471 7
3	1.405	0.711 8	3.374	2.401 8	0.416 4	0.296 4
4	1.574	0.635 5	4.779	3.037 4	0.329 2	0.209 2
5	1.762	0.567 4	6.353	3.604 8	0.277 4	0.157 4
6	1.974	0.506 6	8.115	4.111 4	0.243 2	0.123 2
7	2.211	0.452 4	10.089	4.563 8	0.219 1	0.099 1
8	2.476	0.403 9	12.300	4.967 6	0.201 3	0.081 3
9	2.773	0.360 6	14.776	5.328 3	0.187 7	0.067 7
10	3.106	0.322 0	17.549	5.650 2	0.177 0	0.057 0
11	3.479	0.287 5	20.655	5.937 7	0.168 4	0.048 4
12	3.896	0.256 7	24.133	6.194 4	0.161 4	0.041 4
13	4.364	0.229 2	28.029	6.423 6	0.155 7	0.035 7
14	4.887	0.204 6	32.393	6.628 2	0.150 9	0.030 9
15	5.474	0.182 7	37.280	6.810 9	0.146 8	0.026 8
16	6.130	0.163 1	42.752	6.974 0	0.143 4	0.023 4
17	6.866	0.145 7	48.884	7.119 6	0.140 5	0.020 5
18	7.690	0.130 0	55.750	7.249 7	0.137 9	0.017 9
19	8.613	0.116 1	63.440	7.365 8	0.135 8	0.015 8
20	9.646	0.103 7	72.052	7.469 5	0.133 9	0.013 9
21	10.804	0.092 6	81.699	7.562 0	0.132 3	0.012 3
22	12.100	0.082 7	92.503	7.644 7	0.130 8	0.010 8
23	13.552	0.073 8	104.603	7.718 4	0.129 6	0.009 6
24	15.179	0.065 9	118.155	7.784 3	0.128 5	0.008 5
25	17.000	0.058 8	133.334	7.843 1	0.127 5	0.007 5
26	19.040	0.052 5	150.334	7.895 7	0.126 7	0.006 7
27	21.325	0.046 9	169.374	7.942 6	0.125 9	0.005 9
28	23.884	0.041 9	190.699	7.984 4	0.125 3	0.005 3
29	26.750	0.037 4	214.583	8.021 8	0.124 7	0.004 7
30	29.960	0.033 4	421.333	8.055 2	0.124 2	0.004 2
31	33.555	0.029 8	271.293	8.085 0	0.123 7	0.003 7
32	37.582	0.026 6	304.848	8.111 6	0.123 3	0.003 3
33	42.092	0.023 8	342.429	8.135 4	0.122 9	0.002 9
34	47.143	0.021 2	384.521	8.156 6	0.122 6	0.002 6
35	52.800	0.018 9	431.664	8.175 5	0.122 3	0.002 3

15%的复利系数表

年	一次支付		等额系列支付			
	终值系数	现值系数	年金终值系数	年金现值系数	资本回收系数	偿债基金系数
n	$\frac{F}{P}, i, n$	$\frac{P}{F}, i, n$	$\frac{F}{A}, i, n$	$\frac{P}{A}, i, n$	$\frac{A}{P}, i, n$	$\frac{A}{F}, i, n$
1	1.150	0.869 6	1.000	0.869 6	1.150 0	1.000 0
2	1.323	0.756 2	2.150	1.625 7	0.615 1	0.465 1
3	1.521	0.657 5	3.473	2.283 2	0.438 0	0.288 0
4	1.749	0.571 8	4.993	2.855 0	0.350 3	0.200 3
5	2.011	0.497 2	6.742	3.352 2	0.298 3	0.148 3
6	2.313	0.432 3	8.754	3.784 5	0.264 2	0.114 2
7	2.660	0.375 9	11.067	4.160 4	0.240 4	0.090 4
8	3.059	0.326 9	13.727	4.487 3	0.222 9	0.072 9
9	3.518	0.284 3	16.786	4.771 6	0.209 6	0.059 6
10	4.046	0.247 2	20.304	5.018 8	0.199 3	0.049 3
11	4.652	0.215 0	24.349	5.233 7	0.191 1	0.041 1
12	5.350	0.186 9	29.002	5.420 6	0.184 5	0.034 5
13	6.153	0.165 2	34.352	5.583 2	0.179 1	0.029 1
14	7.076	0.141 3	40.505	5.724 5	0.174 7	0.024 7
15	8.137	0.122 9	47.580	5.847 4	0.171 0	0.021 0
16	9.358	0.106 9	55.717	5.954 2	0.168 0	0.018 0
17	10.761	0.092 9	65.075	6.047 2	0.165 4	0.015 4
18	12.375	0.080 8	75.836	6.128 0	0.163 2	0.012 3
19	14.232	0.070 3	88.212	6.198 2	0.161 3	0.011 3
20	16.367	0.061 1	102.444	6.259 3	0.159 8	0.009 8
21	18.822	0.053 1	118.810	6.312 5	0.158 4	0.008 4
22	21.645	0.046 2	137.632	6.358 7	0.157 3	0.007 3
23	24.891	0.040 2	159.276	6.398 8	0.156 3	0.006 3
24	28.625	0.034 9	184.168	6.433 8	0.155 4	0.005 4
25	32.919	0.030 4	212.793	6.464 2	0.154 7	0.004 7
26	37.857	0.026 4	245.712	6.490 6	0.154 1	0.004 1
27	43.535	0.023 0	283.569	6.513 5	0.153 5	0.003 5
28	50.066	0.020 0	327.104	6.533 5	0.153 1	0.003 1
29	57.575	0.017 4	377.170	6.550 9	0.152 7	0.002 7
30	66.212	0.015 1	434.745	6.566 0	0.152 3	0.002 3
31	76.144	0.013 1	500.957	6.579 1	0.152 0	0.002 0
32	87.565	0.011 4	577.100	6.590 5	0.151 7	0.001 7
33	100.700	0.009 9	664.666	6.600 5	0.151 5	0.001 5
34	115.805	0.008 6	765.365	6.609 1	0.151 3	0.001 3
35	133.176	0.007 5	881.170	6.616 6	0.151 1	0.001 1

20%的复利系数表

年	一次支付		等额系列支付			
	终值系数	现值系数	年金终值系数	年金现值系数	资本回收系数	偿债基金系数
n	$\frac{F}{P}, i, n$	$\frac{P}{F}, i, n$	$\frac{F}{A}, i, n$	$\frac{P}{A}, i, n$	$\frac{A}{P}, i, n$	$\frac{A}{F}, i, n$
1	1.200	0.833 3	1.000	0.833 3	1.2000	1.000 0
2	1.440	0.684 5	2.200	1.527 8	0.654 6	0.454 6
3	1.728	0.578 7	3.640	2.106 5	0.474 7	0.274 7
4	2.074	0.482 3	5.368	2.588 7	0.386 3	0.196 3
5	2.488	0.401 9	7.442	2.990 6	0.334 4	0.134 4
6	2.986	0.334 9	9.930	3.325 5	0.300 7	0.100 7
7	3.583	0.279 1	12.916	3.604 6	0.277 4	0.077 4
8	4.300	0.232 6	16.499	3.837 2	0.260 6	0.060 6
9	5.160	0.193 8	20.799	4.031 0	0.248 1	0.048 1
10	6.192	0.161 5	25.959	4.192 5	0.238 5	0.038 5
11	7.430	0.134 6	32.150	4.327 1	0.231 1	0.031 1
12	8.916	0.112 2	39.581	4.439 2	0.225 3	0.025 3
13	10.699	0.093 5	48.497	4.532 7	0.220 6	0.020 6
14	12.839	0.077 9	59.196	4.610 6	0.216 9	0.016 9
15	15.407	0.064 9	72.035	4.765 5	0.213 9	0.013 9
16	18.488	0.054 1	87.442	4.729 6	0.211 4	0.011 4
17	22.186	0.045 1	105.931	4.774 6	0.209 5	0.009 5
18	26.623	0.037 6	128.117	4.812 2	0.207 8	0.007 8
19	31.948	0.031 3	154.740	4.843 5	0.206 5	0.006 5
20	38.338	0.026 1	186.688	4.869 6	0.205 4	0.005 4
21	46.005	0.021 7	225.026	4.891 3	0.204 5	0.004 5
22	55.206	0.018 1	271.031	4.909 4	0.203 7	0.003 7
23	66.247	0.015 1	326.237	4.924 5	0.203 1	0.003 1
24	79.497	0.012 6	392.484	4.937 1	0.202 6	0.002 6
25	95.396	0.010 5	471.981	4.947 6	0.202 1	0.002 1
26	114.475	0.008 7	567.377	4.956 3	0.201 8	0.001 8
27	137.371	0.007 3	681.853	4.963 6	0.201 5	0.001 5
28	164.845	0.006 1	819.223	4.969 7	0.201 2	0.001 2
29	197.814	0.005 1	984.068	4.974 7	0.201 0	0.001 0
30	237.376	0.004 2	1 181.882	4.978 9	0.200 9	0.000 9
31	284.852	0.003 5	1 419.258	4.982 5	0.200 7	0.000 7
32	341.822	0.002 9	1 704.109	4.985 4	0.200 6	0.000 6
33	410.186	0.002 4	2 045.931	4.987 8	0.200 5	0.000 5
34	492.224	0.002 0	2 456.118	4.989 9	0.200 4	0.000 4
35	590.668	0.001 7	2 948.341	4.991 5	0.200 3	0.000 3

25%的复利系数表

年	一次支付		等额系列支付			
	终值系数	现值系数	年金终值系数	年金现值系数	资本回收系数	偿债基金系数
n	$\frac{F}{P}, i, n$	$\frac{P}{F}, i, n$	$\frac{F}{A}, i, n$	$\frac{P}{A}, i, n$	$\frac{A}{P}, i, n$	$\frac{A}{F}, i, n$
1	1.250	0.800 0	1.000	0.800 0	1.250 0	1.000 0
2	1.156	0.640 0	2.250	1.440 0	0.694 5	0.444 5
3	1.953	0.512 0	3.813	1.952 0	0.512 3	0.262 3
4	2.441	0.409 6	5.766	2.361 6	0.423 5	0.173 5
5	3.052	0.327 7	8.207	2.689 3	0.371 9	0.121 9
6	3.815	0.262 2	11.259	2.951 4	0.338 8	0.088 8
7	4.678	0.209 7	15.073	3.161 1	0.316 4	0.066 4
8	5.960	0.167 8	19.842	3.328 9	0.300 4	0.050 4
9	7.451	0.134 2	25.802	3.463 1	0.288 8	0.038 8
10	9.313	0.107 4	33.253	3.570 5	0.280 1	0.030 1
11	11.642	0.085 9	42.566	3.656 4	0.273 5	0.023 5
12	14.552	0.068 7	54.208	3.725 1	0.268 5	0.018 5
13	18.190	0.055 0	68.760	3.780 1	0.264 6	0.014 6
14	22.737	0.044 0	86.949	3.824 1	0.261 5	0.011 5
15	28.422	0.035 2	109.687	3.859 3	0.259 1	0.009 1
16	35.527	0.028 2	138.109	3.887 4	0.257 3	0.007 3
17	44.409	0.022 5	173.636	3.909 9	0.255 8	0.005 8
18	55.511	0.018 0	218.045	3.928 0	0.254 6	0.004 6
19	69.389	0.014 4	273.556	3.942 4	0.253 7	0.003 7
20	86.736	0.011 5	342.945	3.953 9	0.252 9	0.002 9
21	108.420	0.009 2	429.681	3.963 1	0.252 3	0.002 3
22	135.525	0.007 4	538.101	3.970 5	0.251 9	0.001 9
23	169.407	0.005 9	673.626	3.976 4	0.251 5	0.001 5
24	211.758	0.004 7	843.033	3.981 1	0.251 1	0.001 2
25	264.698	0.003 8	1 054.791	3.984 9	0.251 0	0.001 0
26	330.872	0.003 0	1 319.489	3.987 9	0.250 8	0.000 8
27	413.590	0.002 4	1 650.361	3.990 3	0.250 6	0.000 6
28	516.988	0.001 9	2 063.952	3.992 3	0.250 5	0.000 5
29	646.235	0.001 6	2 580.939	3.993 8	0.250 4	0.000 4
30	807.794	0.001 2	3 227.174	3.995 1	0.250 3	0.000 3
31	1 009.742	0.001 0	4 034.968	3.996 0	0.250 3	0.000 3
32	1 262.177	0.000 8	5 044.710	3.996 8	0.250 2	0.000 2
33	1 577.722	0.000 6	6 306.887	3.997 5	0.250 2	0.000 2
34	1 972.152	0.000 5	788.609	3.998 0	0.250 1	0.000 1
35	2 465.190	0.000 4	9 856.761	3.998 4	0.250 1	0.000 1

30%的复利系数表

年	一次支付		等额系列支付			
	终值系数	现值系数	年金终值系数	年金现值系数	资本回收系数	偿债基金系数
n	$\frac{F}{P}, i, n$	$\frac{P}{F}, i, n$	$\frac{F}{A}, i, n$	$\frac{P}{A}, i, n$	$\frac{A}{P}, i, n$	$\frac{A}{F}, i, n$
1	1.300	0.769 2	1.000	0.769 2	1.300 0	1.000 0
2	1.690	0.591 7	2.300	1.361 0	0.734 8	0.434 8
3	2.197	0.455 2	3.990	1.816 1	0.550 6	0.250 6
4	2.856	0.350 1	6.187	2.166 3	0.461 6	0.161 6
5	3.713	0.269 3	9.043	2.435 6	0.410 6	0.110 6
6	4.827	0.207 2	12.756	2.642 8	0.378 4	0.078 4
7	6.275	0.159 4	17.583	2.802 1	0.356 9	0.056 9
8	8.157	0.122 6	23.858	2.924 7	0.341 9	0.041 9
9	10.605	0.094 3	32.015	3.019 0	0.332 1	0.031 2
10	13.786	0.072 5	42.620	3.091 5	0.323 5	0.023 5
11	17.922	0.055 8	65.405	3.147 3	0.317 7	0.017 7
12	23.298	0.042 9	74.327	3.190 3	0.313 5	0.013 5
13	30.288	0.033 0	97.625	3.223 3	0.310 3	0.010 3
14	39.374	0.025 4	127.913	3.248 7	0.307 8	0.007 8
15	51.186	0.019 5	167.286	3.268 2	0.306 0	0.006 0
16	66.542	0.015 0	218.472	3.283 2	0.304 6	0.004 6
17	86.504	0.011 6	285.014	3.294 8	0.303 5	0.003 5
18	112.455	0.008 9	371.518	3.303 7	0.302 7	0.002 7
19	146.192	0.006 9	483.973	3.310 5	0.302 1	0.002 1
20	190.050	0.005 3	630.165	3.315 8	0.301 6	0.001 6
21	247.065	0.004 1	820.215	3.319 9	0.301 2	0.001 2
22	321.184	0.003 1	1067.280	3.323 0	0.300 9	0.000 9
23	417.539	0.002 4	1 388.464	3.325 4	0.300 7	0.000 7
24	542.801	0.001 9	1 806.003	3.327 2	0.300 6	0.000 6
25	705.641	0.001 4	2 348.803	3.328 6	0.300 4	0.000 4
26	917.333	0.001 1	3 054.444	3.329 7	0.300 3	0.000 3
27	1 192.533	0.000 8	3 971.778	3.330 5	0.300 3	0.000 3
28	1 550.293	0.000 7	5 164.311	3.331 2	0.300 2	0.000 2
29	2 015.381	0.000 5	6 714.604	3.331 7	0.300 2	0.000 2
30	2 619.996	0.000 4	8 729.985	3.332 1	0.300 1	0.000 1
31	3 405.994	0.000 3	11 349.981	3.332 4	0.300 1	0.000 1
32	4 427.793	0.000 2	14 755.975	3.332 6	0.300 1	0.000 1
33	5 756.130	0.000 2	19 183.768	3.332 8	0.300 1	0.000 1
34	7 482.970	0.000 1	24 939.899	3.332 9	0.300 1	0.000 1
35	9 727.860	0.000 1	32 422.868	3.333 0	0.300 0	0.000 0

35%的复利系数表

年	一次支付		等额系列支付			
	终值系数	现值系数	年金终值系数	年金现值系数	资本回收系数	偿债基金系数
n	$\frac{F}{P}, i, n$	$\frac{P}{F}, i, n$	$\frac{F}{A}, i, n$	$\frac{P}{A}, i, n$	$\frac{A}{P}, i, n$	$\frac{A}{F}, i, n$
1	1.350 0	0.740 7	1.000 0	0.740 4	1.350 0	1.000 0
2	1.822 5	0.548 7	2.350 0	1.289 4	0.775 5	0.425 5
3	2.460 4	0.406 4	4.172 5	1.695 9	0.589 7	0.239 7
4	3.321 5	0.301 1	6.632 9	1.996 9	0.500 8	0.150 8
5	4.484 0	0.223 0	9.954 4	2.220 0	0.450 5	0.100 5
6	6.053 4	0.165 2	14.438 4	2.385 2	0.419 3	0.069 3
7	8.172 2	0.122 4	20.491 9	2.507 5	0.398 8	0.048 8
8	11.032 4	0.090 6	28.664 0	2.598 2	0.384 9	0.034 9
9	14.893 7	0.067 1	39.696 4	2.665 3	0.375 2	0.025 2
10	20.106 6	0.049 7	54.590 2	2.715 0	0.368 3	0.018 3
11	27.149 3	0.036 8	74.697 6	2.751 9	0.363 4	0.013 4
12	36.644 2	0.027 3	101.840 6	2.779 2	0.359 8	0.009 8
13	49.469 7	0.020 2	138.484 8	2.799 4	0.357 2	0.007 2
14	66.784 1	0.015 0	187.954 4	2.814 4	0.355 3	0.005 3
15	90.158 5	0.011 1	254.738 5	2.825 5	0.353 9	0.003 9
16	121.713 9	0.008 2	344.897 0	2.833 7	0.352 9	0.002 9
17	164.313 8	0.006 1	466.610 9	2.839 8	0.352 1	0.002 1
18	221.823 6	0.004 5	630.924 7	2.844 3	0.351 6	0.001 6
19	299.461 9	0.003 3	852.748 3	2.847 6	0.351 2	0.001 2
20	404.273 6	0.002 5	1 152.210 3	2.850 1	0.350 9	0.000 9
21	545.769 3	0.001 8	1 556.483 8	2.851 9	0.350 6	0.000 6
22	736.788 6	0.001 4	2 102.253 2	2.853 3	0.350 5	0.000 5
23	994.664 6	0.001 0	2 839.041 8	2.854 3	0.350 4	0.000 4
24	1 342.797	0.000 7	3 833.706 4	2.855 0	0.350 3	0.000 3
25	1 812.776	0.000 6	5 176.503 7	2.855 6	0.350 2	0.000 2
26	2 447.248	0.000 4	6 989.280 0	2.856 0	0.350 1	0.000 1
27	3 303.785	0.000 3	9 436.528 0	2.856 3	0.350 1	0.000 1
28	4 460.110	0.000 2	12 740.313	2.856 5	0.350 1	0.000 1
29	6 021.148	0.000 2	17 200.422	2.856 7	0.350 1	0.000 1
30	8 128.550	0.000 1	23 221.570	2.856 8	0.350 0	0.000 0
31	10 973.54	0.000 1	31 350.120	2.856 9	0.350 0	0.000 0
32	14 814.28	0.000 1	42 323.661	2.856 9	0.350 0	0.000 0
33	19 999.28	0.000 1	57 137.943	2.857 0	0.350 0	0.000 0
34	26 999.03	0.000 0	77 137.223	2.857 0	0.350 0	0.000 0
35	36 448.69	0.000 0	104 136.25	2.857 1	0.350 0	0.000 0

40%的复利系数表

年	一次支付		等额系列支付			
	终值系数	现值系数	年金终值系数	年金现值系数	资本回收系数	偿债基金系数
n	$\frac{F}{P}, i, n$	$\frac{P}{F}, i, n$	$\frac{F}{A}, i, n$	$\frac{P}{A}, i, n$	$\frac{A}{P}, i, n$	$\frac{A}{F}, i, n$
1	1.400	0.714 3	1.000	0.714 3	1.400 1	1.000 1
2	1.960	0.510 3	2.400	1.224 5	0.816 7	0.416 7
3	2.744	0.365 4	4.360	1.589 0	0.629 4	0.229 4
4	3.842	0.260 4	7.104	1.849 3	0.540 8	0.140 8
5	5.378	0.186 0	10.946	2.035 2	0.491 4	0.091 4
6	7.530	0.132 9	16.324	2.168 0	0.461 3	0.061 3
7	10.541	0.094 9	23.853	2.262 9	0.442 0	0.042 0
8	14.758	0.067 8	34.395	2.330 6	0.429 1	0.029 1
9	20.661	0.048 5	49.153	2.379 0	0.420 4	0.020 4
10	28.925	0.034 6	69.814	2.413 6	0.414 4	0.014 4
11	40.496	0.024 7	98.739	2.438 3	0.410 2	0.010 2
12	56.694	0.017 7	139.234	2.456 0	0.407 2	0.007 2
13	79.371	0.012 6	195.928	2.468 6	0.405 2	0.005 2
14	111.120	0.009 0	275.299	2.477 5	0.403 7	0.003 7
15	155.568	0.006 5	386.419	2.484 0	0.402 6	0.002 6
16	217.794	0.004 6	541.986	2.488 6	0.401 9	0.001 9
17	304.912	0.003 3	759.780	2.491 8	0.401 4	0.001 4
18	426.877	0.002 4	104.691	2.494 2	0.401 0	0.001 0
19	597.627	0.001 7	1 491.567	2.495 9	0.400 7	0.000 7
20	836.678	0.001 2	2 089.195	2.497 1	0.400 5	0.000 5
21	1 171.348	0.000 9	2 925.871	2.497 9	0.400 4	0.000 4
22	1 639.887	0.000 7	4 097.218	2.498 5	0.400 3	0.000 3
23	2 295.842	0.000 5	5 373.105	2.499 0	0.400 2	0.000 2
24	3 214.178	0.000 4	8 032.945	2.499 3	0.400 2	0.000 2
25	4 499.847	0.000 3	11 247.110	2.499 5	0.400 1	0.000 1
26	6 299.785	0.000 2	15 746.960	2.499 7	0.400 1	0.000 1
27	8 819.695	0.000 2	22 046.730	2.499 8	0.400 1	0.000 1
28	12 347.570	0.000 1	30 866.430	2.499 8	0.400 1	0.000 1
29	17 286.590	0.000 1	43 213.990	2.499 9	0.400 1	0.000 1
30	24 201.230	0.000 1	60 500.580	2.499 9	0.400 1	0.000 1

45%的复利系数表

年	一次支付		等额系列支付			
	终值系数	现值系数	年金终值系数	年金现值系数	资本回收系数	偿债基金系数
n	$\frac{F}{P}, i, n$	$\frac{P}{F}, i, n$	$\frac{F}{A}, i, n$	$\frac{P}{A}, i, n$	$\frac{A}{P}, i, n$	$\frac{A}{F}, i, n$
1	1.450 0	0.689 7	1.000 0	0.690	1.450 00	1.000 00
2	2.102 5	0.475 6	2.450	1.165	0.858 16	0.408 16
3	3.048 6	0.328 0	4.552	1.493	0.669 66	0.219 66
4	4.420 5	0.226 2	7.601	1.720	0.581 56	0.131 56
5	6.409 7	0.156 0	12.022	1.867	0.533 18	0.083 18
6	9.294 1	0.107 6	18.431	1.983	0.504 26	0.054 26
7	13.476 5	0.074 2	27.725	2.057	0.486 07	0.036 07
8	19.540 9	0.051 2	41.202	2.109	0.474 27	0.024 27
9	28.334 3	0.035 3	60.743	2.144	0.466 46	0.016 46
10	41.084 7	0.024 3	89.077	2.168	0.461 23	0.011 23
11	59.572 8	0.016 8	130.162	2.158	0.457 68	0.007 68
12	86.380 6	0.011 6	189.735	2.196	0.455 27	0.005 27
13	125.251 8	0.008 0	267.115	2.024	0.453 26	0.003 62
14	181.615 1	0.005 5	401.367	2.210	0.452 49	0.002 49
15	263.341 9	0.003 8	582.982	2.214	0.451 72	0.001 72
16	381.845 8	0.002 6	846.324	2.216	0.451 18	0.001 18
17	553.676 4	0.001 8	1 228.170	2.218	0.450 81	0.000 81
18	802.830 8	0.001 2	1 781.846	2.219	0.450 56	0.000 56
19	1 164.104 7	0.000 9	2 584.677	2.220	0.450 39	0.000 39
20	1 687.951 8	0.000 6	3 748.782	2.221	0.450 27	0.000 27
21	2 447.530 1	0.000 4	5 436.743	2.221	0.450 18	0.000 18
22	3 548.918 7	0.000 3	7 884.246	2.222	0.450 13	0.000 13
23	5 145.932 1	0.000 2	11 433.182	2.222	0.450 09	0.000 09
24	7 461.601 5	0.000 1	16 579.115	2.222	0.450 06	0.000 06
25	10 819.322	0.000 1	24 040.716	2.222	0.450 04	0.000 04
26	15 688.017	0.000 1	34 860.038	2.222	0.450 03	0.000 03
27	22 747.625	0.000 0	50 548.056	2.222	0.450 02	0.000 02
28	32 984.056		73 295.681	2.222	0.450 01	0.000 01
29	47 826.882		106 279.74	2.222	0.450 01	0.000 01
30	69 348.978		154 106.62	2.222	0.450 01	0.000 01

50%的复利系数表

年	一次支付		等额系列支付			
	终值系数	现值系数	年金终值系数	年金现值系数	资本回收系数	偿债基金系数
n	$\frac{F}{P}, i, n$	$\frac{P}{F}, i, n$	$\frac{F}{A}, i, n$	$\frac{P}{A}, i, n$	$\frac{A}{P}, i, n$	$\frac{A}{F}, i, n$
1	1.500 0	0.666 7	1.000	0.667	1.500 00	1.000 00
2	2.250 0	0.444 4	2.500	1.111	0.900 00	0.400 00
3	3.375 0	0.296 3	4.750	1.407	0.710 53	0.210 53
4	5.062 5	0.197 5	8.125	1.605	0.623 03	0.123 08
5	7.593 8	0.131 7	13.188	1.737	0.575 83	0.075 83
6	11.390 6	0.087 8	20.781	1.824	0.548 12	0.048 12
7	17.085 9	0.058 5	32.172	1.883	0.531 08	0.031 08
8	25.628 9	0.039 0	49.258	1.922	0.520 30	0.020 30
9	38.443 4	0.026 0	74.887	1.948	0.513 35	0.013 35
10	57.665 0	0.017 3	113.330	1.965	0.508 82	0.008 82
11	86.497 6	0.011 6	170.995	1.977	0.505 85	0.005 85
12	129.746 3	0.007 7	257.493	1.985	0.503 88	0.003 88
13	194.619 5	0.005 1	387.239	1.990	0.502 58	0.002 58
14	291.929 3	0.003 4	581.859	1.993	0.501 72	0.001 72
15	437.893 9	0.002 3	873.788	1.995	0.501 14	0.001 14
16	656.840 8	0.001 5	1 311.682	1.997	0.500 76	0.000 76
17	985.261 3	0.001 0	1 968.523	1.998	0.500 51	0.000 51
18	1 477.891 9	0.000 7	2 953.784	1.999	0.500 34	0.000 34
19	2 216.837 8	0.000 5	4 431.676	1.999	0.500 23	0.000 23
20	3 325.256 7	0.000 3	6 648.513	1.999	0.500 15	0.000 15
21	4 987.885 1	0.000 2	9 973.770	2.000	0.500 10	0.000 10
22	7 481.827 6	0.000 1	14 961.655	2.000	0.500 07	0.000 07
23	11 222.742	0.000 1	22 443.483	2.000	0.500 04	0.000 04
24	16 834.112	0.000 1	33 666.224	2.000	0.500 03	0.000 03
25	25 251.168	0.000 0	50 500.337	2.000	0.500 02	0.000 02

附录二　部分行业建设项目财务基准收益率测算与协调

序号	行业名称	财务基准收益率（融资前税前指标）			财务基准收益率（项目资本金税后指标）		
		专家调查结果	行业测算结果	协调结果	专家调查结果	行业测算结果	协调结果
01	农业						
011	种植业	8—12	6	6	8—12	—	6
012	畜牧业	10—12	7	7	12—15	—	9
013	渔业	10—12	7	7	12—14	—	8
014	农副食品加工	10—12	8	8	12—15	—	8
02	林业						
021	林产加工	12	11	11	11	—	—
022	森林工业	12	12.5	12	15	12.4	13
023	林纸林化	13	2	12	15	12	12
024	营造林	10	6—8	8	12	7—9	9
03	建材						
031	水泥制造业	12	11	11	13	12	12
032	玻璃制造业	12	13	13	13	14	14
04	石油						
041	陆上油田开采	13	13	13	15	—	15
042	陆上气田开采	13	12	12	15	—	15
043	国家原油存储设施	8	—		8	—	
044	长距离输油管道	12	12	12	13	—	13
045	长距离输气管道	12	12	12	13	—	13
046	海上原油开采	13	—		15	—	
05	石化						
051	原油加工及石油制品制造	12	12	12	13	16	13
052	初级形态的塑料合成树脂制造	12	13	13	13	18	15
053	合成纤维单（聚合）体制造	12	14	14	13	20	16

续表

序号	行业名称	财务基准收益率（融资前税前指标）			财务基准收益率（项目资本金税后指标）		
		专家调查结果	行业测算结果	协调结果	专家调查结果	行业测算结果	协调结果
054	乙烯联合装置	12	12	12	13	16	15
055	纤维素纤维原料及纤维制造	—	15	14	—	22	16
06	化工						
061	氯碱及氧化物制造	13	11	11	15	12	13
062	无机化学原料制造	12	10	10	13	10	11
063	有机化学原料及中间体制造	13	11	11	15	11	12
064	化肥	10	9	9	12	8	9
065	农药	13	12	12	15	14	14
066	橡胶制品制造	12	12	12	13	12	12
067	化工新型材料	13	12	12	15	12	13
068	专用化学品制造（含精细化工）	15	13	13	15	15	15
07	信息产业						
071	固定通信	6	5	5	6	5	5
072	移动通信	12	9	10	13	12	12
073	邮政通信	3	2.5	3	3	—	3
074	数据与因特网通信	12	—		13	—	
075	卫星通信	12	—		13	—	
076	电子计算机制造	12	—		13	—	
077	电子器件、元件制造	15	—		18	—	
08	电力						
081	电源工程						
0811	火力发电	8	8	8	10	10	10
0812	天然气发电	10	9	9	12	12	12
0813	核能发电	7	7	7	7	9	9
0814	风力发电	6	9	5	6	12	8
0815	垃圾发电	7	8	5	8	10	8
0816	其他能源发电（潮汐、地热等）	8	8	5	10	—	
0817	热电站	8	8	8	10	10	10

续表

序号	行业名称	财务基准收益率（融资前税前指标）			财务基准收益率（项目资本金税后指标）		
		专家调查结果	行业测算结果	协调结果	专家调查结果	行业测算结果	协调结果
0818	抽水蓄能电站	7	8	7	7	9	9
082	电网工程						
0821	送电工程	7	8	7	7	9	9
0822	联网工程	7	7	7	7	13	10
0823	城网工程	7	7	7	7	10	10
0824	农网工程	7	6	6	7	9	9
0825	区内或省内电网工程	7	8	7	7	9	9
09	水利		6—8	7	10		
091	水库发电工程	8	2—4	4	6	—	
092	调水、供水工程	6				—	
10	铁路						
101	铁路网既有线改造	—	—	—	—	6	6
102	铁路网新线建设	—	—	—	—	2.5	3
11	民航						
111	大中型（干线）机场建设	7	5	5	8	4	4
112	小型（支线）机场建设	—	1	1	—	—	—
12	煤炭						
	煤炭采选	13	—		15	—	
	煤气生产	12	—		13	—	
13	黑色金属						
131	铁矿采选	13	—		15	—	
132	钢铁冶炼	12	—		13	—	
133	钢压延加工	12	—		13	—	
134	炼焦	12	—		13	—	
14	有色金属						
141	有色金属矿采选	13	—		15	—	
142	有色金属冶炼	12	—		13	—	
143	有色金属压延加工	12	—		13	—	

续表

序号	行业名称	财务基准收益率（融资前税前指标）			财务基准收益率（项目资本金税后指标）		
		专家调查结果	行业测算结果	协调结果	专家调查结果	行业测算结果	协调结果
15	轻工						
151	卷烟制造	16	—		18	—	
152	纸浆及纸制品制造	13	—		15	—	
153	变性燃料乙醇	13	—		15	—	
154	制盐	10	—		12	—	
155	家电制造	12	—		13	—	
156	家具制造	13	—		15	—	
157	塑料制品制造	13	—		15	—	
158	日用化学品制造	13	—		15	—	
16	纺织业						
161	棉、化纤纺织	12	—		13	—	
162	毛、麻纺织	13	—		15	—	
163	丝、绢纺织	13	—		15	—	
17	医药						
171	化学药品、原药制剂制造	15	—		16	—	
172	中成药制造	18	—		20	—	
173	兽用药品制造	18	—		20	—	
174	生物、生化制品制造	18	—		20	—	
175	卫生材料及医药用品制造	15	—		18	—	
18	机械设备						
181	金属制品	12	—		13	—	
182	通用设备制造	12	—		13	—	
183	专用设备制造	12	—		13	—	
184	汽车制造	12	—		13	—	
19	市政						
191	城市快速轨道	5	—		6	—	
192	供水	8	—		8	—	
193	排水	4	—		4	—	

续表

序号	行业名称	财务基准收益率（融资前税前指标）			财务基准收益率（项目资本金税后指标）		
		专家调查结果	行业测算结果	协调结果	专家调查结果	行业测算结果	协调结果
194	燃气	8	—		10	—	
195	集中供热	8	—		10	—	
196	垃圾处理	8	—		10	—	
20	公路与水运交通						
201	公路建设	6	—		7		
202	独立公路桥梁、隧道	6	—		7		
203	泊位	8	—		8		
204	航道	4	—		6		
205	内河港口	8	—		8		
206	通航枢纽	4	—		6		
21	房地产开发项目	12	—		13		
22	商业性卫生项目	10	—		12		
23	商业性教育项目	10	—		12		
24	商业性文化娱乐设施	12	—		13		

参考文献

[1] 冯为民，付晓灵．工程经济学［M］．北京：北京大学出版社，2006.
[2] 关罡．工程经济学［M］．郑州：郑州大学出版社，2007.
[3] 杜春艳．工程经济学［M］．武汉：华中科技大学出版社，2008.
[4] 谭大璐，赵世强．工程经济学［M］．武汉：武汉理工大学出版社，2008.
[5] 郭伟．工程经济学［M］．北京：电子工业出版社，2009.
[6] 杨庆丰，侯聪霞．建筑工程经济［M］．北京：北京大学出版社，2009.
[7] 黄有亮，徐向阳，谈飞，等．工程经济学［M］．2版．南京：东南大学出版社，2006.